Hansjürgen Jendral

»Meine sehr verehrten Damen und Herren, liebe Freunde ...«

Hansjürgen Jendral

»Meine sehr verehrten Damen und Herren, liebe Freunde . . .«

Brillante Musterreden für viele Anlässe
in Prosa und Reim

Delphin Verlag

Für den Abdruck der Gedichte auf den
Seiten 29 und 134 danken wir den
Dr. Eugen Roth Erben, München.

Umschlaggestaltung und Umschlagfoto: Christa Manner, München
Satz: Utesch Satztechnik GmbH, Hamburg
Druck und Bindung: Spiegel Ulm
Printed in Germany · ISBN 3.7735.5284.X

Inhalt

Vorwort

».... . jetzt müßte einer eine Rede halten!« Dieser vielversprechende wie »bedrohliche« Satz ist sozusagen Motto und Auftrag dieses Buches. Man will eigentlich nur fröhlich feiern, sich mit Freunden, Bekannten, Verwandten oder Kollegen freuen, da kommt man plötzlich in die manchmal doch recht mißliche Lage, eine sogenannte »kleine Rede« halten zu sollen oder zu müssen. Kurz und prägnant soll sie dann auch noch sein, charmant und humorvoll, informativ und unvergeßlich, ein bißchen sentimental und pointiert, scharfzüngig, nie verletzend aber treffend, sie soll Gefühle ausdrücken oder die Stimmung heben, loben und ehren, das Zielobjekt auf den Arm nehmen und ans Herz drücken – kurzum eine gewaltige Aufgabe für einen lieben Menschen, der es nicht gewöhnt ist, sich als gewitzter Redner in den Vordergrund oder gar in den Mittelpunkt zu stellen.

Anlässe für solche privaten Reden, die manchmal sogar halb offiziell sein können, gibt es in Hülle und Fülle. Von der Taufe bis zur Bahre, vom Dienstjubiläum bis zum Festbankett, vom Polterabend bis zum Diskussionsbeitrag im Gemeinderat, bei allen Arten von Familienfeiern, bei Einladungen, festlichen Essen, Einzug in das neue Haus oder in die neue Wohnung, beim Kegelausflug oder bei der Gratulation für den Erbonkel. Die kleine Ansprache oder die gereimte Rede, gewürzt mit Zitaten, Sprüchen und ein bißchen Spaß, gehört einfach dazu, lockert auf oder rundet ab, ist eine bekömmliche festliche Zutat.

Aber was und wie soll man reden, zitieren, deklamieren? Dieses Buch soll dazu beitragen, den Angstschweiß zu trocknen, das Lampenfieber zu senken, die zitternden Hände zu beruhigen, das Selbstbewußtsein zu stärken, die Selbstsicherheit zu beheben und sich den Beifall seiner Verwandten, Freunde und Bekannten zu holen. Und wenn es dann am Ende heißt »..... schön hat er/sie geredet .....«, dann darf sich der Redner zufrieden freuen, und dieses Buch hat seinen Zweck erfüllt.

Es bietet viele Anregungen für mehr als 30 Rede-Anlässe, betrachtet das »zu feiernde Objekt« aus verschiedenen Blickwinkeln und verliert dabei doch nie das freundliche Zwinkern mit den Augen. Man kann sich durch das passende Zitat stimulieren lassen, findet besinnliche längere Passagen ebenso wie prägnante Kurzfassungen für eilige Redner und darf sich ungeniert der gereimten Reden bedienen oder sie als Betriebsanleitung betrachten, um selbst zum Festdichter zu werden.

Hilfestellung gibt dieses Buch vor allem jenen privaten Rednern, die zwar den »Redemarschallstab im Tornister tragen«, aber erst einen kleinen Schubs brauchen, um ihn auszupacken. Rede-Profis gewinnen vielleicht ein paar zusätzliche Anregungen für einige neue Rede-Ornamente.

Musterreden können ja immer nur dazu beitragen, dem Reiter (Redner) in den Sattel zu helfen, reiten (reden) muß er dann schon selbst. So sind diese Tips als Wegweiser gedacht, als Mutmacher und Anreger, als ordnende Umrisse für ein Bild, das der mutige Redner dann selbst mit Farben ausfüllt. »Meine sehr verehrten Damen und Herren, liebe Freunde . . . . .« – Legen Sie los, mit diesem Buch als Sprungbrett, es wird Ihnen Spaß machen, zum Lesen und zum Reden.

Allgemeines zur Redekunst

1. Einführung und Übersicht

Eine Gelegenheitsrede soll nicht zu einer Verlegenheitsrede werden! Immer wo Menschen einen besonderen Anlaß feierlich, festlich oder einfach nur vergnüglich begehen, paßt auch eine kleine Rede. Aber nur wenigen Zeitgenossen ist es gegeben, jederzeit und bei jeder Gelegenheit ohne Vorbereitung die passenden Worte zu finden. Menschen, die aus dem Stegreif eine funkelnde, spritzige Rede halten können, sind eher die Ausnahme. Gewiß trauen sich das viele zu, aber was dann herauskommt, ist oft nicht gerade rühmenswert. Deshalb sollte man bei der Vorbereitung einer kleinen Ansprache nichts dem Zufall überlassen. Schweigen ist sicher besser, als eine sprachliche Panne nach der anderen zu bieten oder gar von einem Fettnäpfchen in das andere zu treten. Hat man sich mit einigen grundsätzlichen Voraussetzungen für Reden befaßt, dann braucht man als Redner auch nicht in Panik zu geraten, wenn man vielleicht ganz unverhofft zu dieser Ehre kommt.

Die kleinen Ansprachen im Kreis der Familie, vor Verwandten, Freunden oder Nachbarn und Kollegen, sind ganz anders als Reden vor einem fremden Publikum. Der Redner kennt seine Zuhörer, und die Zuhörer wissen ganz genau, was das für ein Mensch ist, der ihnen da einen Vortrag hält. Die sogenannten privaten Reden sind also immer eher spontan und weniger förmlich, nicht so sehr sachlich als vielmehr gefühlsbetont. Sie sind nicht abstrakt oder theoretisch, sondern sie speisen sich aus persönlichen Gefühlen und Wünschen, aus privaten Erlebnissen und Begebenheiten. Hier ist also nicht so sehr der Verstand der Vater der Rede, sondern vielmehr das Herz. Deswegen sollte man bei einer privaten Rede genau überlegen, ob man sich einer halbfreien Rede bedient, die sich auf Stichworte stützt, oder ob man einen möglichst geschliffenen Vortrag von einem Manuskript abliest. Die private Rede ist keine langatmige Ausführung, sie besticht eher durch ihre lebendige Kürze.

Man sollte immer daran denken, daß auch die Geduld von vergnügten, feierlichen Menschen begrenzt ist. Der Brautvater, der zwischen Suppe und Hauptgericht eine eineinhalbstündige Rede hält, schafft sich sicher keine Freunde. Also: nie länger reden, als es unbedingt sein muß. Die Aufnahmebereitschaft soll eher dem köstlichen Mahl gelten als einer Flut von Worten. Man muß rechtzeitig überlegen, ob man frei spricht oder ein Manuskript benützt. Das Vorlesen einer normalen Manuskriptseite verlangt schon eine Rededauer von circa drei Minuten. Bei der »geplanten« freien Rede genügt ein Zettel mit Stichworten. Bei beiden Redearten sollte die Ansprache gegliedert sein. Die klassische Einteilung besteht aus Einleitung, Hauptteil und Schluß. Wenn man in seiner Einleitung bei Adam und Eva anfängt und dann im Schlußteil auch noch die Chancen im Jahr 2010 diskutieren will, dann dürfte die kleine Feier schon vor dem Ende der Rede vorbei sein.

Viele Amateur-Redner meinen, sie könnten ihr Talent nur bei einer freien Rede in das rechte Licht rücken. Das ist sicher falsch, denn mehr als die äußere Vortragsform zählt der Inhalt, und für die Zuhörer ist es sicher vergnüglicher, eine flüssig vorgetragene, witzige Rede vom Manuskript zu hören, als einen sogenannten freien Vortrag, der sich anhört wie ein stotternder Motor. So sollte der Amateur-Redner auf alle Fälle so selbstkritisch sein und sich bei seiner Art der Rede nach seinen eigenen Fähigkeiten richten.

2. Vorbereitung

Informationen sammeln

Je nach Anlaß der Rede braucht man natürlich Tatsachen. Das können ganz normale Daten sein, aber auch besondere Ereignisse, die der Rede die rechte Würze geben. Bei einer Taufe zum Beispiel braucht man bestimmt nicht das zu wiederholen, was der Pfarrer bereits in der Kirche gesagt hat. Es geht hier also keinesfalls um theologische Probleme, sondern um herzliche Anteilnahme. Man kann sich bei seinem eigenen Partner erkundigen, bei den Eltern, bei den Geschwistern, den Großeltern, den Freunden oder Nachbarn.

So gelingt es vielleicht sogar, längst vergessene Begebenheiten wieder ins Gedächtnis zu rufen. Gibt es besondere Begabungen in der Familie? Hat die Familie besondere Gewohnheiten, Regeln oder Traditionen, die zu diesem Festtag passen? Kann man vielleicht kleine harmlose Schwächen liebevoll karikieren? Aber man sollte immer darauf achten, daß die erwähnten Tatsachen nie die Harmonie der kleinen Feier stören, daß das Vergnügen vielleicht durch eine mißverständliche Formulierung gestört werden könnte. Deshalb sollte man beim Sammeln von Informationen zum Beispiel auch darauf achten, was man zwar weiß, aber was man bestimmt nicht erwähnen wird.

Den Stoff ordnen und gliedern

Wie schon erwähnt, kann auch bei einer kleinen privaten Rede die klassische Einteilung in Einleitung, Hauptteil und Schluß hilfreich sein. So kann man das Vergnügen an der Rede systematisch steigern und die Pointen richtig setzen. Wenn man geordnet vorgeht, vermeidet man Wiederholungen und Langeweile. Zur Einleitung gehört auch das schwierige Problem der Anrede, auf das wir später noch eingehen. In den Hauptteil steckt man die ganze Kraft seines Witzes, aber auch der Schluß soll ja noch ein kleines Feuerwerk sein. Bei den meisten privaten Reden im kleinen Kreis wissen die Zuhörer, wann Schluß ist, weil der Redner gewöhnlich sein Glas erhebt. Aber trotzdem sollte eine schöne Pointe am Schluß stehen, die nicht nur den Schluß der Rede anzeigt, sondern auch das ganze Können des Redners noch einmal im besten Licht zeigt. Nur zu sagen »so, das war's« und dann ein »Prost« in die Gesellschaft zu schmettern, genügt kaum.

Frei sprechen oder ablesen

Ist man als Redner schon einigermaßen geübt, so kommt man mit ein paar Stichworten aus. Weniger geübte Redner erarbeiten sich ein Konzept, und »blutige Anfänger« lesen am besten die wohlgesetzte Rede von einem Manuskript ab. Allerdings ist eine Rede keine Schreibe und nur durch Auswendiglernen entsteht auch noch keine freie Rede. Hat man die Rede als fertiges Konzept parat, dann hat man auch eine Übersicht über die voraussichtliche Dauer. Man kann besonders wichtige Textstellen farblich im Manuskript hervorheben. Beim Reden mit einem Stichwort-Zettel hakt man sozusagen gedanklich während der Rede die Stichworte ab und bemüht sich möglichst, nichts zu vergessen. Auch auf einem Stichwort-Zettel kann man farbliche Markierungen als Gedächtnisstützen anbringen. Wer ganz besonders gut ankommen möchte, der kann seine freie Rede vor einem großen Spiegel üben und sich dabei beobachten. Oder er spricht sie auf ein Tonband und hört sich dann selber ab.

3. Stilistische Ausgestaltung

Anreden und Schlußformeln

Die Anrede ist wahrscheinlich nicht nur eine Frage des persönlichen Geschmacks. Im allgemeinen sollte eine Anrede möglichst kurz und nicht zu überladen sein. Die Heraushebung eines Menschen in der Anrede ist dann sinnvoll, wenn der besonders geehrt werden soll. Heutzutage wird ja gottlob nicht mehr so viel Wert auf Titel gelegt. Die liebe Ehefrau eines Rechtsanwaltes, bei der man sich zu einem Essen eingefunden hat, ist erst dann eine »Frau Doktor«, wenn sie auch wirklich an einer Universität promoviert hat. Manchmal wird es ratsam sein, die angesprochenen Personen vorher sozusagen zu überprüfen, wie es um ihre Eitelkeit in punkto Titel bestellt ist. Wenn jemand eben unbedingt Wert darauf legt, mit »Herr Oberamtmann-Inspektor« angeredet zu werden, dann kann man ihm auch diesen Gefallen tun.

Es ist sicher auch nicht nötig, in der Anrede abzustufen. Warum soll der erste Angesprochene »hochverehrt«, der Zweite nur »sehr geehrt« und der Dritte gar nur »lieb« sein? Im Familienkreis genügt es ohnehin, wenn man seine Ansprache mit »liebe Verwandte« oder »liebe Freunde« beginnt. Die Schlußformeln bleiben noch mehr dem persönlichen Geschmack überlassen. Aber man sollte doch daran denken, daß die Zeiten mit jenem schrecklichen »er/sie lebe hoch, hoch, hoch, hoch!« längst vorbei sind. Die gezielte Pointe macht sich da am Schluß viel besser.

Wortschatz, Fremdwörter, Modewörter

Beim Stil einer Rede sollte man sich selbst nicht verleugnen. Was man selbst in sich trägt an Phantasie und Einfühlungsvermögen, an Natürlichkeit und Überzeugungskraft, ist schon Garant für einen guten persönlichen Redestil. Wenn die Zuhörer merken, daß der Redner ungekünstelt ist, daß er nicht versucht, ein anderer zu sein, sind sie bereit, rednerische Unbeholfenheit und auch gewisse sprachliche Plumpheiten zu akzeptieren. Übertriebene sprachliche Mätzchen oder persönlicher Geltungsdrang macht einen eher lächerlich. Gerade der private Redner wird ja von Leuten beobachtet, die ihn kennen, die mehr oder weniger über seine allgemeinen Fähigkeiten Bescheid wissen. Man kann Freunden, Bekannten, Verwandten und Kollegen auch bei einem noch so feierlichen Rede-Anlaß keine Rolle vorspielen. Man muß sich immer so geben wie man ist, um aus der Angelegenheit keine Farce zu machen.

Die Sprache ist dabei natürlich das Wichtigste. Man verwendet seine ureigene Sprache und imitiert keine andere. Beim Zusammenstellen der Rede kann man schon Allerweltswörter, Allgemeinplätze und die abgedroschenen Redensarten oder Phrasen aussortieren. Ein Sprachwörterbuch hilft, bedeutungsgleiche Worte für Begriffe zu finden, die man häufig verwenden muß. Diese ungeheuer vielen Austauschmöglichkeiten nennen die Experten »Wortfelder«. Zum Beispiel kann man für »reden« einsetzen: sprechen, erzählen, erläutern, bemerken, darlegen, erwähnen, einräumen, vortragen, erklären usw. Man überlege nur einmal, wie farblos zum Beispiel das Wort »machen« ist.

Vorsicht walten lassen muß man auch beim Umgang mit Fremdwörtern. Es gibt natürlich Gelegenheiten, da kann man Fremdwörter nicht vermeiden. Aber man sollte sie dann nicht benutzen, wenn man den Sachverhalt auch auf gut deutsch darstellen kann. Die Verwendung von Fremdwörtern birgt auch die Gefahr der Blamage in sich. Gerade bei einer halbfreien Rede glaubt man, die Bedeutung eines Fremdwortes genau zu kennen, und dann hat man doch voll daneben gehauen. Besteht der geringste Zweifel an der Bedeutung, läßt man das Fremdwort lieber weg. Es ist wirklich ein Aberglaube, daß eine mit Fremdwörtern gespickte Rede einen hohen Bildungsgrad des

Redners beweist. Man kann sich auch mitten in die Nesseln setzen, wenn man das Fremdwort falsch ausspricht.

Mit den Modewörtern, den Modebegriffen oder den Modesätzen ist es auch so eine Sache. Wieviele Redner mögen in den letzten Jahren von einem Pferd getreten oder von einem Elch geküßt worden sein? Manche hat sogar ein Panzer gestreift. Bei vielen war alles paletti, sie wollten eine Frage ventilieren oder kritisch hinterfragen, sie suchten den integrierenden Bestandteil, ergriffen ständig die Initiative und fanden alles super oder riesig. Solange solche Dinge neu sind, hat man sicher seinen Spaß daran. Doch sobald sie immer öfter verwendet werden, sind sie nur noch ein einfallsloser Abklatsch und verärgern die Zuhörer. Falls einem Redner eine Wendung einfällt, die noch nicht so abgegriffen ist, die vielleicht die sprachliche Schwäche eines Politikers oder Fernseh-Moderators parodiert, um so besser.

Ausrutscher

Eine Rede soll weder geschrieen werden noch geschraubt sein. Wenn jemand »geschraubt« spricht, dann meint man damit meistens die Verwendung von ins Höchste gesteigerten Eigenschaftswörtern, von Schachtelsätzen und von Schnörkeln. Bei kurzen Sätzen sind die Zuhörer nicht dauernd gezwungen, an den Anfang des Satzes zurückzudenken, um den Sinn zu verstehen. Eine große Unsitte sind auch solche Floskeln wie »ich würde sagen« oder »ich möchte meinen« oder »ich gehe davon aus«. Das sind nicht nur dumme, sondern auch äußerst überflüssige Floskeln, die aus Verlegenheit, nicht aus Überzeugung verwendet werden. Nicht verstoßen sollte man auch gegen die Gesetze der Logik. Ein Musterbeispiel dafür ist zum Beispiel die sogenannte doppelte Verneinung, die ja dadurch dann zur Bejahung wird. Das Musterbeispiel dafür in der Rhetorik ist der Satz: »Ich warne jeden, meiner Frau nichts zu borgen!« Verwendet man die doppelte Verneinung hingegen als lustiges Stilmittel, so muß man auch davon überzeugt sein, daß die Zuhörer verstehen, was man sagen will. Jenen berühmten »Zahn der Zeit, der über alle Wunden Gras wachsen läßt«, in eine Rede einzubauen, wirkt heutzutage auch nicht mehr lustig. Verfügt man hingegen über das notwendige Maß an Ironie, und darf man dies auch bei seinen Zuhörern voraussetzen, dann kann man durch Verballhornung oder Zusammensetzung verschiedener althergebrachter Zitate ganz komische Effekte erzielen. Muß man allerdings eine solche Technik seinen Zuhörern erst erklären, dann sollte man sie besser vergessen.

4. Sprechen, Atmen, Betonen

Ganz ohne Lampenfieber wird es auch im vertrauten Familienkreise oder vor Freunden und Kollegen nicht abgehen. Gegen das Lampenfieber hat auch die moderne pharmazeutische Industrie noch kein Mittel gefunden. Ein bißchen Lampenfieber schadet gar nichts, und man kann ja auch gerade durch das Eingeständnis, daß man aufgeregt ist, eine entspannte Atmosphäre erzeugen. Man muß seine Ansprache nicht unbedingt auf »hochdeutsch« halten. Es ist sicher besser, seinen Dialekt nicht zu verleugnen, als ein gestelztes Hochdeutsch zu sprechen, mit dem man sich nur blamieren kann. Natürlich sollte die Aussprache deutlich sein, damit auch die Oma oder der Opa alles verstehen. Wichtig ist auch die Betonung, das Heben und Senken der Stimme, denn wohl nichts ist langweiliger als ein monotoner Vortrag. Wichtig ist es, die Pointen gut zu verkaufen. Die Lautstärke hängt auch von der Größe des Raumes ab, in dem die Feier stattfindet. Bei einer privaten Feier kann man sich ja leicht darüber orientieren, ob man auch von den am weitest entfernt Sitzenden gut verstanden wird. Wenn von hinten ständig Zurufe »lauter, lauter« erschallen, kann dies einen Redner ganz schön aus der Fassung bringen. Viele Profi-Redner überwinden ihre Rede-Angst oder ihre Rede-Hemmung durch richtige Atemtechnik. Darum braucht sich ein privater Redner im Familienkreis sicher nicht zu kümmern. Ihm kann es gleich sein, ob er sich der Technik der Zwerchfellatmung, der Flankenatmung oder der Brustatmung bedient. Ihm wird es genügen zu wissen, daß es vor allem die Lunge ist, die für ihn atmet.

5. Die Vortragskunst

Bei Reden im Familien- oder Freundeskreis kommt es natürlich neben dem Inhalt auch auf den eigentlichen Vortrag an. Man sollte sich also vorher über einige Einzelheiten informieren. Bei einer kleinen Familienfeier kann man improvisieren. Bei anderen Gelegenheiten aber können Details wichtig sein: spricht man z. B. in einem abgetrennten Raum, oder können Fremde vielleicht zuhören? Wenn auch noch andere Gäste eine kleine Rede halten, dann sollte man sich untereinander kurz abstimmen. Es wäre doch schade, wenn mehrere Redner den gleichen Einfall hatten und mit ihm nun die Zuhörer langweilen. Hat man sich entschieden, vom Manuskript abzulesen, so sollte man nicht an den Seiten kleben, sondern auch in regelmäßigen Abständen die Zuhörer ansehen.

Im engsten Familienkreis ist es vielleicht unwichtig, aber wenn Fremde dabei sind, dann sollten Mimik, Gestik, Haltung und Tonlage des Redners auch mit dem übereinstimmen, was er sagt. Falsch wäre es aber bestimmt, sich wie ein Volksschauspieler zu gebärden, falls man kein Talent dazu hat. Ist man gewohnt, laut und schnell zu sprechen, dann sollte man bewußt Pausen einlegen – und nicht zuviel mit den Händen reden.

Den privaten Zuhörern macht es sicher keinen Spaß, wenn sie Sätze zu hören bekommen wie: »Um noch einmal zu wiederholen«, oder »wie ich eben bereits erwähnt habe«, oder »um das Gesagte noch einmal kurz zusammenzufassen«. Bei einer Rede im vertrauten Kreise kann man auch ruhig mal den Faden verlieren. Humor und Witz sind sicher angebracht, Sarkasmus ist oft schneidend scharf und kann verletzen, Ironie muß man klug anzuwenden verstehen. Mit Zitaten und Sprichwörtern muß man behutsam umgehen wie mit jungen Pflanzen. Geflügelte Worte können treffend sein, aber die Zuhörer auch langweilen. Wenn man schon zitiert oder bekannte Reime vorträgt, dann sollte dies stets richtig und unverfälscht geschehen. Ob sie nun Goethe, Schiller oder Wilhelm Busch heißen, sie haben auch heute noch Anspruch auf ihren geistigen Besitz.

6. Nichts vergessen? Checkliste

Eine Rede vor der Familie, vor Freunden oder Kollegen sollte zwar längst nicht so ernst genommen werden, wie zum Beispiel eine Ansprache vor einem fremden Publikum. Aber ein bißchen Vorbereitung schadet nichts, stärkt das eigene Vergnügen und den Spaß der Zuhörer.

Diese kleine Checkliste soll bei der Vorbereitung helfen: Wann, wo und vor welchen Zuhörern wird geredet? Wie lange? Hat man sich über alle persönlichen Daten und Ereignisse der zu feiernden Personen informiert? Was darf man auf keinen Fall erwähnen? Hat man nach besonderen Empfindlichkeiten, Zerwürfnissen oder Meinungsverschiedenheiten geforscht? Werden mehrere Ansprachen gehalten? Welche Leute muß man ganz gezielt ansprechen? Welche Leute darf man auf keinen Fall erwähnen? Wird die Feier in Bild und Ton festgehalten? Kann man frei sprechen, oder soll man ein Manuskript vorbereiten? Auswendig lernen oder sich bestimmte Stichworte merken? Kann man ein Manuskript völlig offen oder möglichst unauffällig benutzen? Ist vielleicht zwischen der Vorbereitung und dem Vortrag noch etwas passiert, was man unbedingt erwähnen und berücksichtigen muß?

Man sollte sich gründlich überlegen, ob man der Rede-Aufgabe auch wirklich gewachsen ist. Man denke an das eigene äußere Erscheinungsbild, an den Blickkontakt mit den Zuhörern, an Mimik und Gestik, an Tonlage und Tempo. Und man überlege, ob man gegebenenfalls schnell aufhören soll, falls die Rede nicht ankommt, oder wie man sie verlängern kann, wenn sie wirklich eingeschlagen hat. Man rede so wie man ist. Und man bediene sich nicht nur ausschließlich fremder Gedanken.

Eine schriftlich fixierte Rede sollte vorher nicht unbedingt von anderen durchgelesen werden. Danach wird man höchstens noch unsicherer. Man überlege sich vorher, ob man im Sitzen oder im Stehen redet. Man rede relativ kurz und versuche, nicht zu beweisen, daß man drei Stunden lang reden kann. Wichtig ist immer der Kontakt mit den Zuhörern. Eine Rede überzeugt durch ihren Inhalt, nicht durch ihre Lautstärke oder andere Albernheiten. Vorsichtig sollte man sein mit der Verwendung des »ich«. Stecken zu bleiben ist kein Unglück. Und wenn ein Zuhörer einschläft, dann ist man nicht beleidigt. Es lag bestimmt nicht an der Art der Rede, sondern der Mensch war einfach nur müde.

7. Anleihen bei Rede-Profis

Für Redner, die nicht nur Freude, Herzlichkeit, Humor und Lob bewirken wollen wie die privaten Redner, sondern die mit aller Raffinesse handfeste Ziele anstreben, haben Experten wissenschaftlich fundierte Tips entwickelt, die den durchschlagenden Erfolg garantieren sollen. Wenn sich der private Redner diese Kniffe mit der notwendigen Distanz und ein bißchen Ironie zu Gemüte führt, kann er viel für seine eigenen bescheideneren Auftritte lernen. Schauen wir uns einmal die Expertentips für Profi-Redner an:

Gegen Lampenfieber hilft nichts besser, so meinen jedenfalls die Experten, als tiefes Durchatmen. Die vermehrte Sauerstoffzufuhr beruhigt die Nerven und putscht das Gehirn auf, so daß feuchte Hände trocken werden, Schweißausbrüche zurückgehen und vergessen geglaubte Stichworte wieder auftauchen.

Eine Rede kommt um so überzeugender über die Lippen, wenn man positiv über sich selbst denkt und selbstbewußt ist. Dazu verhilft die autosuggestive Methode. Man redet sich tagelang ein: »Ich bin der beste Redner weit und breit, die Zuhörer hängen an meinen Lippen.«

Mit Hilfe eines festen Blickkontaktes beherrscht der geübte Redner seine Zuhörer. So kann man eine ganze Hochzeitsgesellschaft vom Essen und Trinken abhalten, bis man seine mühsam einstudierte Rede zu Ende gebracht hat.

Mit Hilfe der Körpersprache unterstreicht man die Bedeutung seiner wohlgesetzten Worte. Das darf allerdings nicht so weit gehen, daß man bei Lobreden auf die Damen deren mehr oder weniger gut geformte Proportionen mit den Händen nachzeichnet.

Auch Redner, die nicht frei sprechen, verwenden einen Trick, um sich einen guten Anfang zu verschaffen. Sie lernen z. B. die ersten fünf Sätze auswendig.

Rede-Profis atmen nicht mit der Brust, sondern mit dem Bauch. Wenn man tief Luft holt, bewegt sich der Brustkorb nach oben und wird größer. Dadurch kommt zuviel Luft in den oberen Bereich der Lunge und die Worte werden gepreßt. Zum Sprechen braucht man die Bauchatmung. Wenn man also tief Luft holt, dann muß sich der Bauch nach vorne wölben. Zieht man die Luft dabei durch die Nase ein, so wird sie gleichzeitig angewärmt und angefeuchtet. Für viele Festredner ist das übrigens ein ganz selbstverständlicher Tip, brauchen sie sich doch um ihre Bauchwölbung keine Sorgen zu machen.

Das Sprechtempo sollte sich nach dem eigenen Denktempo richten. Entscheidend dafür sind der Inhalt der Rede und die Vorbildung der Zuhörer. Je schwieriger der Inhalt der Rede zu verstehen ist, um so langsamer muß das Sprechtempo sein. Ob das Sprechtempo zu langsam ist oder die Lautstärke zu leise, erkennt man meistens daran, daß sich die Zuhörer entweder mit ihrem Nachbarn unterhalten oder einschlafen. Ein geübter Redner pflegt das Wichtige, das er vermitteln will, mehrfach zu wiederholen. Das gilt für den Politiker, nicht für den Festredner, denn wird tatsächlich ein flauer Witz durch Wiederholung stärker?

Der geübte Redner bietet zu seiner Rede den entsprechenden Gesichtsausdruck. Die Mimik kann dann fröhlich oder freundlich, nüchtern, nachdenklich oder traurig sein.

Profi-Redner pflegen irgendeinmal alles »zusammenzufassen«, bloß um ihre Rede noch einmal von vorne beginnen zu können. Der private Redner braucht das sicher nicht zu tun, er langweilt damit nur seine Zuhörer und verschafft sich einen schlechten Abgang.

Weil Profi-Redner wissen, daß ihre Zuhörer ein Kurzzeit-Gedächtnis haben, verwenden sie die sogenannte Tauschmethode. Das bedeutet, man setzt den Begriff, der im Gedächtnis haften bleiben soll, an den Schluß des Satzes. Diese Methode können auch Amateur-Redner verwenden. Sagt man bei der Geburtstagsfeier seiner Erbtante: »Tante Frieda ist zwar recht nett, aber sehr geizig«, so hinterläßt das einen ungeheuer schlechten Eindruck. Viel netter klingt folgendes: »Tante Frieda ist zwar ein bißchen geizig, aber sehr, sehr nett.« Damit hat man zugleich den Trick der Verdoppelung benutzt, der durch die doppelte Verwendung eines Wortes dessen Wichtigkeit besonders unterstreicht.

Rede-Profis müssen bei offiziellen Anlässen auf vielerlei Rücksicht nehmen. Private Redner dagegen können meist freiweg von der Leber sprechen und brauchen sich nicht zu verstellen. Er hat keine räumliche oder persönliche Distanz zu seinen Zuhörern. Er braucht keine theoretischen oder abstrakten Formen, seine Rede muß nicht übermäßig logisch geordnet und präzise sein, er muß sich nicht so sehr um rhetorischen Feinschliff oder Tricks bemühen. Auf was es ankommt, das sind ja mehr Gefühle, Empfindungen, Erinnerungen oder Einfälle, die der Augenblick bietet.

Deshalb sind alle Rednertricks für den Amateur nur kleine Hinweise und Wegweiser, die ein wenig sicherer machen sollen. Entscheidend sind Frische, Freundlichkeit und die eigene Überzeugung von dem Gesagten. In diesem Sinne sollen auch die folgenden Musterreden verwendet werden. Sie bilden einen Rahmen, in den der private Redner seine eigenen Erkenntnisse, Erlebnisse, Überzeugungen und vom jeweiligen Augenblick bestimmte Ereignisse einpassen soll.

TEIL I:

Musterreden für den Familien- und Freundeskreis

Taufe

Taufrede, gehalten von einem Paten

Liebe Eltern, liebe Gäste,

wir sind heute in einer ganz besonderen Stimmung, die uns nur selten zuteil wird. Denn wir freuen uns zusammen mit den Eltern über ein Geschenk, das zu den schönsten überhaupt zählt, das Menschen bekommen können, über ein neues Leben. Früher gab es die liebe Fee, die an die Wiege trat und dem Täufling eine prächtige Zukunft voraussagte und garantierte. Heute müssen die Paten versuchen, in die Fußstapfen von Feen zu treten. Sie sind keine Zauberer, aber sie können zuerst mit vielen guten Wünschen, dann mit kleinen Erziehungshilfen und einigen materiellen Aufmerksamkeiten versuchen, das Werden und Wachsen ihres Täuflings günstig zu beeinflussen.

Heute wünschen wir dem kleinen, neuen Menschenkind vor allem Glück und Erfolg. Beides braucht man sein ganzes Leben lang. Es wird nicht ohne Beulen und Schrammen abgehen und auch nicht ohne Niederlagen und Enttäuschungen. Mögen Krankheiten, Unfälle, Pannen, Reinfälle und Schwierigkeiten aller Art so selten sein wie ein Sechser im Lotto.

Liebe Eltern, natürlich ist euer Kind das schönste auf der ganzen Welt, schon allein deshalb, weil es euer Kind ist. Es ist eine Kostbarkeit, behütet es. Es wird nicht leicht sein, aber in der größten Not sind ja dann auch noch die Paten da. Wir Paten sind stolz und glücklich, daß ihr uns gebeten habt, diese schöne Aufgabe zu übernehmen. Wir freuen uns darauf, und wir versprechen, wirklich gute Paten zu sein. Wir haben uns fest vorgenommen, nicht nur gelegentlich vorbeizuschauen oder zum Geburtstag schnell irgendein Geschenk zu schikken. Wir wollen fröhliche, gern gesehene Paten sein, aber auch zuverlässige Paten, die man jederzeit um Rat und Hilfe bitten kann. Das versprechen wir den Eltern heute, und sobald unser Täufling es versteht, wird er merken, was für nette, gescheite und liebenswerte Paten er bekommen hat.

Taufrede des Vaters an Paten und Gäste

Liebe Paten, liebe Freunde und Verwandte,

meine Frau und ich danken euch allen für die vielen guten Wünsche und die liebevolle Anteilnahme an der Taufe unseres kleinen Sprößlings, dem wir, sobald er es versteht, in allen Einzelheiten von dieser schönen Feier erzählen werden. Wir werden uns bemühen, bei der Erziehung alles richtig zu machen und unserem Kind alle Lebenschancen zu eröffnen.

Euch, liebe Paten, danken wir ganz besonders, daß ihr diese Aufgabe übernommen habt. Ich bin überzeugt davon, daß ihr uns eine große Hilfe sein werdet. Natürlich sollt ihr uns nicht die Erziehung abnehmen, aber es gibt sicher Situationen, in denen wir euer Verständnis, euren Rat und eure Hilfe gut gebrauchen können. Und wenn wir uns mal, aus irgendwelchen Gründen, in der Erziehung verrennen sollten, dürft ihr uns ruhig die Köpfe zurechtrücken, weil ihr vielleicht aus der Distanz die Sachlage sozusagen abgeklärter beurteilen könnt. Hoffentlich gibt es nicht zu viele solcher Situationen, aber euer Rat ist stets erwünscht, wenn ich nur daran denke, wie schnell der sogenannte Ernst des Lebens unserem kleinen Liebling begegnen wird.

Nochmals vielen Dank, allen Gästen und den Paten, und nun wollen wir fröhlich feiern.

Reden von weiteren Bezugspersonen

Die Oma spricht

Liebe Kinder, liebe Gäste,

an dem Ereignis, das wir heute feiern, sind wir, die Großeltern, ja auch ein bißchen, ich will es mal so ausdrücken, mit schuld. Ich erinnere mich noch genau, wie es war, als wir den heutigen stolzen Vater *(oder je nach Verwandtschaftsgrad die stolze Mutter)* taufen ließen. Alles, was wir uns damals wünschten, ist in Erfüllung gegangen, das Schlechte haben wir Gott sei Dank vergessen. Auf alle Fälle haben wir damals zusammengehalten, und das tun wir heute noch.

Als ich jung war, wollte ich natürlich nie Großmutter werden, heute bin ich wirklich stolz darauf, Oma genannt zu werden, und ich kann es gar nicht erwarten, bis mich meine Enkelin/mein Enkel so anspricht. Meine lieben Kinder, ihr könnt euch nicht nur auf die Paten verlassen, sondern natürlich auch auf die Großeltern. Eine Oma ist recht gut zu gebrauchen, und ich glaube, ich bin eine zuverlässige »Gebrauchsoma«. Und wie ich euch kenne, werdet ihr euch sicher nicht zieren, wenn es darum geht, daß die Oma ihre Kenntnisse in der Kinderpflege oder im Babysitten zur Verfügung stellt. Recht habt ihr, ich und sicher auch der stolze Opa, wir freuen uns schon darauf, unsere Enkel zu versorgen und sie, natürlich mit Maß und Ziel, auch zu verwöhnen. Und sollten wir es zu schlimm treiben, werdet ihr uns schon rechtzeitig bremsen. Manche mögen vielleicht nicht so denken, aber für mich ist Oma ein richtiger Ehrentitel. Ich danke euch.

Der Opa spricht

Liebe Kinder, liebe Gäste,

plötzlich ist man also Opa, obwohl man sich noch richtig jung und drahtig fühlt. Das ist aber nur ein scheinbarer Widerspruch. Jung sein ist keine Frage des Alters, sondern des Verhaltens und der Einstellung. Und gemessen daran, bin ich ein ganz junger Opa. Nein, Oma wird es euch bestätigen, liebe junge Eltern, ihr habt uns nicht alt, sondern glücklich gemacht. Ich werde nun bestimmt nicht in der Sonne vor dem Haus sitzen und meinen Enkel/Enkelin auf den Knien schaukeln. Der/Die kleine ..... *(Name)* wird sich noch wundern, wie lange es dauert, bis er/sie beim Wettlauf oder beim Radeln seinen/ihren alten Opa schnaufend hinter sich zurückläßt.

Ich hoffe, daß ich mit meinen Enkeln jung bleibe, daß kein Generationskonflikt entsteht, daß ich immer ein Gespür für ihre Sorgen und Nöte haben werde, solange sie meine Hilfe oder meinen Rat brauchen. Jedenfalls habe ich mir vorgenommen, daß ein herzliches vertrauensvolles Verhältnis nicht am Starrsinn oder am Unverständnis eines mürrischen, besserwisserischen alten Großvaters scheitern soll.

Ich wünsche dem neuen Erdenbürger, daß er die Schönheit, die Geduld und die Weisheit von der Oma und die Klugheit, die Tatkraft und das Redetalent vom Großvater geerbt haben möge. Daß er sich die richtigen Eltern ausgesucht hat, wissen wir Großeltern ja am besten.

Darauf wollen wir nun anstoßen, mir ist ja auch schon der Mund ganz trocken geworden. Ich danke euch.

Jemand aus Verwandtschaft oder Freundeskreis spricht

Liebe stolze Eltern, verehrte Gäste,

eigentlich ist ja schon alles gesagt worden, aber etwas liegt mir doch noch am Herzen. Liebe Eltern, wir, die sozusagen neutralen Schiedsrichter, dürfen es klipp und klar feststellen: Ihr habt wirklich ein rundum gelungenes Werk vollbracht. Wer euch das nicht zugetraut hat, der wurde jetzt eines Besseren belehrt. Sich ein Kind zu wünschen und dann gar noch eines in diese Welt zu setzen, die ihre modernen Tücken hat, das ist ja heute gar nicht mehr so selbstverständlich. Ihr habt euch nicht beirren lassen von allen möglichen Einschränkungen, die ihr hinnehmen müßt, ihr wolltet eine Familie sein, jetzt habt ihr es also geschafft, und wie!

Ich kann mich noch gut erinnern, wie ihr euch kennengelernt habt, eure Probleme miteinander hattet, und wie eure Zuneigung schnell wieder jede dunkle Wolke auflöste. Kinder, Kinder, wie rasch ist aus euch ein sittsames Ehepaar geworden. Haben wir zusammen nicht gerade noch die allersüßesten und allerleichtesten Seiten des Lebens genießen wollen? Und jetzt habt ihr die Verantwortung für ein neues Leben, das noch sehr lange eure ganze Hingabe, Zuneigung, Aufmerksamkeit und Verantwortung brauchen wird.

Die Paten haben euch heute schon versprochen, dem Täufling und euch stets zur Seite zu stehen. Aber vergeßt nicht, auch Verwandte und Freunde haben ihre guten Seiten. Wenn Not am Mann ist, darf man als junges Elternpaar durchaus auch mal einen Freund, den Onkel, die Tante *(man kann weitere Namen einsetzen)* um Rat und Hilfe bitten. Das ist nicht nur so dahin gesagt in der seligen Laune einer Tauffeier, sondern ein Versprechen. Nützt es!

Aber ich hoffe, ihr denkt nicht nur dann an uns, wenn ihr in Nöten seid. Wir freuen uns nämlich schon darauf, mit unserem heutigen Täufling auch seine nächsten großen Feiern zu begehen, von denen er heute gottlob noch gar nichts ahnt. Mein Fazit, liebe junge Eltern: Erstklassig gemacht. Auf euer Wohl.

Kurzfassung für Ungeduldige

Liebe Taufgesellschaft,

eigentlich ist es ja dem kleinen Kerl (dem kleinen Mädchen) jetzt noch völlig gleichgültig, was für liebe Reden wir auf ihn und für ihn halten. Daß wir ihn wirklich gern haben, ihn beschützen und ihm helfen, müssen wir erst später tatkräftig beweisen. Die Paten werden ihre Pflichten erfüllen, Freunde und Verwandte werden das Ihre dazu beitragen, daß aus dem noch hilflosen Täufling ein glücklicher Mensch wird. Und daß die Eltern ihr Bestes geben, ist doch eine Selbstverständlichkeit. Ich glaube, unser Täufling wird es gut haben. Jetzt wollen wir essen und trinken und fröhlich feiern, damit wir unserem Täufling später einmal erzählen können, wie schön seine Tauffeier war. Lassen Sie sich's alle gut schmecken.

Die gereimte Rede:

Taufpaten an die Eltern

Dies Werk ist wahrlich euch gelungen,
gibt der Familie erst den Sinn.
Ich habe mir gleich ausbedungen,
daß ich der Pate (die Patin) bin.

In diesem Kindlein sich vereinen
Schönheit, Gefühl und Heiterkeit.
Man sollte wirklich gar nicht meinen,
daß ihr die Eltern seid.

Ich will euch aber nicht bestreiten,
daß ihr die gute Tat vollbracht.
Leicht ist es nicht in diesen Zeiten,
drum sag' ich, gut gemacht.

Wir wollen diesem kleinen Racker
die Wege ebnen, daß er leicht
auf alle Fälle und auch wacker
sein Lebensziel erreicht.

Ihr werdet dieses Kind nun lenken,
so will's der Lauf der Welt.
Die Paten helfen mit Geschenken,
und manchmal auch mit Geld.

Das Leben ist nicht nur zum Lachen
auch nicht für unser liebes Kind.
Gemeinsam werden wir es schaffen,
daß es das Spiel gewinnt.

H. J.

Hilfestellung aus der Literatur:

Ein Mensch erblickt das Licht der Welt.
Doch oft hat sich herausgestellt,
nach manchem trüb verbrachten Jahr,
daß dies der einzige Lichtblick war.

Eugen Roth

Herr Vater, gebt euch nur zufrieden!
Ich kann ja wahrlich nichts dafür.
Ein Mädchen hat euch Gott beschieden,
Jedoch ein hübsches sagt man mir.

Eduard Mörike

Lieber Täufling, von deinem Vater nimm,
als erstes das Ohr und als zweites die Stimm'.
Und von deiner Mutter nimm nicht nur
die kleine Hand und die hohe Figur.
Auch von deinem Paten schweig ich nicht ganz
Sei dir das Leben ein Brahmscher Tanz.
Doch von dem Verfasser dieses Gedichts,
deinem zweiten Paten, nimm lieber nichts.

Theodor Fontane

Mit der Freude Feierklange
Begrüßt sie das geliebte Kind.
Auf seines Lebens erstem Gange,
Den es in Schlafes Arm beginnt.
Ihm ruhen noch im Zeitenschoße
die schwarzen und die heitern Lose.

Friedrich Schiller

Wir können die Kinder nach unserem Sinn nicht formen;
so wie Gott sie uns gab, so muß man sie haben und lieben,
sie erziehen aufs beste und jeglichen lassen gewähren.

Johann Wolfgang von Goethe

Geburtstag

Allgemeine Geburtstagsrede

Liebes Geburtstagskind, verehrte Gäste,

heute vor ..... Jahren hast du das Licht dieser Welt erblickt, und bisher hast du dich ganz wacker durchs Leben geschlagen. Alles in allem kannst du bestimmt sagen, daß dieser Geburtstag durchaus ein Glückstag für dich war. Du hast sicher ein wenig nachdenklich zurückgeschaut und überlegt, was bisher so alles in deinem Leben passiert ist. Es gab auch schwere Stunden, warum sollte es bei dir anders sein, aber die schönen Erinnerungen behalten doch die Oberhand, oder? Wir alle sind in froher Stimmung, wir danken dir für die Einladung, und wir wünschen dir, daß es weiter aufwärts geht, daß du gesund und munter bleibst. Du weißt ja, Regen ist genauso nützlich wie Sonnenschein, man braucht nur die richtige Mischung. Die goldene Mitte tut immer gut, und wir wünschen dir, daß du sie auf deinem künftigen Lebensweg immer findest. Bleib so wie du bist. Herzlichen Glückwunsch.

Liebes Geburtstagskind, liebe Familie,

unser Geburtstagskind ist nun schon in jene Jahre gekommen, da man ihm (ihr) nicht nur Gesundheit und Glück wünscht, sondern auch schon gebührende Verdienste hervorheben kann, wozu sich dieser Anlaß besonders gut eignet. Natürlich gehört er/sie noch lange nicht zum alten Eisen, aber die Leistungen können sich schon sehen lassen. Die Familie hält zusammen und schlichtet alle Mißhelligkeiten in vorbildlicher demokratischer Art. Das schöne Haus/Wohnung schafft Behaglichkeit und Sicherheit, und er/sie ist ein ruhender Pol, wenn mal die Hektik ausbricht. Wir alle wünschen dir und deiner Familie, daß alles so bleibt, daß ihr die Krisen wie bisher souverän meistert, und daß wir alle zusammen noch viele solche schönen Geburtstage feiern dürfen. Liebes Geburtstagskind, wenn es dich nicht schon gäbe, müßtest du wirklich erfunden werden. Laß dich nicht beirren, wenn mal Hindernisse auftauchen, du springst über sie hinweg wie in deinen jungen Jahren. Sei stolz auf das, was du bisher geschafft und erreicht hast, aber ruh' dich bitte nicht auf deinen Lorbeeren aus. Du kennst ja den schönen Spruch: Viel ist noch zu tun, packen wir es an. Heute aber darfst du dich erstmal loben und feiern lassen, und erst morgen spuckst du dann wieder in die Hände. Bewahre dir vor allem deine Herzlichkeit und deinen Humor, so wollen wir dich, so und nicht anders.

Das Geburtstagskind dankt

Meine lieben Freunde und Gäste,

ihr habt mich ja förmlich mit guten Wünschen, Lob und Anerkennung überschüttet, meinen herzlichen Dank. Da ich bescheiden bin, schreibe ich mir auf alle Fälle nur die Hälfte auf mein Konto und nehme die andere von euch als Kredit, bis zum nächsten Geburtstag. Mein wichtigster Vorsatz heute lautet, daß ich mich weiterhin so verhalten will, daß ihr mich auch beim nächstenmal mit ruhigem Gewissen beglückwünschen könnt. Ich beglückwünsche mich, daß ich so liebe Menschen um mich habe. Es ist wirklich gut zu wissen, daß man echte Freunde hat. Ich danke meiner Familie für die Geduld und das Verständnis, das sie immer für mich aufgebracht hat. Ich glaube, wir werden es auch in Zukunft miteinander aushalten. Und jetzt feiern wir, geredet ist genug.

Zum »fast vergessenen« Geburtstag

Es sollte ja nicht vorkommen, aber es kommt..... Wie oft ertappt man sich ein paar Tage (oder gar Wochen?) nach dem Ereignis bei der erschütternden Tatsache, herrje, jetzt habe ich doch den Geburtstag von..... ganz vergessen. Bei vielen Geburtstagskindern dürfte dies nur unhöflich sein oder ein bißchen lieblos, wird aber verziehen. Es kann sich aber auch um »wichtige« Geburtstage handeln, deren Vergessen eventuell sogar »materielle Folgen« hat. Wenn die Erbtante auf solche Dinge achtet..... Vorsicht! Um diese peinlichen Vergeßlichkeiten wieder hinzubiegen, könnte man die nachfolgende gereimte Geburtstagsrede mit Verzögerung benützen oder sich zumindest von ihr anregen lassen, die Sache auf diese Weise auszubügeln. Und wenn der Chef oder irgendeine andere Respektsperson über eine gewisse Portion Humor verfügt, könnte man es auch mit dieser Art von Entschuldigung versuchen. Traut man sich nicht, das vertrauliche Du im gereimten Glückwunsch anzuwenden, setzt man einfach ein Sie dafür ein. Man nimmt dabei allerdings in Kauf, daß die Verse ein bißchen holpern. Hier also der Vorschlag für die Wiedergutmachung eines »fast vergessenen« Geburtstages:

Die gereimte Rede:

Zum fast vergessenen Geburtstag

Du fröhliches Geburtstagskind,
du weißt ja wie die Menschen sind.
Jetzt hab' ich wieder, um ein Haar,
verpaßt dein neues Lebensjahr.

Ich hatte es fest eingeplant,
das Datum war ins Hirn gebrannt,
es stand in meinem Tagebuch,
ein Knopf war auch im Taschentuch!

Ich hatte mir fest vorgenommen,
– und auch schon einen Brief begonnen –
daß ich dir pünktlich gratulier'
den Ehrentag mit Wünschen zier'.

Doch leider, ich könnt' Mäuse fressen,
ich hab's schon wieder mal vergessen!
Zerknirscht komm' ich auf allen Vieren,
um nachträglich zu gratulieren.

Ich weiß, du nimmst es mir nicht krumm,
daß ich so faul bin und so dumm.
Du wirst die Schlamperei verschmerzen,
ein später Wunsch kommt auch von Herzen!

Weil ich der Sünden eingedenk,
darfst du dir wünschen ein Geschenk.
Da ich kein Krösus bin auf Erden,
soll's aber nicht zu teuer werden.

Ich schicke dir zum guten Schluß
noch einen hingehauchten Kuß.
Demnächst, ich schwöre Stein und Bein,
da wird der Glückwunsch pünktlich sein.

H. J.

Ehemann an Ehefrau

Liebe Frau und Mutter meiner Kinder, verehrte Gäste,

ganz gleich, ob im kleinen Kreis oder bei einer großen Feier, heute drängt es mich einfach, auf dich liebe . . . . ., eine fast offizielle Rede zu halten, sozusagen vor Zeugen. Es ist wirklich eine gute Gelegenheit, dir einmal Dank zu sagen und deine Verdienste, die du so gerne sozusagen unter den Küchenschemel stellst, hervorzuheben. Mit einigem Schrecken wirst du gesehen haben, daß die Kinder und ich heute versucht haben, die Geburtstagstafel selber herzurichten und dir ein paar Arbeiten abzunehmen. Du hast den Wirrwarr überstanden, und ehrlich gesagt, ohne deine Hilfe könnten wir jetzt wohl nicht schon so gemütlich zusammensitzen. Nimm bitte den Versuch als Tat. Jetzt wissen wir so ungefähr, was du täglich leisten mußt, damit wir gut verpflegt und versorgt werden.

Liebe . . . . ., natürlich weißt du, wie wir alle dich schätzen, aber es ist sicher ganz gut, wenn man das einmal laut und deutlich sagt, sonst wird ja alles zur puren Selbstverständlichkeit. In unserer Familie bist du die ganze Regierung, vom Staatsoberhaupt bis zum Pförtner. In Bonn wärst du der weibliche Supermann, zuständig für Wirtschaft, Erziehung, Finanzen, Umwelt, Energie, Außen- und Innenpolitik, dazu noch Laufbursche, Chefkoch, Oberschwester, Beichtvater und Nachschubverwalter. Sagen wir es einfach, du bist die Größte.

Wir wissen wirklich, was du uns wert bist, und wir werden uns bemühen, diese Erkenntnisse zu bewahren, wenn morgen wieder der alltägliche Trott beginnt, und wir dich wieder nach allen Regeln der Kunst strapazieren und in Anspruch nehmen.

Bitte, bleib für uns noch sehr lange die Größte.

Die gereimte Rede:

Ehemann an Ehefrau

Als ich heut morgen aufgewacht,
hast du mich forschend angesehen.
Ich hab' dich freundlich angelacht,
als wäre nichts geschehen.

Beim Frühstück warst du sonderbar,
als würdest du erwarten,
ich trüge dich auf Händen gar
in einen Rosengarten.

Der Tag verging und ich kam heim.
Du wandst dich wie ein Wurm.
Für mich gab's da nur einen Reim,
die Stille vor dem Sturm.

Dein Zorn, die Wut, sie barmten mich.
Ich lag vor dir auf allen Vieren
und sagte dir, ich liebe dich,
man kann auch abends gratulieren!

Es traute sich dein lieber Mann,
ich hoff', du kannst es fassen,
das Liebste, was er haben kann,
ein wenig zappeln lassen.

Bleib lieb und froh und wie du bist,
bei allen Eheschmerzen.
Auch ein Geburtstagsmuffel ist
ein Gratulant aus tiefstem Herzen.

H. J.

Zum Geburtstag des Chefs – ein(e) Mitarbeiter(in) als Sprecher

Sehr geehrter Herr . . . . . ,
meine sehr verehrten Damen und Herren,

aus Anlaß Ihres . . . . . Geburtstages habe ich den ehrenvollen Auftrag, Ihnen im Namen aller Mitarbeiter die herzlichsten Glückwünsche auszusprechen. Wir wünschen Ihnen und uns, daß noch viele Jahre voller Gesundheit und Schaffenskraft vor Ihnen liegen. Möge Ihr Elan so erfrischend bleiben, wie er bisher war, und mögen Sie weiterhin so viel Verständnis für unsere Belange haben.

Unsere Glückwünsche kommen von Herzen und nicht nur deshalb, weil wir ja alle in einem Boot sitzen. Es kann nur in unserem Interesse sein, wenn der Steuermann immer weiß, wohin der Kurs führt. Und Ihr Interesse muß es sein, daß zufriedene Mitarbeiter für eine wachsende Firma sorgen. Wenn alles Hand in Hand geht, sind unsere Interessen nahezu deckungsgleich. Sichere Arbeitsplätze und guter Umsatz bedingen sich einander. Da alles bisher so gut geklappt hat, brauche ich das eigentlich gar nicht zu erwähnen.

Wir freuen uns besonders, sehr geehrter Herr . . . . . , daß Sie auch immer ein Ohr hatten für unsere Sorgen und Nöte. Für Sie waren wir nie Arbeitsroboter, in die man oben Lohn hineinwirft, damit unten die Arbeitsleistung herauskommt. Wir waren auch Menschen für Sie, ganz private Menschen. Zwischen uns gibt es eine fundierte Vertrauensbasis. So möge es bleiben. Lieber Chef, wir wollen keinen anderen Boß, Sie sollen uns noch lange erhalten bleiben.

Zum Geburtstag eines Mitarbeiters/Beamten – Vorgesetzter spricht

Lieber Kollege . . . . . ,

ein Geburtstag ist natürlich in erster Linie eine Familienfeier. Aber da wir ja mehrere hundert Stunden im Jahr hier im Amt/in der Firma gemeinsam verbringen, dürfen wir uns auch als eine Art besonderer Familie fühlen, sozusagen als eine Familie von Amts wegen. Und deshalb dürfen wir auch, in Grenzen natürlich, gemeinsam feiern. Herzlichen Glückwunsch also, lieber Kollege . . . . . , zu Ihrem . . . . .

Geburtstag. Es ist schon der . . . . ., den Sie in unserem Kreis feiern, und wir hoffen, Sie waren immer so zufrieden mit uns, wie wir mit Ihnen. Wir freuen uns mit Ihnen über alles, was Sie privat und dienstlich geschafft haben, und wir wünschen Ihnen und Ihren Angehörigen Glück, Gesundheit und Zufriedenheit für die Zukunft. Ich hoffe, daß unser Betriebsklima weiterhin so freundschaftlich bleibt und daß Sie mit Ihrer Erfahrung, Ihrem Können und Ihrer Ausgeglichenheit auch in Zukunft dazu beitragen, daß es so bleibt. Vielen Dank und alles Gute, auch im Namen aller Mitarbeiter . . . . .

Zum Geburtstag eines Vorgesetzten – Mitarbeiter als Sprecher

Sehr geehrter Herr . . . . .,

ich freue mich, daß ich im Namen meiner Kollegen Ihnen von Herzen zum Geburtstag gratulieren darf. Wir wünschen Ihnen alles das, was Sie sich selber wünschen, und wir hoffen, daß unsere kleine Gemeinschaft, die Sie so geschickt führen und zusammenhalten, noch lange zusammen bleibt. Wir danken Ihnen, daß Sie ein so verständnisvoller Vorgesetzter sind, der weiß, daß alle Menschen, sogar Vorgesetzte, ihre kleinen Schwächen haben. Sie haben immer das richtige Maß zwischen Befehl und Fürsorge gefunden. Wir wünschen Ihnen Glück und Erfolg, dienstlich und privat. Möge Ihnen dieses kleine Geschenk Freude machen.

Zum Geburtstag eines/einer Freundes/Freundin

Liebe . . . . . oder Lieber . . . . .,

ich habe mich ehrlich gefreut, als du mich zu deinem Geburtstag eingeladen hast. Ich hätte dir natürlich schriftlich gratuliert – einen Geburtstag vergessen, das gibt es bei mir nicht – aber mit dir persönlich zu feiern, ist natürlich viel besser. In unserem Alter ist es schon erlaubt, aus diesem Anlaß ein wenig in gemeinsamen Erinnerungen zu kramen. Natürlich erzähle ich hier in aller Öffentlichkeit nur die

Ereignisse, die dich im besten Licht erscheinen lassen. Außerdem hast du ja auch nie was angestellt, oder?

Weißt du noch ..... *(nun folgen entsprechende persönliche Erlebnisse)*.

Jedenfalls hat unsere Freundschaft alles überstanden, und mit den Jahren halten wir eigentlich nur noch fester zusammen. Wir haben uns schon gekannt, als wir noch solo waren. Glücklicherweise haben unsere Männer/Frauen den richtigen Zugang zu den neuen Freunden gefunden, und keiner hat versucht, uns wechselseitig auseinander zu bringen oder unsere Freundschaft zu stören. Vielleicht können wir nachher einmal darüber nachdenken, ob es ihnen überhaupt gelungen wäre. Was meinst du? Ich glaube es nicht.

Lieber/Liebe ....., jetzt kennen wir uns schon eine ganze Reihe von Jahren. Vielleicht ist es mit unserer Freundschaft auch deshalb so gut gegangen, weil wir sie immer sehr behutsam gepflegt haben. Freundschaft kann zwar einige Belastungen aushalten, aber dauernd soll man sie auch nicht auf die Probe stellen. Ich glaube, wir haben das richtige Maß gefunden. Laß dir alles Liebe und Gute wünschen.

Zum Geburtstag der Oma – Enkelin/Enkel spricht

Liebe Oma,

für mich ist dein Geburtstag immer was ganz Besonderes, denn du warst immer für mich da. Ich kenne dich, seit ich denken kann, und wie man mir erzählt hat, hast du dich auch schon davor lieb um mich gesorgt. Leicht hast du es ja mit uns wohl nie gehabt. Weißt Du noch ..... *(es folgen persönliche Erlebnisse)*.

Oft habe ich ja geglaubt, wenn Mutti oder Vati mir was verboten oder zuwenig Geld gaben, könnte ich nur zu dir laufen und schon würde ich meinen Willen bekommen. Oft war ich dann enttäuscht, wenn du dich nicht gegen die Eltern hast ausspielen lassen. Heute weiß ich, daß du meistens richtig gehandelt hast. Wir wollen nicht so tun, als ob zwischen uns nur immer eitel Freude und Sonnenschein geherrscht hätten. Oft habe ich dich ja nicht verstanden, und genauso erging es dir mit mir. Du hast dich sicher oft genug gewundert, was denn eigentlich da so in den Köpfen von uns Kindern vorging, was wir wieder für verrückte Ideen hatten, und vielleicht haben wir dich auch manchmal, ohne es zu wollen, geärgert oder sogar verletzt.

Du weißt, das war keine böse Absicht, höchstens Unvernunft, und manchmal hast sicher auch du gewisse Schwierigkeiten gehabt, über deinen Schatten zu springen. Wichtig aber ist, daß alle kleinen Zwistigkeiten unser Verhältnis nie ernstlich belastet haben und daß es nie zu einer dauerhaften Verärgerung kam. Omas und Enkel müssen sich durchbeißen, und wenn beide dann erwachsen sind – für dich steht erwachsen natürlich in Anführungszeichen –, dann verstehen sie sich besser denn je. Liebe Oma, bleib gesund und munter und so frisch, daß du dich auch noch manchmal über uns Kinder ärgern kannst. Und sag uns deine Meinung, wenn dir was nicht paßt. Von Herzen alles Liebe und Gute.

Zum Geburtstag des Opas

Lieber Opa,

ich weiß, du magst keine Reden und schon gar keine langen, aber heute mußt du eine kleine Ansprache über dich ergehen lassen. Früher hätte ich ja vor lauter Respekt kein einziges Wort herausgebracht, aber wenn ich es heute richtig sehe, warst du nie nur eine ehrfurchtgebietende Märchengestalt – wie wir als Kinder oft meinten –, sondern viel mehr ein richtiger lieber, verständnisvoller Opa, der stets versuchte, zu begreifen, was sich diese Jugend eigentlich so denkt. Ich habe wirklich vergessen, ob du mir jemals eine geklebt hast. Du kannst es mir ja dann, wenn wir ein paar Schoppen getrunken haben, heimlich anvertraun. Aber auch wenn ich mal einen Klaps bekommen haben sollte, so hat er mir nicht geschadet, wie man heute offensichtlich sieht. Lieber Opa, halt dich weiterhin so wacker, du wirst ja praktisch nicht älter, während ich immer mehr aufhole. Und wenn dir Oma nicht erlaubt, ein Fußballspiel im Fernsehen zu sehen, weil sie Kuli *(nach Belieben einsetzen)* liebt, dann kommst du einfach zu mir, abgemacht? Bleib gesund und herzlichste Glückwünsche.

Zum Geburtstag des Schwiegervaters

Lieber Schwiegervater,

einen einzigen Vater zu haben, ist manchmal schon recht anstrengend. Aber wenn man dann einen zweiten dazu bekommt, muß man schon ganz schön aufpassen, daß man nicht völlig untergebuttert wird. Spaß beiseite, lieber Schwiegerpapa, du warst und bist der beste Zweit-Vater, und du hast nie geglaubt, ein böser Mensch habe dir deine Tochter/deinen Sohn schnöde geraubt. Wir haben uns in den letzten ..... Jahren bestens zusammengerauft, ohne wirklich zu raufen. Zu deinem ..... Geburtstag wünsche ich dir alles Liebe, vor allem beste Gesundheit, und ich danke dir dafür, daß du das, was dich zu meinem Schwiegervater macht, damals so gut hingekriegt hast. Alles klar? Nochmals, alles Gute.

Zum 18. Geburtstag

Der Vater gratuliert dem Sohn
(kann auch für die Tochter umgearbeitet werden)

Mein lieber ....., liebe Gäste,

daß ich dir immer wieder mal einen kleinen Vortrag gehalten habe, kennst du ja seit vielen Jahren. Aber diese ziemlich feierliche Rede heute ist natürlich überhaupt nicht vergleichbar mit den damaligen Ermahnungen wegen deiner kleinen Streiche oder wegen der ganz seltenen schlechten Schulnoten.

Heute, lieber ....., wirst du volljährig. Du kannst dir einen Beruf wählen, Geschäfte abschließen, du kannst dein Leben selbst bestimmen und brauchst eigentlich überhaupt nicht mehr auf deine Eltern zu hören.

Fensterscheiben hast du schon lange nicht mehr eingeworfen, und über schlechte Noten habe ich mich in den letzten Jahren auch nicht mehr beklagen müssen. Du hast begriffen, daß die Schule doch einen gewissen Sinn hat, wenn man später im Beruf bestehen will. Wenn ich früher meine sogenannten Vorträge hielt, schaute ich auf dich hinunter, dann konnte ich dir schon ins Gesicht sehen, und heute muß ich zu dir hinaufschauen. Glaube aber ja nicht, daß du nun allein deswegen alles besser weißt als ich. Ab und zu wirst du schon noch meinen Rat und den von Mutter brauchen, und wir freuen uns schon darauf, auch weiterhin mit dir über Sorgen und Pläne, Enttäuschungen und Hoffnungen diskutieren zu können.

Ich glaube, wir haben alles versucht, damit du schon bald selbständig wirst und selber Verantwortung übernehmen kannst. Jetzt bist du mündig, das heißt, du kannst über dich selber verfügen. Laß uns auch an deinem weiteren Leben liebevoll teilnehmen. Das ist unser Wunsch. Dir wünschen wir, daß viele deiner Wünsche in Erfüllung gehen.

Die Mutter gratuliert der Tochter

Meine liebe . . . . ., liebe Gäste,

dein 18. Geburtstag, deine Volljährigkeit – oder wie man juristisch so schön sagt, uneingeschränkte Geschäftsfähigkeit – das alles ist eigentlich heutzutage gar kein so besonderer Anlaß mehr, um eine großartige, feierliche Rede zu schwingen. Ich habe ja in den letzten Jahren wirklich gestaunt, wie selbständig du geworden bist, wie vernünftig du dich in den meisten Fällen verhalten hast und wie zielstrebig du deine Ausbildung betrieben hast. Sicher haben wir Eltern auch ein bißchen dazu beigetragen, aber die moderne Zeit scheint auch ein ganz spezieller Lehrmeister zu sein. Verglichen mit dir, war ich in deinem Alter ja wirklich fast noch ein Kind. Und, ganz nebenbei gesagt, in deinem Alter hatte ich noch keinen festen Freund, keinen Bausparvertrag und keine Vorstellung davon, wie mal unser Bungalow aussehen soll.

Liebe . . . . ., ich habe mich oft gefreut, wie selbstsicher ihr Teenager euch in dieser schwierigen Welt bewegt, um was für Probleme ihr euch kümmert, vom Umweltschutz bis zur Atombombe. Ich habe dich und deine Freundinnen sogar manchmal beneidet, weil wir uns als Teenager nicht so viele Gedanken gemacht haben. Aber ich habe mich immer bemüht mitzuhalten, und in vielen Dingen waren wir ja eher wie Schwestern als wie Mutter und Tochter.

Jetzt bist du also so schön richtig erwachsen und brauchst dir von deinen Eltern nichts mehr sagen zu lassen. Aber ich glaube nicht, daß du dadurch wie von einer Last befreit bist, wir haben uns doch immer gut verstanden. So wird es auch in Zukunft sein. Und ein paar Tips kann dir deine »alte Mutter« bestimmt auch in Zukunft geben. Auch wenn du nun erwachsen bist, du bleibst meine Tochter dein Leben lang. Alles Liebe und Gute.

Der Vater gratuliert der Tochter

Liebe . . . . ., liebe Gäste,

ich will dir keinen langen Vortrag halten über Volljährigkeit, Erwachsensein und Geschäftsfähigkeit und auch nicht darüber, daß du beim nächsten Mal wählen darfst. Du hast mir ja in den letzten Jahren oft genug erklärt, was du an meiner Stelle wählen würdest und was die Politiker nun endlich einmal anpacken sollten. Du bist ja schon immer so herrlich selbständig gewesen, daß du so einen offiziellen 18. Geburstag eigentlich gar nicht brauchst.

Am liebsten möchte ich ein bißchen in Erinnerungen schwelgen, weil ich immer stolz darauf war – und das ist ja wohl bei den meisten Vätern so –, daß ich eine so kluge Tochter hatte, von der Schönheit ganz zu schweigen. Weißt du noch . . . . . *(es folgen ein paar persönliche Erinnerungen, die nicht nur Lobeshymnen sein müssen).*

Hast du dich eigentlich nicht gewundert, wie mannhaft ich es hinnahm, als du plötzlich mit einem Freund aufgetaucht bist? Früher hätten Väter diesen Kerl hart unter die Lupe genommen und ihn nach allen Regeln der Kunst ausgequetscht, ob er auch der eigenen Supertochter angemessen ist. Heute gibt der Freund der Tochter dem Vater gute Ratschläge, wie man die Welt richtig gestaltet. So ändern sich die Zeiten und die Väter, von den Kindern und ihren Freunden ganz zu schweigen. Liebe . . . . ., ich wünsche dir, daß du deinen Weg weiter so gradlinig und zielbewußt verfolgst, und ich messe mir selbst das Lob zu, dir doch ein paar richtige Hinweise gegeben zu haben. Und wenn du uns bald verläßt und deinen eigenen Hausstand gründest, komm' so oft du kannst wieder mal heim zu uns, damit dein »alter Vater« nicht verknöchert. Ich wünsche dir das Beste.

Die gereimte Rede:

Zum 18. Geburtstag für ein Mädchen

Erwachsen werden ist nicht schwer,
erwachsen sein dagegen sehr!

Mit 18 Jahren, welche Pein,
da mußt du halt erwachsen sein!

Kindheit und Jugend sind verschwunden
und alles was damit verbunden
an ausgelebter Fröhlichkeit.
Das Leben zeigt sich nun verbissen,
die Zukunft vielleicht gar besch . . . . .,
und Sorgen machen sich recht breit.

Politisch seine Stimme geben,
den Auto-Führerschein erstreben,
den jungen Mann zur Ehe führen,
dann Tag für Tag die Suppe rühren!
Gelegentlich auch Kinder kriegen,
die Haushalts-Faulheit zu besiegen,
sparsam zu sein und nicht zu protzen,
am Abend in die Röhre glotzen.
Die Falten zählen im Gesicht
und auch die Pfunde vom Gewicht.
Und dann, vergangen wie im Nu,
geht's auf die Silberhochzeit zu.

Erwachsen werden ist nicht schwer,
erwachsen sein dagegen sehr!

Drum schau dich um auf dieser Erden,
willst überhaupt du 18 werden?
Du willst? Du freust dich, gutes Stück?
Dann wünsch' ich dir von Herzen Glück.

H. J.

Zum 50. Geburtstag

Freund gratuliert Freund/Bekannter dem Hausherrn (also auch Sie-Form einsetzbar)

Lieber . . . . ., meine sehr verehrten Damen und Herren,

warum eigentlich ist der 50. Geburtstag etwas Besonderes? Warum feiern wir ihn größer als alle bisherigen? Es ist wohl die runde Jahreszahl, die diesen Geburtstag heraushebt. Aber sonst? Mein lieber Freund, du schaust doch genau so aus, wie vor fünf oder zehn Jahren. Na gut, zwei Haare sind abhanden gekommen, eine Falte und drei Gramm Körpergewicht kamen dazu.

Wer dich längere Zeit nicht gesehen hat, der bemerkt vielleicht ein paar Veränderungen. Du bist noch klüger als früher, ein bißchen mehr weise und ein wenig abgeklärter. An gewisse Dinge würdest du dich heute vielleicht nicht mehr heranwagen.

Weißt du noch, wie . . . . . *(es folgen persönliche Erinnerungen).*

Aber mit 50 steht man doch auf der Höhe seiner Schaffenskraft, und du wirst uns später vielleicht noch ein wenig von deinen Zukunftsplänen berichten. 50 Jahre, eigentlich doch ein wunderbares Alter, du bist noch jung genug, um Dummheiten zu machen und schon alt genug, um rechtzeitig die möglichen Folgen dieser Dummheiten zu bedenken. Altersbedingte Erfahrung und jugendliche Frische sind die beste Mischung. Und wie ich dich kenne, würdest du sogar in einer Disco noch eine gute Figur abgeben.

Jung zu sein, ist keine Frage des Alters, sondern der Einstellung. Wir wünschen dir, daß du dir deine jugendliche Einstellung bewahren mögest. Aber da besteht ja keine Gefahr. Deine jugendliche Frau . . . . . wird dich bestimmt weiterhin auf Trab halten. Im Namen aller Anwesenden darf ich dir sagen, daß wir dir noch eine Unmenge »krummer und runder« Geburtstage wünschen, bei bester Gesundheit, und mit einer so gelungenen Feier wie heute.

Die gereimte Rede:

Glückwunsch zum 50. oder 60. Geburtstag

Fünfzig (sechzig) Jahre wirst du heute,
deine Haare wurden Beute
einer harten Lebensfahrt.
Zugenommen hat dein Bauch,
dein Gehirn wohl aber auch
und die feine Lebensart.

*

Du gehst munter durch die Zeiten,
läßt die Hosenbünde weiten
und wirst immer stärker, Mann.
Du blickst vorwärts, nie zurück,
sinnst mit deinem Ehestück,
was man noch so schaffen kann.

*

Sicher geht es immer weiter,
manchmal traurig, manchmal heiter
mit der flotten Lebenstour.
Doch bei fünfzig (sechzig) Jahreszahlen
sollte auch der Blick mal fallen
auf die schnelle Lebensuhr.

*

Du kommst jetzt in die Jahre.
Immer raffen? Nicht das Wahre!
Hau doch mal die Bremse rein.
Zeit genug bleibt noch beileibe
und mit deinem lieben Weibe
baust du ein Paradies daheim.

H. J.

Zum 60. Geburtstag

Freund/Bekannter/Vereinsvorsitzender etc. spricht (es kann auch die Sie-Form eingesetzt werden)

Lieber . . . . ., sehr verehrte Damen und Herren,

wenn einer 60 Jahre alt geworden ist und noch so frisch, munter und drahtig wie du aussieht, braucht er bestimmt keinen Trost wegen der Anzahl der Jahresringe. 60 Jahre mögen früher einmal ein biblisches Alter gewesen sein, aber heute gibt es sogar Schlagertexte, die feststellen, daß man Sechzig ist und kein bißchen weiser geworden. Natürlich bist du weiser geworden, siehst viele Dinge anders als vor zwanzig oder vor zehn Jahren. Aber ein bißchen abgeklärter zu sein, bedeutet noch lange nicht, daß man ein Greis ist. Deswegen soll meine kleine Rede auch kein Trost darüber sein, daß die Jahre vergangen sind, sondern nur die liebevolle Verpackung für unsere gesammelten Glückwünsche und für alles das, was wir dir für die Zukunft wünschen.

In den vergangenen Jahren haben wir ja eine Menge gemeinsam erlebt. Ein paar Geschichten, die zeigen, was für ein patenter Mensch du immer gewesen bist, möchte ich hier erzählen, wobei ich natürlich keine Geheimnisse ausplaudere. Weißt du noch, wie . . . . . *(es folgen persönliche Erinnerungen etc.)*.

Bleib so, lieber Freunde, dann halt ich dir zum 70. die gleiche Rede. Möge alles, was du dir wünschst, in Erfüllung gehen.

Zum 65. Geburtstag

Freund/Bekannter/Funktionär etc. gratuliert (es könnte auch die Sie-Form eingefügt werden)

Lieber ....., sehr verehrte Damen und Herren,

früher, als es den vorgezogenen Ruhestand noch nicht gab, war ja der 65. Geburtstag eines der einschneidendsten Ereignisse im Leben. Da war es endgültig mit dem Beruf vorbei, und man mußte seinen ganzen Lebensablauf radikal umstellen, was für viele Menschen große Schwierigkeiten mit sich brachte. Heute sind wir Gott sei Dank flexibler geworden, können zum Teil selber bestimmen, wann wir in den verdienten Ruhestand gehen, und manche verabschieden sich schon mit 58 Jahren aus dem Arbeitsalltag und wechseln problemlos ins neue Leben über. Natürlich wollen wir nicht übersehen, daß uns die jeweilige Arbeitsplatz- und Beschäftigungssituation nicht ganz so frei sein läßt, wie wir es gerne hätten. Trotz aller Veränderungen durch die moderne Zeit bleibt aber der 65. Geburtstag nach wie vor ein in jeder Hinsicht bemerkenswertes Datum und sicher Anlaß, ein wenig Rückschau zu halten.

Deine Bilanz, lieber ....., kann sich bestimmt sehen lassen. Ich glaube, du bist auch ganz zufrieden. Kannst du dich noch an die Situation erinnern, die wir gemeinsam erlebt hatten. Weißt du noch ..... *(es folgen einige persönliche Erlebnisse etc.).*

Du gehst also jetzt auch in den Ruhestand und ich weiß, daß du ihn gut vorbereitet hast. Deine Hobbys .....

Aber auch sonst bleibt ja noch genügend Arbeit. Deine Familie ....., dein Garten ....., dein ..... etc.

Lieber ....., ein bißchen später aufstehen, ein bißchen mehr Fernsehen, ein wenig öfters am Stammtisch ....., genieße deinen Ruhestand, bleib gesund und munter, wie du immer warst.

Die gereimte Rede:

Auf die sogenannten Senioren

Laß dir, verehrter Jubilar,
glückwünschen für ein weitres Jahr.
Die Verse zeigen, wohlgereimt,
daß wir dich lieben, alle Zeit.

In diesem Land ist es so Sitte,
daß Menschen, die in unsrer Mitte,
ein Maß an Jahren abgedient,
nun plötzlich Senioren sind.

Von heut' auf morgen sind sie alt,
gemacht dazu fast mit Gewalt.
Gedankenlos, ohne Beweis,
schiebt man sie auf das tote Gleis.

Dies »tote Gleis« nennt man getönt,
womit die Schiebung wird geschönt,
nach neuhochdeutscher Sprachensucht
Seniorenheim mit guter Luft.

Das Haus der Kinder ist zu klein,
Urlaub soll öfters auch mal sein.
Du liebe Oma, von weit weg,
schick deinen Zuschuß doch per Scheck.

Generationsprobleme schwinden,
wenn nur noch Briefe Herzen binden.
Es reduziert sich alle Plage
auf einen Gruß zum Muttertage.

Bleibt Opa, einst das gute Stück,
allein und unversorgt zurück,
muß er erst recht, in allen Ehren,
ein Altersheimbewohner werden.

Man pflegt ihn dort doch akkurat,
wo er sein kleines Zimmer hat.
Es bleibt ihm ja ganz unbenommen,
gelegentlich vorbeizukommen.

Jetzt zum Geschenk, Geburtstagskind,
von allen, die versammelt sind:
Deine Familie hier verspricht,
wir machen solche Sachen nicht!
Und wer dich abschiebt, wird riskieren,
unsern gerechten Zorn zu spüren.

Du bleibst, das ist bei uns so Sitte,
ein lieber Mensch in unsrer Mitte.

H. J.

Zum 70. Geburtstag

Ein Freund spricht

Lieber . . . . ., sehr verehrte Damen und Herren,

als dein ältester Freund freue ich mich ganz besonders, daß ich dir zu deinem 70. Geburtstag herzlich gratulieren darf. Wir beide haben viel miteinander erlebt und sind mit Anstand älter und grauer geworden. Aber wir werden nachher unsere Erinnerungen austauschen. Jetzt wollen wir das junge Volk hier nicht damit langweilen. Wie ich uns kenne, haben wir ihnen ja die alten Geschichten schon oft genug erzählt. Ich bin ja richtig neidisch auf dich, so viele Gratulanten sind gekommen. Da siehst du mal, wie viele Freunde du hast und daß dich sogar die Nachbarn gut leiden können.

Wenn jemand 70 Jahre alt wird, zitiert man gern den 90. Psalm, in dem es heißt, unser Leben währet siebzig Jahre, und wenn es hoch kommt, sind es achtzig Jahre und so weiter. Ich weiß, daß du diesen schönen Psalm kennst. Ich will bestimmt nicht die Bibel berichtigen, aber ein bißchen neu übersetzen und dir sagen, unser Leben währet viele, viele Jahre, wie viele, darauf wollen wir uns heute noch nicht festlegen. Wenn der Psalmdichter dich gekannt hätte, wäre er ohnehin ein bißchen vorsichtiger gewesen.

Wie es im 90. Psalm heißt, war dein Leben bestimmt köstlich, es war Mühe und Arbeit, sogar viel von beidem, aber es war auch Freude, Zufriedenheit, Glück und Erfolg. Deine Enkel und Urenkel allein sind Beweis genug.

Lieber Freund, laß dir weiterhin deinen angeblichen Ruhestand so gut schmecken, aber von »ruhig stehen« kann ja bei dir überhaupt nicht die Rede sein. Dein Tempo möchte ich noch haben. Noch viele Jahre mit bester Gesundheit wünsche ich dir.

Zum 75. Geburtstag

Vereinsfunktionär spricht

Lieber . . . . ., sehr verehrte Damen und Herren,

als Vorsitzender des . . . . . *(Verein etc.)* darf ich dir im Namen aller Freunde und Mitglieder die allerherzlichsten Glückwünsche zu deinem 75. Geburtstag aussprechen.

Seit mehr als . . . . . Jahren gehörst du nun schon zu uns, alle Ehrennadeln und Auszeichnungen hast du schon bekommen, Ehrenmitglied bist du auch schon, also bleiben nur unsere besten Wünsche und dieses Geschenk.

Dein Geburtstag ist ein guter Anlaß, ein paar Stationen aufzuzählen, die wir im Verein gemeinsam hinter uns gebracht haben und an deren Bewältigung du entscheidend beteiligt warst. Das war 19 . . *(es folgen die entsprechenden Ereignisse)*.

Lieber . . . . ., ich hoffe, daß du auch weiterhin so rege an unserem Vereinsleben teilnimmst und daß du auch in Zukunft einige Anregungen parat hast, mit denen du uns schon so oft geholfen hast. Wir sind stolz darauf, daß du zu uns gehörst.

Jetzt bekommst du noch einen schönen Blumenstrauß und dann wird dir unsere Blaskapelle spielen, was du dir wünschst. Nochmals vielen Dank für alles, bleibe gesund und sei uns weiterhin so herzlich verbunden.

Der Jubilar dankt

Liebe Freunde,

bei so vielen Ehrungen und Lobshymnen kann man ja richtig verlegen werden. Vielen Dank für alles. Wenn nur die Hälfte stimmt, bin ich ja ein echter Übermensch. Vielen Dank auch für die vielen Geschenke, da habe ich noch wochenlang mit dem Anschaun zu tun.

Heute bin ich vor allem dankbar. Dankbar für die Anteilnahme, die ihr alle mir bewiesen habt. Dankbar dafür, daß ich noch meine liebe Frau ..... an meiner Seite habe, die täglich dafür sorgt, daß ich kein alter Trottel werde. Dankbar vor allem aber auch, daß wir beide keine »Alten« sind, die man aus dem Familienkreis abschiebt.

Ich habe mir zwar angewöhnt – *endlich* mögen jetzt vielleicht ein paar Enkel sagen –, mich nicht mehr in dieses und jenes einzumischen und nicht mit erhobenem Zeigefinger gute Ratschläge zu erteilen, aber ich gehöre doch noch dazu, ich bin ein Teil der Familie geblieben, und dafür bin ich ganz besonders dankbar.

Und jetzt weg mit den allzu feierlichen Gedanken, jetzt essen und trinken wir und feiern, denn dafür habe ich mich gestern besonders lange ausgeschlafen. Ich habe mir fest vorgenommen, daß ich nicht der erste bin, der heute ins Bett geht. Ich fühle mich richtig stark, so stark, wie eure Freundschaft zu mir immer war. Nochmals vielen Dank und eine fröhliche Feier.

Geburtstagsrede für eine ältere Dame
(gehalten von Verwandten, Freunden oder Bekannten etc.)

Liebe ..... oder sehr verehrte Frau .....,

früher hätte man als sogenannte Dame diesen Geburtstag am liebsten verschwiegen oder zumindest die Zahl schamhaft versteckt. Heute bekennt man sich zu seinem Alter, nimmt es realistisch und versucht, das Beste daraus zu machen. Schön, daß du (Sie) so ehrlich bist (sind), was hättest du auch zu verbergen? Du kannst dich wahrlich sehen lassen und daß man dir dein Alter nicht ansieht, ist wirklich keine Schmeichelei. Aber man dürfte es dir ja auch ruhig ansehen, was ist schlimm daran? Du warst uns immer eine liebe ..... und das hat mit dem Alter überhaupt nichts zu tun.

Wir bewundern dich, wie realistisch du die Dinge siehst und wie gerade du deinen Weg gehst. Natürlich ist es nicht ganz so angenehm, daß man schon wieder ein Jahr älter geworden ist, daß es vielleicht hier ein bißchen zwickt und dort ein bißchen zwackt. Aber du hast ja immer gesagt, man muß die Welt nehmen, so wie sie ist, vor allem das, was man an ihr nicht ändern kann.

Wenn man älter wird, braucht man ab und zu auch mal Hilfe von anderen, alles schafft man nicht mehr aus eigener Kraft. Du bist sicher realistisch genug, das einzusehen. Bitte, wende dich an uns, wenn du etwas brauchst und sei es zum Beispiel nur die Unterstützung beim Ausfüllen eines dieser verzwickten modernen Formulare. Eigentlich schenken wir dir ja heute etwas. Aber auch du kannst uns ein wunderbares Geschenk machen, wenn du dir mal von uns helfen läßt.

Also, bleib gesund und munter und so fröhlich, wie du immer warst. Daß du dich nicht unterkriegen läßt, wissen wir. Schönheit brauchen wir dir nicht zu wünschen, denn für uns wirst du immer schön bleiben. Nochmals alles Gute und Liebe.

Zum 80. Geburtstag und darüber

Für Frau oder Mann, gesprochen von Sohn oder Tochter (auch für ein Jubilar-Ehepaar)

Liebe Mutter/Vater, liebe Gäste,

da sitzt es nun, unser . . . . . jähriges Geburtstagskind und strahlt mit der Sonne um die Wette. Rundherum alle lieben Menschen, um die sie/er (oder beide) sich praktisch ihr ganzes Leben lang gesorgt haben. Ein langes Leben mit vielen Höhen und Tiefen, mit Ängsten, mit Glück, Zufriedenheit und Erfolg. Man kann gewiß nicht alle Höhepunkte aufzählen, aber ein paar köstliche Anekdoten will ich doch berichten, allein schon um zu zeigen, was dieser liebe Mensch so alles erlebt hat. *(Es folgen entsprechende persönliche Erinnerungen, die man mit Humor ein bißchen würzen sollte.)*

Man muß sich einmal vorstellen, wie die Welt aussah, vor 80 *(entsprechend die richtigen Jahreszahlen)* Jahren, als Mutter/Vater das Licht der Welt erblickten. Ich habe es nachgeschlagen, da war . . . . . *(nachschlagen kann man in einem entsprechenden Lexikon)*.

Und vor 50 Jahren sah die Welt auch noch ganz anders aus als heute. Weißt du noch, Mutter/Vater . . . . . *(entsprechende Ereignisse aufzählen, wie oben)*.

Wie froh wir alle sind, daß wir dich/euch noch haben. Wir hatten unsere gemeinsamen Schwierigkeiten und unsere vielen schönen Stunden zusammen. Wir haben uns gestritten und wir haben uns immer wieder gern gehabt. Jeder hatte es mit dem anderen nie so leicht, wie man es gerne in solchen Reden zu sagen pflegt. Aber wir sind noch zusammen, wir mögen uns, und wir helfen uns gegenseitig. Das allein zählt. Ich hoffe, daß du/ihr uns noch lange so frisch und munter erhalten bleib(s)t.

Die gereimte Rede:

Zum 80. Geburtstag (und höher)

Zum großen Ehrentag ein Gruß
von allen Kindern einen Kuß.
Bleib bitte weiter gut zu Fuß.

Wie ist doch die Zeit verflossen.
Achtzig Jahre unverdrossen,
hast du uns ins Herz geschlossen.

Fleißig warst du, unerhört;
alles hast du uns gelehrt,
eine Leistung, hochverehrt.

Gestern noch auf deinem Schoß,
sind wir Kinder heute groß,
waren manchmal rücksichtslos.

Du hast es uns leicht gemacht,
ständig über uns gewacht,
uns geleitet klug und sacht.

Ruh dich jetzt ein bißchen aus,
gut bestellt ist doch dein Haus.

Setz dich, ohne zu ermatten,
täglich in den kühlen Schatten.

Laß die andern für dich rennen,
die sich deine Lieben nennen.

Freudig sollen sie sich regen,
um zum Teil dir abzunehmen,
was du ohne viel zu klagen,
dein Leben lang für sie getragen.

Und, wenn es dir gefällt auf Erden,
sollst du auch noch hundert werden!

H. J.

Die Un-Rede (als abschreckendes Beispiel)

Die folgende Musterrede zum 50. Geburtstag des Hausherrn ist so abgefaßt, wie man sie eigentlich nicht halten sollte. Sie soll sozusagen als abschreckendes Beispiel dienen, wurde absichtlich noch satirisch überspitzt, um auf mögliche Fehler aufmerksam zu machen.

Sehr verehrter, lieber, geschätzter Jubilar!

Wir haben in Ihrem prachtvollen Hause schon so manche festliche Stunde verlebt und auch schon so manchen Geburtstag gefeiert. Immer ging es sehr lustig und sehr feucht zu. Feuchtigkeit muß unbedingt sein, damit die feierlichen Stunden nicht zu trocken geraten. Aber noch nie war eine Festgesellschaft so festlich, so groß und so illuster, noch nie war der Festtagstisch so wunderbar geschmückt und so kalorienreich gedeckt wie heute an Ihrem 50. Geburtstag.

Ihre sehr verehrte, geschätzte Frau Gemahlin, die schöne Dame dieses herrlichen Hauses, auf deren Konto dieses einprägsame Arrangement zu buchen ist, und zwar auf der Habenseite, wollte damit sicher zum Ausdruck bringen, daß ein 50. Geburtstag etwas Besonderes ist und nur einmal im Leben eines jeden Mannes vorkommt. Wie wir alle wissen, hat sie damit recht! Wir sind sogar der Meinung, daß Ihr 50. Geburtstag, sehr verehrter, lieber und geschätzter Hausherr, mehr als etwas Besonderes ist, denn er ist ja der einzige 50. Geburtstag, den Sie je feiern können.

Als ..... genießen Sie die uneingeschränkte Achtung weiter und weitester Kreise, und Ihr Name hat einen so guten Klang wie eine Symphonie von Beethoven. Wir alle kennen Sie von jeder Seite und wir wissen, daß gerade Sie heute Abend eigentlich nichts Derartiges hören wollen, wenn es Ihnen wohl auch schmeichelt und es Ihnen wie Honig auf der Zunge zergeht. Und wenn ich anläßlich dieses heutigen einmaligen und prächtigen Abends von Ihren einmaligen und großen Verdiensten sprechen würde, so würden Sie das als widerliche Lobhudelei bezeichnen, und Sie würden es mir nie verzeihen. Dennoch aber gehe ich das Wagnis ein und zähle auf, was Sie in Ihrem Leben schon für die Gemeinschaft geleistet haben. Ich fange an mit ..... *(jetzt folgen diese Leistungen).*

Das Geschäftliche haben wir nun hinter uns gebracht, und jetzt spreche ich nur noch vom Menschlichen. Der menschlichste Zug an Ihnen, sehr verehrter, geschätzter, lieber Jubilar, ist eindeutig Ihre Jugend. Das mag paradox klingen, denn unter einem Jubilar stellt man sich doch eigentlich einen älteren, im Dienst ergrauten Herrn vor, mit silberweißem Haar, mit vielen Falten im Gesicht, der körperlich und vielleicht auch geistig nicht mehr so ganz auf der Höhe ist. Trifft das etwa auf Sie zu? Nein, sage ich, nein sage ich ganz energisch und mit aller Überzeugungskraft, derer ich fähig bin.

Sie haben alle Vorzüge, die die Jugend haben sollte und die sie meistens nicht hat, Sie sind körperlich und geistig elastisch wie ein Gummiband, Sie lieben das Leben, als ob es Ihr einziges wäre. Sie sind gesellig und haben einen unwahrscheinlichen Sinn für den schönsten Humor. Schon Schiller, vielleicht einer unserer bedeutendsten Dichter, dieser unvergessene Friedrich Schiller hat sich schon über diesem Problem den Kopf zerbrochen. Er sagte über seine damalige Generation:

War es immer, wie jetzt?
Ich kann das Geschlecht nicht begreifen.
Nur das Alter ist jung, ach! Und die Jugend ist alt!

Kann man einem so geschätzten und verehrten Geburtstagskind, das mit seinen 50 Jahren noch mit solchen ungeheuren körperlichen und geistigen Vorzügen ausgestattet ist wie Sie, etwas Besseres wünschen, als daß dieser Zustand noch lange, sehr lange, um nicht zu sagen auf ewig so bleiben möge?

Sie und Ihre Familie haben auch in Zeiten der Not zueinander gehalten, jeder stand vor dem anderen und hinter dem anderen. Sie haben zusammen mit Ihrer lieben, sehr verehrten und geschätzten Gemahlin treu zusammengelebt und Sie dürfen sich schon über einen kleinen Enkel freuen, der Ihnen mit blanken Augen und strahlenden Zähnen aus der Wiege entgegen lacht. Das ist Blut von Ihrem Blut, Äste, Zweige und Knospen haben sich zu einem Stamm, dem sie entwachsen sind, zusammengefunden. Mögen Sie dieser Stamm bleiben, als fester Halt, an den sich Ihre Familie anklammern kann.

Ich fasse meine Wünsche zusammen und rufe Ihnen mit unsterblichen Dichterworten laut und voller Freude zu:

Trinkt er Weißen, der recht kalt ist,
Trinkt er Roten, der recht alt ist!
Wie er's treibt, so soll er's halten,
Niemals zählt er zu den Alten!

Auch wir trinken jetzt, was uns hier so liebevoll und bekömmlich kredenzt wird, auf das Wohl unseres Hausherrn, des heutigen Geburtstagskindes! Er lebe hoch, hoch, hoch!

Hilfestellung aus der Literatur:

Der lieben Frau

Denn wozu soll die Reimerei
Auf Seid' und Atlasbande?
Daß man einmal geboren sei,
Versteht sich schon am Rande.

Das ist ja kund und offenbar,
Liegt jedermann vor Augen,
Davon zu singen kann fürwahr
Auf Gottes Welt nichts taugen!

Was sie verdient, das wird ihr wohl
Gott dennoch schenken können,
Und jeden Gottessegen soll
Ihr unser Herz auch gönnen.

Drum, Frau Gemahlin, sing' ich ihr
Heut' kein Geburtstagscarmen,
Das traute Weibchen wollen wir
Hübsch kurz und gut umarmen.

Gottfried August Bürger

Theodor Fontane
gratuliert seiner Schwester Lischen

Liebes Lischen, weißt du was:
Geh nicht oft ins grüne Gras,
Daß du keinen Husten kriegst
Oder krank zu Bette liegst.
Lerne nach wie vor recht fleißig:
Sechs mal sechs ist sechsunddreißig;
Mach beim Schreiben keinen Klex,
Heul nicht zwischen fünf und sechs,
Trage schweigend die Gedulds-
Probe – deinen Maestro Schulz.
Schneide Maxen nie Gesichter,
Ehr in ihm den größten Dichter.
Ärgre Reppin nicht! Bewahre
Ihm den Rest gesunder Haare,
Daß dein Freund vor Kummer nicht
Lauter graue Löckchen kriegt.
Wolle dich nicht oft erbosen,
Mag der Bock dich selten stoßen,
Sei zur Mutter lieb und innig,
Aber niemals eigensinnig;
Laß durch Jennys Spukgeschichten
Dich nicht ganz zugrunde richten.
Bitte Jetten (stets beim Schreiben),
Ja recht tugendhaft zu bleiben;
Grüße mir mit ernster Miene
Deine würd'ge Albertine,
Und sei freundlich nach wie vor
Gegen Bruder Theodor.

Goethe an Frau von Stein,
am 25. Dezember 1815

Daß Du zugleich mit dem heiligen Christ
An einem Tage geboren bist,
Und August auch, der werte, schlanke,
Dafür ich Gott im Herzen danke,
Dies gibt, in tiefer Winterszeit,
Erwünschteste Gelegenheit
Mit einigem Zucker Dich zu grüßen,
Abwesenheit mir zu versüßen,
Der ich, wie sonst, in Sonnenferne,
Im Stillen liebe, leide, lerne.

*

Zum 75. Geburtstag und darüber

Schmückt Tafel und Gemach,
Und spült die großen Gläser!
Denn heut ist Feiertag,
Und ich bin Festverweser!
Heut schmause groß die große Schar!
Nur ein Geburtstag kömmt im Jahr!
Heut sitzen um den Tisch
Die Alten mit den Jungen:
Ein lustiges Gemisch,
Verklärt an Aug' und Zungen.
Dem Wohlgebornen tönt der Dank
Der Wohlgeburt mit Gläserklang.
. . . . .
O Freund, uns ward Dein Geist
Gutedel schon gekeltert;
Er gohr sich klar und fleußt
Wie Balsam nun, geältert.
Klingt an! noch viele Jahre so!
Und auch das letzte lebensfroh.

Johann Heinrich Voß

Schuleintritt

Ein paar »mahnende« Worte vom Vater oder Großvater, von Mutter oder Großmutter

Mein lieber . . . . ., meine liebe . . . . .

der erste Schultag ist ein besonderer Tag in deinem Leben. Eine ganze Menge ändert sich. Es wird jetzt nicht mehr nur gespielt. Jetzt kommen ein paar Pflichten auf dich zu. Einiges wird von dir verlangt, du mußt noch mehr gehorchen und dich anpassen. Das Jahr, die Monate und Wochen, ja sogar jeder Tag bekommen eine neue Einteilung. Jetzt geht es dann um Freizeit und Schulzeit, um Ferien, Stundenpläne und Zeugnisse.

Du mußt jeden Morgen früh und regelmäßig aufstehen, dann ein paar Stunden in der Schule lernen, nachmittags Hausaufgaben machen, es wird also ein ganz anderes Leben als bisher werden. Später gibt es dann noch mehr Schulstunden, und auch die benötigte Zeit für die Hausaufgaben wird immer mehr zunehmen. Aber bis dahin ist ja noch Zeit.

Du freust dich doch sicher, daß du jetzt endlich in die Schule gehen darfst, wo du doch schon soviel weißt. Deshalb wollen wir jetzt noch gar nicht von den vielen Pflichten reden, die später immer mehr auf dich zukommen. Schule kann auch etwas Schönes sein. Du lernst neue, aufregende Dinge kennen und auch viele neue Freunde. Ich bin schon sehr gespannt, wie dein erster Schultag verläuft, wie die Lehrerin oder der Lehrer so ist und wie der Stundenplan aussehen wird. Du wirst es uns ja gleich berichten, nicht wahr. Ich kann mich übrigens noch ganz genau an meinen ersten Schultag erinnern. Bei uns war es damals . . . . . *(es folgen persönliche Erinnerungen).*

Natürlich bekommst du auch eine schöne, große, bunte Schultüte. Ein paar Süßigkeiten sind schon drin, aber nicht nur! Du weißt ja, wie schädlich diese Sachen für deine Zähne sind. Deshalb haben wir dir vor allem andere Dinge eingepackt, die du dir in letzter Zeit gewünscht hast. Bonbons sind schnell verputzt, aber mit diesen Sachen kannst du noch lange spielen, und ein paar nützliche Dinge für deinen Schulanfang sind auch dabei.

Wir wünschen dir, daß du deinen Schulanfang immer in bester Erinnerung behältst, uns immer möglichst viel von dem erzählst, was so alles passiert, und daß du immer daran denkst, daß wir dir auch helfen können, wenn du mal Probleme hast.

Jemand vom Elternbeirat spricht am ersten Schultag

Liebe ABC-Schützen, meine sehr verehrten Damen und Herren,

noch ein klein wenig Geduld, liebe Kinder, gleich beginnt euer erster Unterricht. Ich möchte bloß noch ein paar Worte sagen, denn für uns Eltern ist dieser Tag ja auch ein ganz besonderer. Bisher spielte sich das Leben zwischen uns ab, zwischen Eltern und Kindern. Nun kommen noch die Lehrer dazu, und auch was sie sagen, gilt nun. So wird es vielleicht manchmal Schwierigkeiten geben. Auf der einen Seite heißt es dann »Papa oder Mutti hat gesagt« und auf der anderen ». . . . . aber der Herr Lehrer oder die Frau Lehrerin haben gesagt . . . . .«. Es wird nicht immer leicht sein, die verschiedenen Erziehungsansprüche miteinander auszugleichen, die Anforderungen so einzuteilen, daß die Kinder nicht verwirrt werden.

Deswegen ist eine Vertrauensbasis zwischen Eltern und Lehrer besonders wichtig. Sie kann aber nur entstehen, wenn auch der nötige Kontakt vorhanden ist. Die Lehrer müssen sich auch in gewissem Maße für die privaten Verhältnisse ihrer neuen Zöglinge interessieren. Die Eltern sollten sich öfters mit den Lehrern aussprechen, von sich aus die Initiative für Kontakte ergreifen und das schulische Leben intensiv mitverfolgen. Es ist also gerade für die Eltern wichtig, mit den Lehrern, mit der Schulleitung und mit den Elternvertretern Gespräche zu führen. Das kommt alles den Kindern zugute. Wir alle wollen offen miteinander reden und kein Problem auf die lange Bank schieben.

So wünsche ich allen Beteiligten einen harmonischen Schulbeginn und vor allem euch Kindern einen fröhlichen ersten Schultag, dem noch viele interessante Schultage folgen werden.

Die gereimte Rede:

Zum Schuleintritt

Alle kleinen Menschenkinder,
anders als die kleinen Rinder,
müssen plötzlich brav und schön,
pünktlich in die Schule gehn.

Rechnen lernen, schreiben, lesen,
auch bei mir ist's so gewesen,
wird mit aller Kunst ab heut,
in die Köpfchen eingebleut.

Ruhig in den Bänken sitzen,
auf den Gängen niemals flitzen,
immer auf die Tafel schaun,
keine Papierflieger baun.

Sicher ist es schön zu träumen,
von dem Leben auf den Bäumen.
In den Sonnenstrahlen schweben,
zu den Wolken sich erheben.

Lustig spielen, wie die Blätter,
ohne Rücksicht auf das Wetter;
Und kein blödes Abece,
tut dem kleinen Köpfchen weh.

Doch mein liebes Kind bedenke,
es sind niemals die Geschenke,
die den Lebenslauf bestimmen.
Jeder Mensch muß sich so trimmen,
daß er mit der eigenen Kraft,
alle Schwierigkeiten schafft.

Wenig reden wie ein Fisch,
Händchen immer auf dem Tisch,
Füßchen brav auf einem Fleck,
fleißig lernen heißt der Zweck.

Draußen glänzt der Sonnenflimmer.
Du in deinem Klassenzimmer,
denkst bei dir, ach wär das fein,
könnt' ich jetzt ein Vöglein sein.

So heißt lernen, sich beizeiten
auf das Leben vorbereiten.
Ist Schulzeit manchmal auch recht dumm,
ziemlich bald ist sie ja um.
Und dann, ohne saure Mienen,
kannst du dein eignes Geld verdienen.

Denk dir, sei es wie es sei,
in ein paar Jahren ist alles vorbei.
Es hilft nichts, Bockigkeit zu zeigen,
drum mach dir diesen Spruch zu eigen:
Alles Stöhnen ist vergebens,
Jetzt beginnt der Ernst des Lebens.

Hab' keine Angst, denn bei dem vielen
Lernen, bleibt noch Zeit zum Spielen!
Und dann, mein Liebling, glaub' mir das,
macht dir das Lernen sogar Spaß!
Alles klar? Gut! Also dann,
morgen fängt die Schule an.

H. J.

Kindergeburtstag/Kinderparty

Die gereimte Rede:

Mutter (oder Vater) spricht:

Liebe Kinder,

zur Begrüßung kurz und knapp:
Reißt bitte dieses Haus nicht ab!

Ihr könnt rennen, spielen, lachen,
tausend andre Sachen machen.
Aber dieses Haus, ihr Knaben,
ist das einz'ge, was wir haben.

Kuchen gibt's, 'ne Menge Säfte;
richtet aber eure Kräfte
bitte nicht nur auf Zerstörung,
weil ich sonst voll Empörung
eure Party vor dem Schluß
kurzerhand beenden muß.

Seid lustig, freut euch königlich,
aber bitte denkt man mich;
ich muß später alle Flecken
und den Schmutz aus allen Ecken
saubermachen mit viel Kraft,
wenn ihr längst zu Hause schlaft.

So, nun feiert erstmal schön,
aber laßt die Möbel steh'n.
Ihr wißt alle ganz bestimmt,
wie man sich als Gast benimmt.

Nochmals also kurz und knapp:
Reißt bitte dieses Haus nicht ab!

H. J.

Kommunion

Der Vater spricht

Liebe(r) . . . . ., liebe Gäste,

im Leben eines jungen Katholiken ist die erste heilige Kommunion ein sehr wichtiger, ein ganz besonderer Tag. Wir haben versucht, diesen Tag festlich zu gestalten, und auch die vielen Gäste zeigen ja, wie stark wir an deinem großen Tag, liebe(r) . . . . ., Anteil nehmen.

Aber das äußere Geschehen ist ja eigentlich gar nicht so wichtig. Bei der ersten heiligen Kommunion nimmt ein junger Mensch zum erstenmal an den heiligen Sakramenten teil. Du weißt ja, die heilige Kommunion ist eine symbolische Darstellung des Opfers Christi und der Barmherzigkeit Gottes. Die volle Bedeutung dieses Tages wird dir erst später, wenn du älter geworden bist, richtig bewußt werden.

In der Vorbereitungszeit hat euch ja euer Pfarrer, natürlich viel besser, als ich es hier könnte, von eueren kirchlichen Rechten und Pflichten erzählt, die mit dem heutigen Tage beginnen. Wir wissen heute noch nicht, was du später damit in deinem Leben anfängst, aber wir alle hoffen, daß dieser Tag sozusagen ein Signal, ein Wegweiser für dich sein könnte.

Für den gläubigen Menschen gibt es Gnade und Barmherzigkeit, Ruhe und Geborgenheit. Aber sie fallen auch nicht so einfach vom Himmel, oft muß man auch um den Glauben und die eigene Überzeugung kämpfen und ringen, man wird Anfechtungen ausgesetzt, und man muß Gewißheit an sich selbst erfahren. Eine starke Gemeinschaft hilft dabei, und in diese Gemeinschaft bist du heute aufgenommen worden. Zu dieser Gemeinschaft gehören auch deine Eltern, deine Verwandten und Freunde, vergiß dies nie.

Liebe(r) . . . . ., liebe Gäste, die Kommunion ist auch ein fröhlicher Anlaß, den man getrost ein wenig weltlich feiern darf. Das wollen wir jetzt tun.

Die Mutter spricht zur Tochter

Meine liebe . . . . ., liebe Gäste,

heute ist ein schöner Tag für dich, aber auch für mich. Ich bin allerdings auch ein bißchen wehmütig, denn du wirst jetzt immer größer und selbständiger, und ich muß mich bemühen, dich immer weniger als Kind zu behandeln. Ich hoffe, es gelingt mir.

Als ich vor . . . . . Jahren meine erste heilige Kommunion feiern durfte, schenkte mir meine Mutter dieses . . . . . Es hat mich immer an diesen besonderen Tag erinnert. Heute reiche ich es an dich weiter. Halte es in Ehren.
Aber nun ist genug geredet, jetzt wird fröhlich gefeiert.

Großmutter/Großvater spricht

Mein liebes Enkelkind, liebe . . . . . (Name der Mutter),
lieber . . . . . (Name des Vaters), verehrte Gäste,

wir Großeltern haben dich heute ganz besonders stolz zu deiner ersten heiligen Kommunion in die Kirche begleitet. Es war ein schönes Gefühl, so im Kreise der ganzen Familie, jung und alt so eng verbunden.

Ich mußte an meine eigene erste heilige Kommunion denken.

Stell dir mal vor, das ist schon . . . . . Jahre her! Damals . . . . . *(es folgen persönliche Erinnerungen).*

Und dann haben wir vor . . . . . Jahren deine Mutter/deinen Vater zur Kommunion begleitet. Die Zeiten waren ganz anders als heute. Damals . . . . . *(es folgen persönliche Erinnerungen).*

Natürlich haben wir uns auch Gedanken um ein nützliches Geschenk gemacht. Wir haben beschlossen, dir . . . . . zu schenken. Alles Liebe und Gute für dein weiteres Leben.

Patin/Pate spricht, sie/er betont den kirchlichen Aspekt

Mein(e) liebe(r) . . . . ., liebe Eltern, verehrte Gäste,

ich wende mich vor allem an dich, liebes Patenkind, an diesem besonderen Tag mit seinem festlichen Rahmen. So einen Tag gibt es im Leben eines Katholiken nur einmal. Du bist zum erstenmal zur Kommunion gegangen, du bist heute zum vollwertigen Mitglied der heiligen Kirche geworden.

Die Bedeutung dieses Tages wird dir erst später so richtig bewußt werden. Du hast eine Gnade Gottes empfangen, die dich ihm gegenüber verpflichtet. Als Mitglied unserer Kirche bist du nun an ihre Ordnung und an ihre Heilslehre gebunden. Als stellvertretende Instanz Gottes verlangt die Kirche nun einen gewissen Gehorsam von dir. Es ist sicher möglich, Menschen zu belügen und zu betrügen, aber bei Gott gelingt dir dies nicht. Er kennt dich, weiß, was für ein Mensch du bist. Das Heil deiner Seele und das ewige Leben haben etwas damit zu tun, welche Bedeutung dieser Tag deiner ersten heiligen Kommunion für dein ganzes weiteres Leben haben wird. Deine Eltern und wir alle werden dir immer dabei helfen, wenn du Probleme hast, wenn du mal für dein Leben Orientierungshilfe brauchst.

Nutze diesen Tag deiner ersten heiligen Kommunion als wichtigen Einstieg in ein neues Leben. Ich will es mal modern ausdrücken: ab heute hast du die Chance, ein richter Fan von Jesus Christus zu werden, mit allen Rechten und Pflichten. Es liegt mehr oder weniger allein an dir, was du aus dieser Anhängerschaft für dein Leben machst. Zum Schluß wünsche ich dir einen fröhlichen, unvergeßlichen Tag.

Eine Variante der Rede des Paten oder der Patin

Lieber Kommunikant,

es ist nicht das erste Mal in deinem Leben, und es wird auch bestimmt nicht das letzte Mal in deinem Leben sein, daß du im Mittelpunkt eines Festes stehst, daß du die Hauptperson eines Festes bist. Vor . . . . . Jahren, als du auf dem althergebrachten Weg der Taufe in die christliche Gemeinschaft aufgenommen worden bist, wurde deinetwegen auch ein großes, schönes, gemütliches Fest gefeiert. Aber daran kannst du dich sicher nicht mehr erinnern, und das ist auch kein Wunder.

Inzwischen bist du ein paar Jahre älter geworden und du erlebst heute ein ähnliches Fest, das deine Eltern deinetwegen so feierlich ausgerichtet haben und zu dem sie auch alle deine Taufpaten und alle anderen lieben Verwandten herzlich eingeladen haben. An dieses Fest wirst du dich bestimmt dein ganzes Leben lang in den schönsten Bildern erinnern.

Du kennst die Bedeutung dieses Festes von deiner religiösen Unterweisung in der Kirche und in der Schule, und du weißt, daß der Bund, der bei deiner Taufe geschlossen wurde, nun mit der Kommunion erneuert wurde. Was du vor ..... Jahren noch nicht verstehen konntest, das verstehst du heute, denn du bist älter geworden und reifer und klüger und beständiger.

Möge aus dir ein braver und tüchtiger Mensch werden! Das ist unser aller Wunsch für dich zum heutigen Tage. Ehe wir jetzt alle gemeinsam auf die Zukunft unseres lieben Kommunikanten anstoßen, will ich meine kleine Rede mit einem kleinen Gedicht beenden:

Nach Wintersstürmen und Winterswehen
sind draußen kaum ein paar Blüten zu sehen.

Doch schwellende Knospen ohne Zahl
warten schon lang auf den wärmenden Strahl.

Bald ist die Erde um uns her
ein einzig großes Blütenmeer!

Dem März zu vergleichen ist dein Leben.
Wer zählt der edlen Knospen Mengen,
die in dir schlummern, die dich umgeben
und die mit Macht zur Entfaltung drängen?

Laß Sonne ins Herz! Dann wird es gelingen,
alle diese Knospen zur Blüte zu bringen.

Ist dir beschieden sonnige Zeit,
dann ist dein Leben mit Blüten bestreut.

Konfirmation

Der Vater spricht

Liebe(r) . . . . ., liebe Gäste,

zuerst einmal will ich euch, liebe Verwandte und Freunde, danken, daß ihr diesen besonderen Tag für unsere(n) . . . . . mitfeiert. Es ist schön, daß ihr dazu beitragt, daß dieser Konfirmationstag unserer(s) . . . . . immer in ihrer/seiner Erinnerung einen besonderen Platz einnehmen wird.

Liebe(r) . . . . ., du hast dich heute zu deinem Glauben öffentlich bekannt und stehst damit an einer Art Wendepunkt deines Lebens. Bis heute haben deine Eltern und die Paten stellvertretend für dich entschieden, nun darfst und sollst du in Glaubensdingen selbst entscheiden. Natürlich heißt das nicht, daß du nun keinen Rat mehr bei uns einholen sollst, aber wir sind jetzt eben eher zu Ratgebern geworden, entscheiden tust du selbst. Ich habe mich besonders über deinen wunderschönen Konfirmationsspruch gefreut. Er lautet . . . . .

In den nächsten Tagen und Wochen kannst du ja ein bißchen mehr darüber nachdenken, was er für dich und dein weiteres Leben bedeuten kann und soll.

Du, liebe(r) . . . . ., hast also deinen ersten Schritt in die Selbständigkeit getan. Rein äußerlich ändert sich ja in deinem Leben noch nichts. Du bleibst in der Schule und in der Familie. Wir wissen zwar noch nicht endgültig, welchen Beruf du einmal ergreifen wirst, aber wir freuen uns ganz besonders darüber, daß du für . . . . . ganz spezielle Interessen zeigst und daß du in den Fächern . . . . . so gute Noten hast. So haben wir gar keine Befürchtungen, daß du dein . . . . . *(entsprechender Schulabschluß)* nicht schaffen könntest. Bei der heutigen Situation auf dem Ausbildungs- und Arbeitsmarkt ist es besonders erfreulich, daß du schon so zeitig und so präzise weißt, wo deine Talente liegen. Bleib so fröhlich, wie du immer warst, denn das hilft dir, die Schwierigkeiten des Lebens, die jetzt immer schneller auf dich zukommen, zu meistern. Das ist heute dein Tag, und wir wollen ihn nun miteinander feiern.

Die Mutter spricht

Liebe(r) . . . . ., liebe Gäste,

gerade an einem solchen besonderen Tag dürfen Mütter ein wenig sentimental werden und sich zurückerinnern an die Zeit, als du, liebe(r) . . . . . auf die Welt kamst. Du hast genau um . . . . . Uhr das Licht der Welt erblickt und in den ersten Wochen . . . . . *(es folgen persönliche Erinnerungen).*

Bei deiner Taufe . . . . . *(es folgen persönliche Erinnerungen).* Rasend schnell ist die Zeit vergangen, heute bist du also schon konfirmiert worden, und du bist nun schon fast erwachsen.

Die Konfirmation ist ein Tag, so haben wir es gelernt, an dem man nicht nur den Bund der Taufe nun bewußt und aus eigener Entscheidung wiederholt und bestätigt, sondern der auch sozusagen die Kindheit abschließt und hinüberleitet in den Lebensabschnitt, den man Jugend nennen könnte. Eine Mutter kann da schon ein bißchen wehmütig werden, wenn sie sieht, wie sich ihre Kinder entwickeln. Ich glaube, mir wird es nicht ganz leicht fallen, euch als »junge Erwachsene« zu behandeln. Ich glaube, für mich bleibt ihr immer im besten Sinne Kinder.

Mir wird manchmal richtig Angst, wenn ich sehe, wie schnell heute aus Kindern Erwachsene werden und wie sicher sie sich überall bewegen. Auf der anderen Seite hat es aber auch seine Vorteile, wenn man sich seine kindliche Freude möglichst lange bewahrt. Aber du weißt es ja, wenn du mal Sorgen und Schwierigkeiten hast, deine Mutter ist immer für dich da. Aber jetzt, Ernst und Wehmut beiseite, laßt uns gemütlich feiern.

Pate/Patin spricht

Liebe(r) . . . . ., verehrte Anwesende,

es war für mich eine ganz große Freude, heute an deiner Konfirmation teilnehmen zu dürfen. Du weißt, daß ich immer versucht habe, dir eine gute Patin (Pate) zu sein und nicht nur ein sogenannter »Geschenk-Pate«. Es wird gar nicht leicht sein, künftig in dir einen

Jugendlichen zu sehen, und nicht mehr das kleine Kind. Na ja, ich werde mir alle Mühe geben, wenn es nun in den Gesprächen zwischen uns schon wie unter Erwachsenen zugeht.

Du warst immer ein liebes Patenkind, und ich habe gar keine Angst, daß du die kommenden Aufgaben nicht gut bewältigst. Ich habe ja oft gestaunt, wie fleißig du in der Schule warst, und wie du die Tiefs ausgebügelt hast, wenn mal eine Note nicht so nach dem Geschmack deiner Eltern und Lehrer ausfiel. Zum Schluß waren die Zeugnisse ja dann immer recht zufriedenstellend.

Offiziell sind wir Paten nun aus unserer Pflicht entlassen, aber ich hoffe, daß wir uns nun nicht aus den Augen verlieren und daß du auch in Zukunft noch hin und wieder einen Rat von uns annimmst oder auch mal einen kleinen Zuschuß, wenn das Fahrrad zu teuer wird usw., du weißt schon, was ich meine.

Ich wünsche dir nun alles erdenklich Gute für die Zukunft, einen sicheren und erfolgreichen Griff bei der Berufswahl und vorher noch einen erstklassigen Schulabschluß, der ja heutzutage besonders wichtig ist. Ich hoffe auch, daß du dich über mein Konfirmationsgeschenk gefreut hast. Habe ich das Richtige getroffen? Meine herzlichsten Wünsche begleiten dich auf deinem Weg in eine hoffentlich gute Zukunft, so wie du sie dir wünschst.

Variante einer Ansprache des Taufpaten

Lieber Konfirmant!

Als mich vor 14 Jahren deine lieben Eltern baten, dein erster Taufpate zu werden, habe ich damals damit eine außergewöhnliche Verpflichtung übernommen. Diese Verpflichtung bestand nicht in erster Linie darin, dir alljährlich zum Weihnachtsfest die schönsten Spielsachen und dann später andere sehr nützliche Dinge zu schenken und dir zu deinem Geburtstag ein paar Mark in dein Sparschwein zu stecken.

Meine freiwillig und aus tiefstem Herzen übernommenen Pflichten dir gegenüber waren von wesentlich höherer Art. Ich habe als Taufpate eine Mitverantwortung an deinem Werdegang übernommen.

Ich war also verpflichtet, deinen Lebensweg bis heute aufmerksam zu verfolgen und im Geiste mit dir zu gehen. Ich habe mich für deine Entwicklung als Kind und für deine Leistungen interessiert, und ich bin, wenn es mir nötig erschien, dir mit meinem guten Rat zur Seite gestanden.

Heute, an dem Tag, an dem du deinen Taufbund erneuert hast, muß ich auch mit mir selber und dir gegenüber Rechenschaft ablegen, ob ich die vor 14 Jahren übernommene Pflicht voll und ganz und in bestem Sinne unserer Tradition erfüllt habe. Aber, liebes Patenkind, du hattest ja das große Glück, noch beide Eltern zu haben, und weil ich weiß, daß ihre ganze Sorge immer und ständig nur dir galt, daß du bei ihnen die allerbeste Erziehung genossen hattest, daß sie all dein Tun begleitet haben und daß sie dir bis heute eine deinem Können, deinem Talent und deinen Gaben durchaus angemessene Schulbildung zuteil werden ließen, so sind meine Versäumnisse dir gegenüber zu entschuldigen.

Ich weiß, daß meine Pflicht als Taufpate nicht mit dieser heutigen Konfirmation aufhört. Nein, wahrscheinlich fängt sie in Wirklichkeit jetzt erst richtig an. Denn mit der Konfirmation, die ja in vielen Fällen mit der Schulentlassung zusammenfällt, ist deine Kinderzeit vorbei, sie kommt nie mehr zurück. Der heutige Tag ist also ein Markstein in deinem Leben, ein Wendepunkt, ja, ich möchte fast sagen, eine Zeitenwende. Du trittst nun mit beiden Füßen in ein neues Leben ein. Für viele junge Menschen bedeutet dieser Tag sogar ein Abenteuer. Sie sind gezwungen, das trauliche heimelige Elternhaus zu verlassen, sie müssen in die Fremde ziehen, andere Menschen kennenlernen und versuchen, mit ihnen auszukommen. Sie werden zwar stets mit dem Elternhaus durch regelmäßige, lange, herzliche Briefe verbunden bleiben, sie werden mit Sehnsucht auf Urlaubs- und Weihnachtstage warten, und sie werden zum erstenmal in ihrem Leben verspüren, was Heimweh wirklich heißt.

Du, mein liebes Patenkind, hast es gut getroffen. Es ist deinen Eltern unter großen Anstrengungen und mit viel Glück gelungen, für dich eine Lehrstelle in der nahegelegenen Stadt zu sichern. Du hast nun die Möglichkeit, auch über das Wochenende nach Hause zu kommen, die Verbindung zu deinen Lieben wird also nie für längere Zeit abreißen. Aber auch du wirst dich nun unter fremden Menschen zurechtfinden müssen. Auch du wirst merken, es hat ein neuer Lebensabschnitt begonnen, die schwierige Zeit der Ausbildung für deinen Beruf.

Wie sagte doch der Dichter?

Ein Ende nahm das leichte Spiel,
es naht der Ernst des Lebens.
Behalt im Auge fest dein Ziel,
geh keinen Schritt vergebens!

Überlege doch mal, ob dir diese Worte nicht als Richtschnur dienen können. Du hast eine gute Lehrstelle und einen guten Lehrherrn gefunden. Du nimmst als wertvolle Gaben in dein neues Leben einen Schulsack voller Wissen mit.

Als dein Taufpate verspreche ich dir und natürlich auch deinen Eltern, daß ich weiterhin mit Luchsaugen deinen Lebensweg verfolgen werde und dir beistehen werde, wenn du meinen Rat einmal brauchen solltest. Laß mich meine einfachen, aber ich hoffe dir zu Herzen gegangenen Worte mit ein paar Versen schließen:

Du trittst – wie doch die Zeit verrinnt! –
als Konfirmant schon zum Altare.
Ein neuer Abschnitt nun beginnt,
vorbei sind deine Kinderjahre.

Blick in dein Kinderland zurück:
Umsorgt von treuer Elternhand
verlebtest du die Zeit voll Glück.

Halt fest zum Haus das Band!
Und danke Gott und seinem Walten,
der dich gesegnet Jahr um Jahr,
daß dir der Vater blieb erhalten,
die Mutter sorgend um dich war.
Du schreitest Neuem nun entgegen.
Das Kinderland läßt du zurück.
Und unser Wunsch: Auf allen Wegen
auch in der Zukunft recht viel Glück.

Verlobung

Der Brautvater spricht

Liebe Verlobte, verehrte Familie unseres Bräutigams,
liebe Verwandte und Freunde,

daß, ich darf es mal so ausdrücken, etwas im Gange ist, haben wir ja schon lange gewußt. Heute ist es also sozusagen ernst geworden. Ihr habt euch verlobt, was doch wohl nichts anderes heißt, als daß ihr fest entschlossen seid, demnächst zu heiraten.

Eigentlich seid ihr beide ja ganz schön altmodisch. Wer verlobt sich denn heute schon noch? Verlobung ist doch nicht mehr »in«, oder? Ich freue mich aber, daß ihr es dennoch so haltet, wie Mutter und ich und wie es die lieben Eltern unseres ..... *(Name des Verlobten)* früher auch getan haben. Ich gestehe gern ein, daß ich da ein bißchen altmodisch bin und daß ich eine altmodische Verlobung schätze.

Ist Verlobung eine Probezeit? Möglich, aber ich hoffe, doch nur eine Probezeit pro forma, deren gemeinsames Ziel und deren Abschluß feststehen.

Wir haben dich, lieber ..... *(Name des Verlobten),* in den vergangenen Monaten (..... *gegebenenfalls Jahre*) schätzen gelernt, und ich darf als Vater und auch im Namen von Mutter feststellen, daß wir dir unsere Tochter guten Gewissens anvertrauen. Ihr verdient beide, habt beide einen sicheren Arbeitsplatz, was also sollte euch noch hindern, auch zu heiraten? Ich bin sicher, eure tiefe Zuneigung wird auch diese sogenannte Probezeit bestens überstehen. Mögt ihr euch immer so gern haben wie heute. Versprich mir, lieber ..... *(Name),* unsere ..... *(Name)* immer glücklich zu machen. Das ist mein größter Wunsch.

Mutter oder Vater des Bräutigams spricht

Liebe . . . . ., lieber . . . . ., verehrte Anwesende und
liebe zukünftige Verwandtschaft,

eigentlich hat ja der Brautvater schon alles gesagt, was Eltern an einem solchen Tag bewegt. Ich kann auch nur bestätigen, daß unser . . . . . *(Name)* eine gute Wahl getroffen hat und daß wir unsere neue »Tochter« schon lange ins Herz geschlossen haben. Wirklich, wir sind sehr froh, daß wir unseren . . . . . *(Name)* in so guten Händen wissen und daß ihm . . . . . *(Name der Verlobten)* bestimmt einige seiner, sagen wir mal, Unebenheiten abschleifen wird.

Wir könnten jetzt einen kleinen Wettbewerb abhalten, wer von beiden das bessere Los gezogen hat. Aber ich glaube, es ergäbe sich ein leistungsgerechtes Unentschieden. Die eigentlichen Sieger sind ja in Wahrheit wir Eltern. Wir haben nicht ein Kind verloren, sondern sozusagen ein neues dazubekommen. So eine Verlobung ist ja auch eine gute Gelegenheit, daß wir Eltern uns besser kennenlernen.

Liebe Kinder, ihr habt Gott sei Dank das Talent, eure gemeinsamen Ziele mit Kraft und Energie zu verfolgen. Wir freuen uns aufrichtig, daß ihr zusammengefunden habt, und wir wünschen euch einen langen, zufriedenen, glücklichen gemeinsamen Weg.

Jeder Tag soll voller Überraschungen sein, natürlich nur voller guter. Wir alle freuen uns schon auf die Hochzeitsfeier.

Kurze Dankrede der Verlobten

Liebe »doppelte« Eltern, liebe Freunde, verehrte Gäste,

zunächst einmal herzlichen Dank euch allen dafür, daß ihr gekommen seid und auch für eure lieben Geschenke. Hoffentlich gehen auch alle guten Wünsche in Erfüllung. Wir jedenfalls werden das Unsrige dazu beitragen.

Aus ganz besonderen Gründen haben wir unsere Verlobung gerade auf diesen Tag gelegt. *(Es folgen die jeweiligen Gründe).*

Wir danken euch für alle Hilfen, Ratschläge und für das Verständnis, das ihr uns in den vergangenen ..... *(Monaten, Jahren?)* zuteil werden ließet. Bleibt uns weiter gewogen, denn es kommt ja noch allerhand auf uns zu. Jetzt bitten wir euch, fröhlich mit uns zu feiern.

Ein Verwandter oder Bekannter spricht

Liebes Brautpaar, verehrte Eltern und Anwesende,

darf ich ein bißchen in der Erinnerung kramen und euch erzählen, wie das mit der Verlobung damals bei uns war? *(Es folgen persönliche Erinnerungen, etwa daß die Eltern damals den Verlobten/die Verlobte ihres Kindes bis zur Verlobung noch gar nicht richtig kannten, daß gefragt wurde, kannst du unsere Tochter überhaupt ernähren usw.)*

Heute geht alles viel unkomplizierter zu, und meistens können die Eltern ihr »neues Kind« schon lange vor der Verlobung unter die Lupe nehmen. Ich wünsche euch eine feste, dauerhafte und vor allem liebevolle Verbindung, in der die Höhen die Tiefen bei weitem überwiegen. Alles Gute und viel Glück.

Kurzfassung für Ungeduldige

Liebe Verlobte, liebe Gäste,

wir alle kennen den Grund, warum wir heute zusammen feiern. Wir alle wissen, wie glücklich unser Paar ist und daß es sich nun in aller Öffentlichkeit vorgenommen hat, auch zu heiraten. Warum also lange Reden halten? Für euch beide gilt nun, liebe Verlobte, geteilter Schmerz ist halber Schmerz und geteilte Freude ist doppelte Freude. In diesem Sinne alles Gute für die Zukunft.

Die gereimte Rede:

Zur Verlobung

Drum prüfe, wer sich ewig bindet!
So heißt ein altes Dichterwort.
Damit ein neues Paar sich findet,
für den geliebten Ehehort.

Aus einem Plan wird ein Versprechen,
jedoch nur für private Zwecke.
Versprechen sind so leicht zu brechen,
Gefahren droh'n an jeder Ecke!

Warum verlobt man sich noch heute?
Ist das nicht nur ein alter Hut?
Tut man's, damit die Partner-Beute
auch sicher in den Händen ruht?

Sie möchte gern verlobt Bemannung,
damit sie lässig dann und wann,
wenn Not am Mann ist, voller Spannung,
auf ihren Schatz verweisen kann.

Er schätzt Beweibtsein durch Verlobung
kann er doch, wenn Verführung droht,
entkommen dieser Art Bedrohung,
indem er die Verlobte holt.

Bei der Verlobung man bedenke,
ist man zwar nicht mehr ganz frei!
Doch alle Welt bringt dann Geschenke.
Kurzum, es ist Gewinn dabei.

Zum Schluß sei aber festgehalten,
sie hat noch mehr an tiefem Sinn,
führt sie doch die zwei Urgewalten
direkt zur echten Ehe hin.

H. J.

Variante der Ansprache des Brautvaters mit ein wenig Pathos

Liebes Brautpaar,
sehr verehrte Festgesellschaft,

das heutige Fest ist für uns alle, besonders aber für mich als Brautvater und auch für die Brautmutter ein entscheidendes Ereignis, das sehr tief in unser Leben eingreift. Wir haben zwar mit bangen Augen den Tag kommen sehen und haben uns einigermaßen innerlich darauf vorbereitet. In dieser Hinsicht würde ich sagen, ist die Verlobung unserer Tochter keine Überraschung, obwohl unser künftiger Schwiegersohn nicht, wie es früher so schön Brauch und Sitte war, eines Vormittags mit Blumen in der Hand und einem Zylinderhut auf dem Kopf erschienen ist, um um die Hand unserer lieben Tochter zu bitten.

Andererseits freuen wir uns aber auch darüber, daß ihm diese schwere Prüfung erspart blieb. Ich weiß aus eigener Erfahrung, daß man als Brautwerber einen eher kläglichen Eindruck macht, wenn man seinen vorher eingelernten Antrag herunterstammelt. Die Jugend geht heute andere und bequemere Wege, die zum Ziel führen. Sie kommt sich auf dem Tennisplatz näher oder in der Disco, bei einer gemeinsamen Wanderung, im Supermarkt, in der U-Bahn, beim Studium, an der Werkbank oder am Fließband.

Wir haben unseren lieben Schwiegersohn in spe bei uns hier im Hause in froher und in ernster Unterhaltung kennen- und schätzengelernt, wir erkannten seine Fähigkeiten und spürten seinen innigen Wunsch, unbedingt zu unserer Familie zu gehören. Wer soviel Innerlichkeit und Liebe zeigt, ist es wert, daß man ihm auch Liebe entgegenbringt. So gaben wir zu dieser jungen Freundschaft gerne unser Ja und unser Amen.

Eigentlich feiern wir ja ein frohes Fest, aber in uns Brauteltern drängen sich auch die Gedanken der Wehmut. Wir wissen, unsere Tochter wird uns einmal verlassen. Ein Stück von uns selbst wird damit weggehen.

Unser Wunsch ist es, daß sich das junge Paar während seiner Verlobungszeit und auch später noch immer im Elternhaus daheimfühlen möge. Ich rufe euch beiden zu: »Mein Haus ist euer Haus, meine Familie ist deine Familie, mein Garten ist dein Garten, mein Wohnzimmer ist euer Wohnzimmer und so weiter!«

Nach menschlichem Ermessen darf uns um die Zukunft dieser beiden jungen Menschenkinder nicht bange sein. Wirtschaftliche Sorgen dürften ausscheiden. Unser lieber Verlobter hat eine gute Stelle und will noch weiter vorwärts kommen. Aber es ist schon etwas anderes, ob man bisher an der Elternkrippe saß und nie danach fragen mußte: Was werden wir essen? Was werden wir trinken? Womit werden wir uns kleiden? Wer gibt uns Obdach? Wer gewährt uns im Notfall Schutz und Hilfe? Oder ob man nun sein eigenes Heim bauen muß.

So segnen wir den heutigen Tag, wir segnen das junge Paar, und wir segnen das Schicksal, das unsere Kinder zusammengeführt hat.

So wünschen wir, daß dem unbeschwerten Glück der Liebe das Eheglück folgen wird, daß ihr nichts versäumt, was euch eure Verlobungszeit inhaltsreich, schön und kostbar machen könnte; genießt die Tage der Rosen, und baut euch viele herrliche Luftschlösser, und hofft dann auf eine glückliche Zukunft am selbstgebauten eigenen Herd! Das ist unser Wunsch für euch, Gott möge euch und uns noch lange gesund erhalten!

Hilfestellung aus der Literatur:

Dem Bräutigam

O selig, wer sein Mädchen hat,
O selig lebt der Mann!
Drum greife jeder rasch zur Tat,
Und schaffe sich eins an!

Gottfried August Bürger

Klagelied eines Junggesellen

Mir fehlt etwas, mir ist nicht recht,
Doch wüßt' ich wohl, was ich wohl möcht',
Ich möchte was und weiß warum,
Das geht mir so im Kopf herum.

Heut sprangen mir von meiner Hos
Schon wieder mal zwei Knöpfe los;
Da setzt' ich mich und näht' herum
Wohl eine Stund, bis ich ganz krumm,
Bin dann zu Probsten hingerennt,
Zu schlürfen, was man Kaffee nennt.
Da fühlt ich wieder mal so recht,
Daß mir was fehlt, was ich wohl möcht'.

Ein Gast, ein traurig schmerzensvoller,
Saß ich zu Mittag dann beim Koller.
Die Serviette war beschmutzt,
Die Gabel war nicht abgeputzt,
Kurzum, ich fühlte da so recht,
Daß mir was fehlte, was ich möcht'.

Und abends in der Dämmerfrist,
Wenn man so ganz alleinig ist,
Da möcht' ich wohl so dann und wann
Etwas zu titscheln-tatscheln ha'n.
Jedoch – da fühlte ich so recht,
Daß mir was fehlt, was ich wohl möcht'.

Was soll der Mensch des Abends tun?
Ich denk', zum Kappler geh' ich nun;
Da sitz ich so bei meinem Bier
Als wie ein rechtes Murmeltier
Und fühle wieder mal so recht,
Daß mir was fehlt, was ich wohl möcht'.

Nun tönt die Glocke zwölf vom Turm,
Ich muß nach Haus, ich armes Wurm.
Es fällt der Schnee, der Wind geht kühl,
Daß ich's durch Hemd und Hosen fühl',
Und komm' ich endlich dann nach Haus
Und zieh mich zähneklappernd aus
Und steig ins Bett – so fühl ich recht,
Daß mir was fehlt, was ich wohl möcht'.

Wilhelm Busch

Meine Braut

Wenn der Tag zur Ruh gegangen,
Und des Abends Dämmrung graut,
Naht, mich liebend zu umfangen,
Meine heißersehnte Braut.

Aus der Hülle schwarzer Schleier
Mir allein ihr Antlitz lacht,
Himmlischer als sich ein Freier
Die Geliebte je gedacht.

Rein das Herz – gleich Glockentönen –
Trägt ihr Haupt den keuschen Mond
Würdger, als er auf der schönen
Stirne der Diana thront.

Millionen Diamanten
Schmücken ihr das Rabenhaar,
Unermüdliche Trabanten
Bilden ihre Dienerschar.

Und an ihrem Busen hauch ich
Aus mein Weh und Herzeleid,
Denn aus ihren Küssen saug ich
Mir der Dichtung Seligkeit.

Theodor Fontane

Brautlied

Er

»Kommt hervor aus euren Kemenaten,
Brüder, ratet mir! ich möchte gerne frein.«
Fragst du viel, so bist du schlecht beraten;
Schau nur selbst herum und da und dort hinein.
Findest du sie still zu Haus
Und tätig und verständig;
Richte nur den Hochzeitschmauß:
Der Tanz ist gleich lebendig.

Sie

»Kommt herein, ihr lieben Nachbarinnen,
Schwestern, ratet mir! man wirbt um meine Hand.«
Fragst du viel, du wirst nicht viel gewinnen:
Um dich selbst verschlingt sich ja das Band.
Ob er dir gefallen kann?
Die Augen mußt du fragen.
Ob's ein braver guter Mann?
Das muß das Herz dir sagen.

Beide

»Einig sind die Zwei, die sich gefunden!
Lebt nun wohl! Ins Leben geht es fort.«
Fließen doch für euch nun andre Stunden;
Euch gehört von nun an jeder Ort.
Hand in Hand, wie dieses Paar,
Wollen wir das Fest genießen;
Fröhlich jauchze die ganze Schar
Und stampfe mit den Füßen!

Johann Wolfgang von Goethe

Polterabend

Am Polterabend werden gewöhnlich keine langen Reden gehalten. Ein paar lustige Bemerkungen, wie etwa die »Gereimte Rede«, die wir als Muster anbieten, sind eher angebracht. Wenn aber geredet werden »muß«, dann eignen sich folgende kleine Musteransprachen.

Der Hausherr spricht

Liebe Gäste,

da hat sich ja vor unserer Haustür ein richtiger Scherbenhaufen angesammelt. So viel Glück, das muß ja für ein ganzes Leben reichen. Unserem Brautpaar bleibt nun gar nichts anderes übrig, als die Scherben zusammen aufzuräumen, denn sonst klappt die Sache mit dem Glück ja nicht. Es ist ihre erste gemeinsame Hausarbeit, und wir alle werden voller Genuß dabei zuschauen. Ich danke Ihnen allen, daß Sie mit uns feiern und unserem jungen Paar einen unvergeßlichen Polterabend bereiten. Ich wünsche uns allen einen fröhlichen Polterabend.

Ein Freund spricht

Liebes Brautpaar, liebe Freunde,

von allen hier anwesenden wildentschlossenen Scherbenproduzierern bin ich beauftragt worden, euch ein paar Worte zu sagen, ehe der große Krach losgeht. Ich könnte nun die wunderschöne Braut fragen, warum sie ausgerechnet auf diesen Kerl reingefallen ist. Und ich könnte den Bräutigam fragen, warum es gerade die sein mußte und keine andere. Aber wahrscheinlich wißt ihr es selbst nicht, da ja bekanntlich Liebe blind macht und einem erst später die Augen so richtig aufgehen. So lange aber können wir nicht warten, und deshalb werden wir jetzt mit Donnergetöse alle bösen Geister verjagen und alle guten Geister aus dem Schlaf aufwecken.

Wenn euch beim Poltern die Ohren klingen, sollt ihr immer daran denken, daß jede einzelne Scherbe ein Glücksbringer ist.

Und ich will euch beide noch daran erinnern, daß ein uralter Brauch bestimmt, daß der Mann die Kehrarbeit übernimmt. So will es das Polterabend-Gesetz, und dagegen darf nicht verstoßen werden. Der Mann soll aufkehren, damit er rechtzeitig und eindringlich an alle häuslichen Pflichten erinnert wird, die in Zukunft auf ihn einstürmen. Heutzutage ist es doch eigentlich selbstverständlich, daß der Mann seiner Frau auch ein bißchen zur Hand geht, oder?

Liebe Porzellan- und Glas-Zerschmetterer, nun macht euch geschickt an die Arbeit. Zerschlagt alles sorgfältig, was ihr in den letzten Tagen und Wochen zusammengesammelt habt. Gebt euch Mühe bei dieser Arbeit. Nichts soll heil bleiben, und die glückbringenden Scherben sollen möglichst weit verstreut sein. Nach alter Überlieferung bedeutet dies, daß dann auch das künftige Eheglück dieser beiden auf einem breiten Fundament ruht.

Weil du, lieber ..... *(Name des Verlobten),* später von den Aufräumarbeiten viel zu erschöpft sein wirst, um unsere besten Wünsche entgegenzunehmen und würdigen zu können, gratuliere ich schon jetzt euch beiden und wünsche euch, daß euer Leben immer so heiter und unbeschwert wie heute abend verlaufen möge.

Übrigens, lieber ..... *(Name des Verlobten),* ich will dich ja nicht beunruhigen, aber es könnte durchaus sein, daß, sobald du mit dieser Runde Scherben fertig bist, noch eine weitere Gruppe von Glückswerfern anrückt. Also geh' bitte haushälterisch mit deinen Kräften um. Wer weiß, was noch alles kommt! Und nun los.

Der Bräutigam bedankt sich am Polterabend

Liebe Gäste und Glücksbringer,

das also, was wir heute Abend erlebt haben, und was wir vielleicht in den nächsten Stunden noch erleben werden, nennt man Polterabend. Ich konnte mir bisher nie so recht vorstellen, was es mit einem

Polterabend für eine Bewandtnis hat, war ich doch noch nie verlobt, geschweige denn verheiratet. Aber mit einem großen innerlichen Glücksgefühl haben meine liebe Braut und ich heute abend all dieses Gepolter und Scherbengeklirre, das Gerassel und das Geklapper, die ganze Symphonie von Lauten und Geräuschen von noch nie gehörten Tönen und Klängen mitverfolgt. Ich könnte mir durchaus vorstellen, daß ihr mit diesem Gepolter böse Geister verscheuchen wolltet. Und aus diesem uralten Glauben heraus ist wohl auch der Glaube entstanden, daß Scherben Glück bedeuten. So sind also für uns diese Scherbentöne keine Lieder ohne Worte mehr, sie sind in unseren Ohren liebliche Musik. Denn Sie alle, meine sehr verehrten Krachmacher und Scherbenschmeißer, Sie wollten mit Ihrer akustischen Kundgebung doch nur alles Böse, das uns bedrohen könnte, verjagen und meiner lieben Braut und mir Glück, alles Glück für unseren Bund wünschen. Dafür danken wir herzlich. Ich hoffe nur, daß Sie nicht das beste Porzellan von unserer lieben Brautmutter zerschlagen haben. Es kommt ja bei einer solchen Kundgebung nicht auf die Qualität der Gläser oder des Porzellans oder der Schüsseln an, sondern einzig und allein auf den gewaltigen Krach, den seine Scherben verursachen, und ich darf Ihnen sagen, der Krach war gut, er war herrlich, er war laut, und er war durchdringend, und er wurde noch untermalt, verstärkt, vermehrt und gewissermaßen überbrüllt durch das Gejaule aller Hunde in der ganzen Nachbarschaft.

Liebe Festfreunde, Sie sind heute abend als Glücksverkünder und als Glücksbringer zu unserem Fest gekommen. Sie haben Ihre Rollen ausgezeichnet gespielt. Nun wird es mir nie mehr an Glück fehlen. Mein allergrößtes Glück aber, und daran ändern alle Scherben nichts, ist meine geliebte Braut. Ich bitte Sie, nunmehr mit mir auf das Wohl dieses leibhaftigen Glückes anzustoßen, und dann werden wir alle diese kleinen Glücksbringer sorgfältig zusammenfegen, und wir werden Sie und alle Ihre Glückwünsche immer in unseren Herzen bewahren.

Die gereimte Rede:

Für den Bräutigam

Ein Mann, der lange sich geziert,
wird nun gefesselt abgeführt.
Sein künftig Weib hat lang probiert,
wie man den Kerl perfekt dressiert.

Es ist gelungen, er gab nach.
Bald lebt man unter einem Dach,
das man bezahlt mit Ach und Krach.
Hält er sich abends mühsam wach,
was hört er stets: Los, Liebling, mach!

Es ist geglückt, nun ist er kirre.
Doch manchmal denkt er, war ich irre?
War die Idee nicht schlichtweg wirre?
Hat mich betäubt der Rauch der Myrrhe?
Ist das noch meine Braut, die dürre?

Die Zweifel mögen noch so nagen,
am Polterabend alle sagen,
du mußt das Ehejoch nun tragen
trotz Flaugefühls in deinem Magen
verschone uns mit deinen Klagen.

Wer A gesagt, der muß nun auch,
so ist es hierzulande Brauch
B sagen, großes B wie Bauch,
und zwar recht laut, nicht wie ein Hauch.

Mein lieber Freund, uns ist bekannt,
daß du mit deiner eignen Hand,
durchaus bei völligem Verstand
geknüpft hast dieses Eheband.
Jetzt wird nicht mehr davongerannt!

Mit Poltern feiern wir schon heute,
im Kreise vieler lieber Leute,
den Tag, der dich als fette Beute,
umrahmt von festlichem Geläute,
zuführt der Klügsten aller Bräute.

Geschirr zerbricht in großer Zahl.
Ein Junggeselle warst du mal.
Vor kurzem noch ein stolzer Wal
krümmst du dich heute wie ein Aal.

Zerbrichst den Kopf dir voller Qual:
Wird das die Fahrt ins Jammertal?
Warum ist dein Gesicht so fahl?
Ist Polterabend Henkersmahl?

Du wirst, mein Freund, nicht hingerichtet,
das hat man ihr nur angedichtet;
wenn sie gelenkt wird, klug und weise,
dann fährt ins Glück die Ehereise.

Und in der Ehe, gar nicht dumm,
drehst du den Spieß ganz einfach um.
Die Braut, dann Ehefrau, muß sühnen,
und dich tagtäglich flott bedienen.

So kriegt die Zähmung einen Sinn
und du machst lebenslang Gewinn.
War das nicht trostreich? Richtig labend?
Jetzt laßt ihn los, den Polterabend!

H. J.

Hilfestellung aus der Literatur:

Zum Polterabend

O wie lieblich, o wie schicklich,
sozusagen herzerquicklich
ist es doch für eine Gegend,
wenn zwei Leute, die vermögend,
außerdem mit sich zufrieden,
aber von Geschlecht verschieden,
wenn nun diese, sag' ich, ihre
dazu nötigen Papiere,
sowie auch die Haushaltssachen
endlich mal in Ordnung machen
und in Ehren und beizeiten
hin zum Standesamte schreiten,
wie es denen, welche lieben,
vom Gesetze vorgeschrieben,
dann ruft jeder freudiglich:
Gott sei Dank! Sie haben sich!

Wilhelm Busch

Ein langes Gedicht,
das merk' ich mir nicht.
Drum sag' ich nicht mehr
als: Ich liebe dich sehr!

Volksgut

Zum Polterabend

Das Liseli sieht so freundlich aus,
will morgen Hochzeit machen,
ein Engel Gottes soll ihr Haus
und ihren Hof bewachen.

Soll ihren guten Mann und sie
ein Leben lang bewachen
und's liebe, fromme Liseli
und ihn recht glücklich machen;

Und soll euch liebe Kinderlein
in Hüll' und Fülle geben,
von Herzen zart und fromm und rein
und hold und schön daneben.

Matthias Claudius

Hochzeit

Eine Ansprache bei einer Hochzeitsfeier sollte möglichst immer frei gehalten werden. Die Hochzeitsfeier ist ja eher privat als förmlich, und eine abgelesene Rede würde wohl sehr steif wirken. (Die gereimte Rede darf selbstverständlich vorgelesen werden.) Für die Vorbereitung der dann frei gehaltenen Rede kann man sich aus den folgenden Musteransprachen auch einzelne Bausteine zusammenstellen.

Ein guter Anknüpfungspunkt innerhalb einer Hochzeitsrede sind die Namen, die die einzelnen Hochzeits-Jahrestage vom Volksmund bekommen haben. Wir zählen sie in der Folge auf, verweisen aber darauf, daß es regional unterschiedliche Namen gibt. So heißt zum Beispiel der erste Hochzeitstag »Baumwollene« oder »Papierene« Hochzeit. Hier also die Liste der Bezeichnungen für die Hochzeits-Jahrestage.

So heißen die Hochzeitstage:

Eheschließung	Grüne Hochzeit
1. Hochzeitstag	Papierene oder Baumwollene Hochzeit
5. Hochzeitstag	Hölzerne Hochzeit
6. Hochzeitstag	Zinnerne Hochzeit
7. Hochzeitstag	Kupferne Hochzeit
8. Hochzeitstag	Blecherne Hochzeit
10. Hochzeitstag	Rosenhochzeit
12. Hochzeitstag	Nickelhochzeit
12½. Hochzeitstag	Petersilienhochzeit
15. Hochzeitstag	Gläserne oder Veilchenhochzeit
20. Hochzeitstag	Porzellan- oder Dornenhochzeit
25. Hochzeitstag	Silberne Hochzeit
30. Hochzeitstag	Perlenhochzeit
35. Hochzeitstag	Leinwandhochzeit
37. Hochzeitstag	Aluminiumhochzeit
40. Hochzeitstag	Rubinhochzeit

50. Hochzeitstag	Goldene Hochzeit
60. Hochzeitstag	Diamantene Hochzeit
65. Hochzeitstag	Eiserne Hochzeit
67. Hochzeitstag	Steinerne Hochzeit
70. Hochzeitstag	Gnadenhochzeit
75. Hochzeitstag	Kronjuwelenhochzeit

Allgemeine Hochzeitsrede
(kann von verschiedenen Personen gehalten werden)

Liebes Hochzeitspaar, sehr verehrte Gäste,

an erster Stelle stehen meine allerherzlichsten Glückwünsche für das junge Paar, auch im Namen von ..... Ich wünsche euch viel Glück und viel Sonnenschein auf eurem gemeinsamen Lebensweg. Ihr werdet Schmerz und Leid und Schwierigkeiten miteinander teilen, so daß sie nur noch halb so schwer wiegen. Und ihr werdet aber auch Freude, Glück und Zufriedenheit miteinander teilen, so daß sie doppelt so schwer wiegen. Ich wünsche euch lauter glückliche Tage und viele, viele tägliche Überraschungen, natürlich nur lauter gute.

Liebes Hochzeitspaar, ihr gründet heute ganz offiziell euren eigenen Hausstand, und ihr habt euch versprochen, ein Leben lang zusammenzubleiben. Das ist sicher ein großes Versprechen, und ihr habt die besten Vorsätze und Voraussetzungen, dieses Versprechen auch zu erfüllen. Mögen die äußeren Bedingungen dafür immer die besten sein.

Niemand kann allein von Luft und Liebe leben, auch nicht in der glücklichsten Ehe. Es wird vielerlei Probleme und Schwierigkeiten geben, Höhen und Tiefen. Eine Familie zu gründen und zu unterhalten ist heutzutage schwierig genug. Sorgen um den Arbeitsplatz oder Probleme mit der Wohnung können jeden treffen.

Aber ich weiß, ihr werdet alle nur möglichen Hindernisse bewältigen und die Sorgen vertreiben. Eure Zuneigung ist stark genug, um auch Stürmen standhalten zu können. Und wenn es mal Streit gegeben hat, ist die Versöhnung danach umso schöner. Mögen alle eure Wünsche und Hoffnungen in Erfüllung gehen.

Die gereimte Rede:

Zur Hochzeit

Ein Weib, ein Mann,
die sich entschließen,
das Leben doppelt zu genießen,
die werden vor dem Traualtar
ein anerkanntes Ehepaar.

Auch ein Beamter, schwarzgekleidet,
der sich am Glück des Paares weidet,
bestätigt mit des Staates Macht
die Amtlichkeit der Ehepracht.

Familie, Freunde und Bekannte
und alle lieben Anverwandte,
die Zeugen waren des Geschehens,
sie spüren plötzlich unversehens:
Es ist passiert! Ja, hier und heute,
aus Kindern wurden Eheleute.

Ein Weib, ein Mann
sind nun verbunden
und feiern viele gute Stunden
erst mit der lieben Gästeschar
und dann zusammen Jahr für Jahr.

Die Zukunft scheint ein Zuckerlecken
und kann die beiden nicht erschrecken.
Freiwillig waren sie bereit
zum Wagnis, vorerst noch zu zweit.

Die Lust, ich sag' es mit Verehrung,
sie sorgt dann später für Vermehrung.
Die Kinder kommen, werden groß,
der Reigen geht von vorne los.
Und aus dem Hochzeitspaar von heute,
da werden plötzlich alte Leute.

Ein Weib, ein Mann
sind jetzt vermählt.
Zurück zur Gegenwart, die zählt.
Warum schon in die Zukunft schweifen?
Laßt uns zum vollen Glase greifen.
Ein dreimal Hoch dem jungen Paare.
Wir wünschen Segen viele Jahre.
Damit die Sonne immer lacht
und keiner Extratouren macht!

Halt, noch zum Schluß ein guter Rat.
Was ihr hier seht, ist in der Tat
ein ganzer Berg schöner Geschenke.
Drum, liebes Ehepaar, bedenke:
Es wurde euch so viel gegeben,
das müßte reichen für ein Leben!

H. J.

Brautvater/Brautmutter spricht

Liebe . . . . ., lieber . . . . ., liebe Verwandte und verehrte Gäste,

ich begrüße Sie alle herzlich und freue mich, daß Sie alle unserer Einladung gefolgt sind. Herzlich willkommen, auch im Namen meiner Frau.

Liebes Hochzeitspaar, ihr seid heute natürlich die Hauptpersonen, euch gelten meine ganz besonders herzlichen Glückwünsche. Natürlich sind Brauteltern am Hochzeitstag ein bißchen stolz und auch ein bißchen wehmütig.

Nun ist es also endgültig, liebe . . . . ., daß du uns verläßt. Es wird für uns eine große Umstellung sein, wenn du nicht mehr . . . . . *(es folgen einige persönliche Anmerkungen über das »Verhalten« der Tochter im elterlichen Haus).*

Es ist ein großer Trost für uns, daß du einen so prächtigen Partner gefunden hat, gegen den wir nicht das geringste einzuwenden haben. Wir haben uns von dem Moment des ersten Kennenlernens an so gut verstanden, lieber . . . . . *(Name des Bräutigams),* daß wir überhaupt keinen Anlaß gesehen haben, nach irgendwelchen Fehlern bei dir zu suchen. Ich bin überzeugt, wir hätten auch gar keine gefunden.

Was wäre eigentlich passiert, wenn wir uns gegen deine Wahl gesträubt hätten, liebe ..... *(Name der Braut)*? Ich sehe es deiner Nasenspitze an, du hättest den Kerl trotzdem genommen, habe ich recht? Ich weiß, ihr werdet alle Schwierigkeiten meistern und alle Sorgen schnell wegblasen. Und wenn ihr mich mal braucht, kann ich nur sagen, vielleicht kann's der Papa richten.

Ich erhebe mein Glas auf euer Wohl, alles Liebe und Gute .....

Variante der Rede des Brautvaters

Liebe Kinder, liebe Verwandte, liebe Gäste,

heute eine frohgestimmte Rede zu halten, ist für den geplagten Brautvater gar nicht so leicht. Nicht nur, daß er seine liebe Tochter kostenlos abgeben muß, nein, er muß dafür sogar noch bezahlen. Da kann es einem schon die Sprache verschlagen, oder? Wenn wir in Afrika wären, müßtest du, lieber ....., mir jetzt ein paar Kühe überlassen oder Schafe oder Kamele.

Aber Spaß beiseite, ich will gar keinen Kaufpreis für meine Tochter haben, im Gegenteil, ich bin ganz froh, daß sie mir einer abgenommen hat. Die Aufregungen der letzten Wochen haben meine Nerven ruiniert. Am besten wäre es wohl, Mutter und ich gingen an eurer Stelle auf Hochzeitsreise, um uns von den Strapazen zu erholen.

Jetzt bin ich doch wieder nicht ernst genug gewesen. Nun also wirklich meine besten Glückwünsche, mögen Glück und Zufriedenheit euch auf allen Wegen begleiten. Ihr kennt euch nun schon ..... Jahre, habt also genügend Zeit gehabt, alle eure Stärken und Schwächen genau kennenzulernen. Und nachdem ihr heute fest entschlossen den Ehebund unterschrieben habt, müssen die Stärken wohl wirklich stark gewesen sein. Durch den relativ langen Anlauf habt ihr ja schon einige Streitpunkte ausgeräumt und könnt nun friedlich in die ersten Ehejahre gehen, wo andere sich erst noch die Hörner abstoßen müssen. Aber keine Angst, es wird noch genügend Situationen geben, in denen ihr euren Willen zur wahrhaft friedlichen Koexistenz beweisen müßt.

Unser Geschenk befindet sich in einem Umschlag, es ist aus Papier und dennoch sehr wertvoll, es ist flüssig und doch nicht naß, erraten? Na klar, macht damit eine wundervolle Hochzeitsreise. Mögen alle eure Wünsche in Erfüllung gehen.

Vater/Mutter des Bräutigams spricht

Liebe . . . . ., lieber . . . . ., liebe Verwandtschaft,

ab heute sind wir also nicht nur Eltern, sondern auch Schwiegereltern, eine ganz neue Rolle, die wir erst noch richtig zu beherrschen lernen müssen. In der vergangenen Zeit durften wir ja schon mit unserem »neuen Kind« oft genug üben und ich hoffe, wir haben euern Beifall gefunden, liebes junges Paar. Damit wären wir beim Thema »böse Schwiegermutter« oder »böser Schwiegervater«. Hier darf ich auch im Namen der Brauteltern sprechen, für die das Gesagte sozusagen umgekehrt ja auch zutrifft. Die unsäglichen Witze über die »böse Schwiegermutter« sind bestimmt von grantigen Junggesellen erfunden worden, die eine Freude daran haben, sich selbst Angst zu machen. Warum sollte aus einer herzensguten Frau, die über 20 Jahre lang eine liebe und vorbildliche Mutter war, nun plötzlich eine sogenannte böse Schwiegermutter werden? Nichts spricht dafür, ganz im Gegenteil. Auf die Schwiegermütter, die hier an der Festtafel sitzen und ab und zu ein wenig wehmütig auf ihre »verlorenen Kinder« schauen, trifft bestimmt das Gegenteil zu. So liebe Schwiegermütter/Schwiegerväter hat ja die Welt noch nie gesehen.

Liebes »neues« Kind und liebe »neue« Verwandte, ihr seid sozusagen die Gründer einer neuen Familie, die hoffentlich durch dick und dünn zusammenhalten wird. Dies ist nicht nur ein großer Tag für das junge Paar, sondern auch für uns alle, die nun miteinander verbunden sind und herzlich miteinander verkehren werden. Alles Liebe und Gute dem jungen Paar und ein spezielles Glückauf für die frischgebackenen Schwiegereltern beider Familien. Wir werden uns bemühen, besonders nett miteinander umzugehen.

Großmutter spricht

Liebe . . . . ., lieber . . . . ., liebe Familie, verehrte Gäste,

heute früh waren Opa und ich ein wenig nervös, und dann habe ich auf dem Standesamt und in der Kirche auch ein bißchen geweint. Die Hochzeit des ersten Enkels ist ja auch ganz was Besonderes. Auf dem Standesamt habe ich an meine eigene Hochzeit vor . . . . . Jahren denken müssen. Die Rede war eigentlich gar nicht so viel anders als heute, aber die Umstände . . . . . *(es folgen ein paar persönliche Erinnerungen)*.

Euer Trauspruch . . . . . hat mich beeindruckt. Unserer lautete damals . . . . ., und er hat tatsächlich zu unserem Leben gepaßt. Nehmt euch ein Beispiel an uns, Opa und mir, wir sind nach . . . . . Jahren immer noch unbeirrt zusammen, und Opa macht heute wie damals was ich will. Werdet glücklich, und geht immer so nett miteinander um, wie ihr es heute tut. Das wünschen euch eure Großeltern von ganzem Herzen. Viele schöne gemeinsame Jahre.

Großvater spricht

Liebe Kinder,

eure Großeltern dürfen an diesem Tag natürlich nicht als Gratulanten fehlen. Wir genießen es richtig, im Kreise unserer großen Familie, die immer so gut zusammengehalten hat, den heutigen Tag zu feiern. Glaubt ja nicht, daß ich jetzt davon rede, wie schwer wir es seinerzeit gehabt haben und wie leicht es euch heute gemacht wird. Das ist ja wirklich Unsinn, der leider immer wieder leichtfertig dahergeredet wird. Ihr müßt euch euer Glück und euern Lebensunterhalt genauso erkämpfen wie wir damals. Dazu wünschen wir euch von Herzen alles Gute. Aber ich bin mir ganz sicher, ihr schafft es genauso wie wir es geschafft haben. Und wenn ihr mal was braucht, ich laß' mich im vernünftigen Rahmen ganz gerne anpumpen . . . . . Also, macht es gut und laßt euch nie unterkriegen . . . . .

Jüngerer Bruder/Schwester gratuliert

Liebe . . . . ., lieber neuer Schwager/Schwägerin,

man hat mich zum Sprecher der Kleinen gemacht, die natürlich auch ihre Glückwünsche anbringen wollen. Ich habe mir vorgenommen – und die anderen haben mich auch dazu verdonnert –, nur Nettes zu sagen. Also, zu eurer Hochzeit alles Gute, Glück, Gesundheit und Zufriedenheit; einen ganzen Berg Geld, wunderschöne, intelligente Kinder; niemals Krach, nette, höfliche Nachbarn und rücksichtsvolle, nie störende Verwandte.

Weil ich wirklich nur lauter nette Dinge sagen will, erwähne ich nicht, liebe(r) . . . . ., wie du dich früher als Bruder/Schwester benommen hast. Ich sage nur, daß wir die vorbildlichsten Geschwister gewesen sind, die es damals in dieser Gegend gegeben hat.

Ich erzähle nicht, wie du, liebe(r) . . . . ., damals . . . . . *(es folgen persönliche Erinnerungen an bestimmte »Streiche« oder Verhaltensweisen in der gemeinsamen Jugendzeit, die auch der übrigen Familie bekannt sind . . . . .).* Ich sage nur, daß du uns anderen gegenüber immer ein ganz vorzüglicher Bruder/Schwester gewesen bist, wie man einen besseren weit und breit nicht gefunden hätte.

(Es können noch weitere »Weißt-du-noch«-Geschichten folgen.) Ihr seht also, daß ich wirklich nur die nettesten Erinnerungen ausgeplaudert habe.

Damit euer frisches Glück auch vollkommen ist, haben wir Geschwister zusammengelegt, wir haben unser letztes Geld zusammengekratzt, um euch dieses . . . . . *(Name/Art des Geschenkes)* zu machen. Daran seht ihr, wie wertvoll ihr für uns seid. Natürlich hoffen wir bei unserer eigenen Hochzeit auf ähnlich schöne Geschenke. Alles Gute also, oder modern: Fahrt voll ab mit eurer Beziehungskiste.

Ein Verwandter oder Bekannter spricht

Liebes neues Ehepaar, liebe Gäste,

zunächst einmal meine allerherzlichsten Glückwünsche euch beiden frisch Vermählten. Möge euch ein langer, gemeinsamer, sorgenfreier Lebensweg beschieden sein. Ich möchte einen besonderen Aspekt aufgreifen, der bisher noch nicht zur Sprache kam, weil meine Vorredner dazu zu bescheiden waren.

Es geht um die Vorbildfunktion, die die Eltern der Braut und die Eltern des Bräutigams für das junge Paar ausüben können. Als neutraler Beobachter der Szene darf ich hier sozusagen die Rolle eines Gutachters übernehmen und die einzelnen Vorzüge erläutern .....

(So eine Rede könnte ein Verwandter/Bekannter der Familie der Braut, dezidiert auf die Brauteltern, und ein Verwandter/Bekannter der Familie des Bräutigams speziell auf die Eltern des Bräutigams halten.)

Es folgen nun die Beschreibungen der vorbildlichen Funktionen der betreffenden Personen aus der persönlichen Sicht des Redners. Zum Beispiel der Familiensinn, die Sparsamkeit und die Opferbereitschaft des Vaters; Kochkünste, vorbildliche Haushaltsführung oder die Bewältigung der Doppelrolle als Hausfrau, Mutter und Berufsausübende und so weiter.

..... Ich hoffe, daß die Eltern so klug waren, ihre Erfahrungen und ihre Lebenspatente sorgsam an die Kinder weiterzugeben, und daß die Kinder so klug sind, den guten Vorbildern nachzueifern. Nochmals alles Gute, und mögen alle eure guten Vorsätze auch Wirklichkeit werden.

Der Chef gratuliert

Sehr geehrte Frau ....., sehr geehrter Herr .....,

im Namen der Firmenleitung und in meinem eigenen überbringe ich Ihnen zur heutigen Eheschließung unsere aufrichtigen Glück- und Segenswünsche.

Unsere Firma ist ja Gott sei Dank noch nicht so anonym, daß sie nicht mehr an so wichtigen privaten Ereignissen ihrer Mitarbeiter Anteil nimmt. Wir fühlen uns auch als eine Art Großfamilie, und so nehmen wir heute ganz besonders Anteil.

Sie, lieber Herr ....., oder Frau ....., gehören ja nun schon seit ..... Jahren zu unserem Betrieb, und Sie waren für die Firmenleitung und für Ihre Mitarbeiter immer ..... *(es folgen ein paar natürlich positive Urteile über den jeweiligen Arbeitnehmer und seine Fähigkeiten)*. Wir schätzen an Ihnen besonders ..... Als kleines Geschenk überreiche ich Ihnen ..... Wir alle wünschen Ihnen Glück, Zufriedenheit und Harmonie im Berufsleben wie in Ihrer neuen Familie.

Ein Arbeitskollege spricht

Liebe(r) ....., sehr geehrte(r) Frau/Herr .....,

im Namen aller Kolleginnen und Kollegen überbringe ich unsere allerherzlichsten Glückwünsche. Du, liebe(r) ....., bist uns allen ja seit ..... Jahren ans Herz gewachsen, weil du ..... *(es folgen ein paar Dinge, vielleicht auch amüsante, aus dem Betrieb)*.

Unser Geschenk, für das alle etwas gestiftet haben, hat schon seinen Sinn, denn ..... *(der Bezug wird erläutert)*.

Liebe(r) ....., bleib auch als Ehefrau/Ehemann ein(e) so nette(r) Kollegin (Kollege), wie du immer warst, ich bin ganz sicher, die Ehe wird dich nur noch liebenswerter machen. Nochmals, die allerherzlichsten Glückwünsche.

Der Bräutigam dankt

Sehr verehrte Gäste, meine lieben Eltern und Schwiegereltern,

mir bleibt eigentlich nur noch übrig, ein großes Dankeschön zu sagen. Für die vielen guten Wünsche, für die Ratschläge und überhaupt für die Anteilnahme, die ihr alle an unserem Geschick nehmt. Mit einer so wunderbaren Großfamilie im Rücken kann ja eigentlich gar nichts schiefgehen. Bedanken möchten wir uns auch besonders herzlich für die vielen, vielen Geschenke, die unseren kleinen, neuen Haushalt ja beinahe perfekt machen, und das auf Jahre hinaus. Ein spezielles Dankeschön gilt beiden Eltern, die in den letzten Monaten, Wochen und Tagen so viel Hektik und Aufregungen ertragen mußten. Eure Mühe und eure Arbeit haben sich gelohnt, es war und ist doch ein wunderschöner, unvergeßlicher Tag, den ihr so festlich für uns gestaltet habt.

Zur Belohnung kommen ja jetzt erholsame Tage für euch, wenn wir beide – natürlich steht das Folgende in Anführungszeichen – »endlich aus dem Haus sind«.

In Zukunft, und ich hoffe, es wird sehr oft vorkommen, werden wir beide bei euch klingeln, wenn wir euch besuchen. Die Hausschlüssel bekommt ihr feierlich zurück, für alle beginnt ja jetzt ein neuer Lebensabschnitt. In unserer neuen Wohnung seid ihr stets so willkommen wie wir es hoffentlich immer bei euch sein werden.

Liebe Eltern, liebe Gäste, nochmals Dank für alles. Ich erhebe mein Glas auf eine glückliche Zukunft.

Kurzfassung für Ungeduldige

Liebes junges Paar, sehr verehrte Gäste,

von kompetenter Seite ist auf dem Standesamt und in der Kirche schon alles gesagt worden, was das junge Paar an ernsthaften Hinweisen und an Glückwünschen für sein künftiges gemeinsames Leben braucht. Selbstverständlich schließen wir uns alle dem hundertprozentig an. Glück und Zufriedenheit können nicht herbeigeredet werden, Taten müssen her. Wir werden euch, liebes Paar, immer die Freundschaft bewahren und da sein, wenn ihr uns braucht. Nun wollen wir gemeinsam das wunderbare Hochzeitsmahl genießen, uns nett unterhalten und anschließend auch noch das Tanzbein schwingen. Es soll ein fröhlicher Nachmittag und Abend werden, von dem wir noch lange reden werden.

Die Un-Rede zur Hochzeit

Eine Zusammenstellung von Redewendungen und Floskeln, die man bei einer Hochzeitsansprache möglichst vermeiden sollte. (In einem fortgeschrittenen Stadium, eventuell am Abend in einer Tanzpause, könnte man sie aber in dieser Form einer entsprechend »fortgeschrittenen« Hochzeitsgesellschaft zur Erheiterung bieten.)

Kombiniert aus der Sicht des Brautvaters, eines Verwandten und des Bräutigams.

Der Brautvater spricht

Liebes Brautpaar, liebe Festgesellschaft, liebe Festtagstafelrunde, sehr verehrte Festgenossen!

»Jung gefreit hat noch niemand gereut« lautet ein sehr altes und sehr weises Sprichwort. In jungen Jahren zu heiraten heißt: sich sehr früh eine sehr ernste Lebensgrundlage schaffen, sich vor Gefahren schützen und von dem Streben erfüllt werden, beruflich vorwärts zu kommen, um vor der heißgeliebten Frau in allen Ehren zu bestehen. Jung heiraten kann aber außerdem bedeuten: schon in der Jugend des höchsten Glückes teilhaftig werden, das irdischen Menschen beschieden sein kann. Das rundum blühende Paar, dessen Hochzeit wir heute feiern, wird dies alles gewiß wahrmachen. Wir lesen es der bezaubernden jungen Braut und dem glückstrahlenden ebenso jungen Bräutigam von ihren Gesichtern ab.

Wenn ich mich in diesem so überaus festlich geschmückten Raum und an unserer bis auf den letzten Platz vollbesetzten Tafel umschaue, was sehe ich dann? Ich sehe nur fröhliche Gesichter, nichts als fröhliche Gesichter. So muß es auch sein, denn unser heutiges Fest ist ein absolutes Freudenfest, und wir haben jeden nur denkbaren Grund, es auch als ein solches Freudenfest zu feiern. Ihr, liebes Brautpaar, habt eine Prüfung bestanden, die schwerste, die ihr je in eurem Leben ablegen mußtet. Als ihr euch vor . . . . . verlobt habt und Braut und Bräutigam geworden seid, sagten euch eure Eltern, daß die nun kommende Zeit eine Prüfungszeit sei. Keine eurer Prüfungen hat so lange gedauert und keine wird wohl so lange dauern wie diese. Sie war von ganz besonderer Art. Ihr wart die Prüflinge und die Prüfenden zugleich. Ihr durftet abschreiben und diktieren. Ihr durftet während der Prüfung Fehler verbessern und euch gegenseitig auf Fehler aufmerksam machen. Ihr wart bei euren Prüfungsarbeiten nicht an eine bestimmte Zeit gebunden, und eure Prüfungsarbeiten wurden nicht von einer strengen Prüfungskommission korrigiert und beurteilt. Ihr wart selbst die Prüfungskommission, und ihr durftet euch selbst beurteilen. Es war deshalb gut, daß ihr während einer solchen Prüfungszeit immer wieder das 13. Kapitel des ersten Korintherbriefes gelesen habt. Liebes Brautpaar, liebe Kinder, ihr habt in eurer Wartezeit und in eurer Prüfungszeit bewiesen, daß ihr zusammenpaßt. Ihr selbst und eure Liebe stehen auf einem festen Fundament, fest wie Stahlbeton, und keiner hier an dieser vollbesetzten Tafel zweifelt daran, daß dieses Fundament gut und dauerhaft ist. Dafür bürgst allein schon du uns, lieber Schwiegersohn.

Wir, die Eltern des Bräutigams und der Braut, sind glücklich, daß uns das gütige Schicksal diesen herrlichen Tag erleben ließ. Der Bräutigam hat in seiner Braut eine Frau errungen, die ausgestattet ist mit allen Vorzügen, die man sich nur vorstellen kann. Ist sie nicht das liebreizendste Geschöpf, das man je gesehen hat? Und dann schaut euch doch neben ihr den breitschultrigen Bräutigam an, der so aussieht, als könnte er mit der linken Hand die ganze Welt erobern, diese beiden Menschen sind verschieden, und doch passen sie zusammen, wie schon der Dichter sagte: »Wo das Strenge mit dem Zarten, wo Starkes sich und Mildes paarten, da gibt es einen guten Klang!«

Aber die Vorzüge der Braut sind nicht nur rein äußerlicher Art. Sie hat schon lange bewiesen, wie reich ausgestattet sie mit den Gaben des Geistes ist. Sie stellt ihren Mann im Beruf und am heimischen Herd.

Ein Verwandter spricht

Liebes Brautpaar, verehrte Gäste,

zu einem Hochzeitsfest gehören auch die Vettern und Basen, die Onkel und Tanten dazu. Deswegen bin ich als Verwandter stolz, Teilnehmer an diesem herrlichen Fest zu sein. Die Krone unseres Stammbaums, an dem auch ich einen Ast darstelle, ist nun um ein Zweiglein breiter geworden. Mit dem neuen Namen ist ein neuer Trieb dazugekommen. Wie wir alle wissen und auch heute feststellen können, ist es ein edler Trieb, ein gesunder Trieb, der seinen Partner immer wieder herausfordert, es ihm im inneren und äußeren Wachstum gleichzutun. Ihr, liebes Brautpaar, habt ja schon während eurer Verlobungszeit miteinander gewetteifert, im Wachstum gleichen Schritt zu halten, und das nicht nur in körperlichem Wachstum! So seid ihr euch im inneren wie im äußeren Wachstum immer näher gekommen, vor allem seid ihr euch innerlich und geistig einander immer ähnlicher geworden. So hat die Verlobungszeit wieder einmal ihren Sinn bewiesen, als eine Zeit des gegenseitigen gleichmäßigen Wachstums. Mögen die neuen Zweige unseres Stammbaums weiter wachsen, blühen und gedeihen, sich weiter verzweigen und immer wieder gesunde Früchte hervorbringen.

Der Bräutigam spricht

Meine lieben Gäste, liebe Eltern und Verwandte,

bei einer Hochzeit wird im allgemeinen eine Ansprache des Bräutigams nicht erwartet. Trotzdem möchte ich als Bräutigam zu einer kurzer Erwiderung ansetzen. Hochverehrte Festgesellschaft, wir beide, meine junge Frau und ich, sind heute der Mittelpunkt dieses herrlichen Festes, und wir genießen es. Soviel herzliche und innige Anteilnahme an unserem Glück hätten wir eigentlich gar nicht erwartet. Aber betrachten wir doch nur einmal den überreichen, mit Blumen und Geschenken beladenen Gabentisch! Zählen wir den Stapel der zu unserem Fest eingegangenen Briefe, Karten und Telegramme hinzu, und schauen wir uns um an dieser überfüllten Festtafel. Was schließen wir daraus? Es ist eine gelungene Feier, und wir, das junge Brautpaar, betrachten das alles als große Verpflichtung.

Wir blicken uns um und sehen viele frohe Gesichter, unsere lieben Eltern, unsere lieben Verwandten, unsere lieben Schwiegereltern, unsere lieben Geschwister und alle lieben Redner, die ihre lieben Wünsche in so liebe Worte gekleidet haben. Sie alle bereichern und verschönern unser Fest, und dafür danken wir Ihnen, liebe Festgenossen. Unser Dank gilt auch allen abwesenden Freunden, Bekannten und Verwandten, die durch ihre Glückwünsche und Geschenke ihre Freude kundtaten, aber leider keinen Gegenwert in Form unseres wunderbaren Hochzeitsessens bekommen. Wie können wir dies alles also vergelten? Besuchen Sie uns bald, stören Sie uns in unserem neuen kleinen Heim, Sie werden alle immer willkommen sein. Wenn die Flitterwochen erst einmal vorbei sind und der Ernst des Ehelebens beginnt, werden wir Sie alle, so gut es geht, bei uns bewirten. Dann sollen Sie alle Zeugen sein, wie meine liebe Frau sich von Herzen bemüht, Kochen zu lernen und die Gastgeberin zu spielen. Sie wird sicher ihr Bestes geben. Zum Schluß rufe ich Ihnen allen mein richtig gemeintes Dankeschön zu, und ich trinke auf Ihr Wohl. Bleiben Sie, so lange Sie können, und feiern Sie mit uns, solange der Vorrat reicht.

Hilfestellung aus der Literatur:

Zur Hochzeit

Du wirst im Ehstand viel erfahren,
was dir ein halbes Rätsel war,
bald wirst du aus Erfahrung wissen,
wie Eva einst hat handeln müssen,
daß sie hernach den Kain gebar.
Doch, Schwester, diese Ehstandspflichten
wirst du von Herzen gern verrichten,
denn glaube mir, sie sind nicht schwer.
Doch jede Sache hat zwo Seiten:
Der Ehstand bringt zwar viele Freuden,
allein auch Kummer bringet er;
drum, wenn dein Mann dir finstre Mienen,
die du nicht glaubtest zu verdienen,
in seiner üblen Laune macht, –
so denke, das ist Männergrille
und sag: Herr, es gescheh dein Wille
bei Tag – und meiner bei der Nacht.

Wolfgang Amadeus Mozart

Zur Hochzeit

Ihr seid nun eins, ihr Beide,
und wir sind mit euch eins.
Trinkt auf der Freude Dauer
ein Glas des guten Weins!
Und bleibt zu allen Zeiten
einander zugekehrt,
durch Streit und Zwietracht werde
nie euer Bund gestört!

Johann Wolfgang von Goethe

Zur Hochzeit

Hier, unterm Blick prophet'scher Sterne,
Weih' ich dies Hochzeitsfest voraus:
Tief schaut die Muse in die Ferne
Des bräutlichen Geschicks hinaus.

Wie golden wirkt die neue Schwelle
Des Lebens jedem jungen Paar!
Doch weiß man, daß nicht stets so helle
Der Mittag wie der Morgen war.

Heut aber seh' ich schöne Tage
Blühn in gedrängter Sternensaat,
Entschieden liegt schon auf der Waage,
Was dieses Paar vom Schicksal bat.

Hast, Liebchen, du der Jugend Blüte,
Anmut und Liebenswürdigkeit,
All deines Herzens lautre Güte
Kühn deinem Einzigen geweiht.

Läßt du der Heimat Friedensauen,
So manch ein lang gewohntes Glück,
Um dir den eignen Herd zu bauen,
Halb wehmutsvoll, halb froh zurück:

Getrost! so darf ich laut es zeugen,
Ein würdig Herz hast du gewählt;
Selbst böser Neid bekennt mit Schweigen,
Daß nichts zu deinem Glücke fehlt.

Denn Heiterkeit und holde Sitte,
Wie Sommerluft, durchwehn dein Haus,
Und, goldbeschuht, mit leisem Tritte
Gehn Segensengel ein und aus.

Eduard Mörike

Zur Hochzeit

Die besten Eltern zu verlassen,
die Freunde, denen du entschwindest,
ist traurig: doch um dich zu fassen,
bedenke, was du wiederfindest.

Dein Glück, o Braut, es wird nicht minder,
und unsres wird durch dich vermehrt,
sieh', dich erwarten muntre Kinder,
wie sie den Eltern Gott beschert.

Und war das Band, das euch verbunden,
gefühlvoll, warm und heilig rein,
so laß die letzte eurer Stunden
wie eure erste heiter sein!

Johann Wolfgang von Goethe

Sie haben sich

Die Liebe war nicht geringe.
Sie wurden ordentlich blaß;
Sie sagten sich tausend Dinge
Und wußten noch immer was.

Sie mußten sich lange quälen.
Doch schließlich kam's dazu,
Daß sie sich konnten vermählen.
Jetzt haben die Seelen Ruh.

Bei eines Strumpfes Bereitung
Sitzt sie im Morgenhabit;
Er liest in der Kölnischen Zeitung
Und teilt ihr das Nötige mit.

Wilhelm Busch

Ermahnungen und Winke

O wie lieblich, o wie schicklich,
Sozusagen herzerquicklich,
Ist es doch für eine Gegend,
Wenn zwei Leute, die vermögend,
Außerdem mit sich zufrieden,
Aber von Geschlecht verschieden,
Wenn nun diese, sag' ich, ihre
Dazu nötigen Papiere,
So wie auch die Haushaltssachen
Endlich mal in Ordnung machen
Und in Ehren und beizeiten
Hin zum Standesamte schreiten,
Wie es denen, welche lieben,
Vom Gesetze vorgeschrieben,
Dann ruft jeder freudiglich:
»Gott sei Dank, sie haben sich!«
Daß es hierzu aber endlich
Kommen muß, ist selbstverständlich. –
Oder liebt man Pfänderspiele?
So was läßt den Weisen kühle.
Oder schätzt man Tanz und Reigen?
Von Symbolen laßt uns schweigen.
Oder will man unter Rosen
Innig miteinander kosen? –
Dies hat freilich seinen Reiz;
Aber elterlicherseits
Stößt man leicht auf so gewisse
Unbequeme Hindernisse,
Und man hat, um sie zu heben,
Als verlobt sich kundzugeben. –
Das ist allerdings was Schönes;
Dennoch mangelt dies und jenes.
Traulich im Familienkreise
Sitzt man da und flüstert leise,
Drückt die Daumen, küßt und plaudert,

Zehne schlägt's, indes man zaudert,
Mutter strickt und Vater gähnt,
Und, eh' man was Böses wähnt,
Heißt es: »Gute Nacht, bis morgen!«
Tief im Paletot verborgen,
Durch die schwarzen, nassen Gassen,
Die fast jeder Mensch verlassen,
Strebt man unmutvoll nach Hause
In die alte, kalte Klause,
Wühlt ins Bett sich tief und tiefer,
Schnatteratt! So macht der Kiefer,
und so etwa gegen eine
Kriegt man endlich warme Beine.
Kurz, Verstand sowie Empfindung
Dringt auf ehliche Verbindung. –
Dann wird's aber auch gemütlich.
Täglich, stündlich und minütlich
Darf man nun vereint zu zween
Arm in Arm spazierengehn;
Ja, was irgend schön und lieblich,
Segensreich und landesüblich
Und ein gutes Herz ergetzt,
Prüft, erfährt und hat man jetzt.

Wilhelm Busch

Drum prüfe .....

Sie hat Nichts und Du desgleichen;
Dennoch wollt Ihr, wie ich sehe,
Zu dem Bund der heil'gen Ehe
Euch bereits die Hände reichen.

Kinder, seid Ihr denn bei Sinnen?
Überlegt Euch das Kapitel!
Ohne die gehör'gen Mittel
Soll man keinen Krieg beginnen.

Wilhelm Busch

Hochzeitslied

Stand ein junges Veilchen auf der Weiden,
Lieb und herzig, in sich, und bescheiden;

Und ein wackrer Jüngling über Land
Kam hin, da das Veilchen stand.

Und er sah das Veilchen auf der Weiden
Lieb und herzig, in sich, und bescheiden;

Sah es an mit Liebe und mit Lust,
Wünscht es sich an seine Brust.

Heute wird das Blümchen ihm gegeben,
Daß er's trag' an seiner Brust durchs Leben!

Und ein Kreis von edlen Menschen steht
Ernst und feiert mit Gebet.

Sei denn glücklich! Gott mit Euch, Ihr Beide!
Seine »Sonn am Himmel« schein Euch Freude;

Und in Eurer Freud, in Eurem Schmerz
Seine »bessre« Euch ins Herz.

Matthias Claudius

Rechte Heiratskunst

Traget einander mit Geduld,
Niemand lebt doch außer Schuld;
Glaubt nicht einem jeden Traum,
Gebt dem Satan nirgends Raum.
Stört ein Windchen Eure Ruh,
Mault nicht, sprecht Euch wieder zu.
Solcher Art wird auch die Eh
Schaffen ein geringes Weh;
Gott wird seine Gnadenhand
Recken über Euer Band,
Und das Eurig' insgemein
Stets gesegnet lassen sein.

Simon Dach

Sprichwörter zur Ehe:

Die Ehen werden im Himmel gemacht,
auf Erden erfüllt und zu Ende gebracht.

*

Wer freit und siehet nicht aufs Herz,
hat hintennach viel Reu und Schmerz.

*

Frauen, die nicht widersprechen,
und Hühner die goldene Eier legen,
sind seltene Vögel.

*

Die Männer regieren die Welt
und die Weiber die Männer.

*

Der Mann ist das Haupt des Weibes
und das Weib die Krone des Hauses.

*

Männer können nicht fröhlich sein,
fehlen Frauen und Wein.

*

Solcher Ehemann ist der best,
der's Herz bei seiner Ehefrau läßt.

Ein Mann, der das Feuer seiner Frau nicht löscht,
muß nicht klagen, wenn sie ihm das Haus anzündet.

*

Willst du in der Ehe Zank nicht haben,
so wähl eine Frau von gleichen Gaben.

*

Ob die Ehe gut war,
weiß man nicht vor einem Jahr.

*

Wo eine liebe Frau im Haus,
lacht die Freude zum Fenster hinaus.

Silberhochzeit

Allgemeine Tischrede

Liebes silbernes Hochzeitspaar, verehrte Gäste,

wir alle kommen ja immer wieder auch ohne besonderen Anlaß gerne in dieses gastliche Haus, um gemütlich beieinander zu sein. Aber der heutige Grund für unser Zusammensein muß natürlich besonders hervorgehoben werden, und dazu bedarf es zumindest einer kleinen Rede.

Ein Vierteljahrhundert gemeinsames Leben in Freud und Leid, 25 Jahre lang zusammen Schwierigkeiten bewältigt und Freuden erlebt – das ist schon etwas. In einer Zeit, da der Gang zum Scheidungsanwalt fast schon eine Selbstverständlichkeit ist, und mindestens einmal geschieden worden zu sein, beinahe schon zum persönlichen Image gehört, ist eine Ehe, die nun 25 Jahre gedauert hat, eigentlich doch bemerkenswert.

Bestimmt aber ist sie das für unser Paar, das heute auf so viele schöne gemeinsame Jahre zurückblickt. Natürlich herrschten nicht immer nur eitel Freude und Sonnenschein, aber glücklicherweise bleiben in der Erinnerung ja meistens nur die angenehmen Ereignisse haften.

Liebe ....., lieber ....., eure Familie ..... *(es folgen einige persönliche Familienverhältnisse des Paares).*

Als ihr vor 25 Jahren ..... *(hier kann man persönliche Ereignisse einbauen und auch z. B. die Umstände beschreiben, die zur Zeit der Eheschließung herrschten).*

Liebes silbernes Hochzeitspaar, wir alle hier haben euren Weg mitverfolgt, haben Kummer, Sorgen, Freude miterlebt, und wir freuen uns, daß ihr immer noch ein so glückliches Paar seid. Wir wünschen euch für die Zukunft .....

Sohn oder Tochter gratuliert

Liebe Eltern, liebe Verwandte, verehrte Gäste,

natürlich habe ich mich auf diese kleine Rede vorbereitet, und bei meinem Nachdenken fiel mir besonders das Wort Dankbarkeit ein. Liebe Eltern, bei eurem 25. Ehejubiläum wollen wir Kinder euch vor allem Dank sagen für das, was ihr für uns getan habt. Ihr habt es mit uns nicht immer leicht gehabt, aber trotz aller Sorgen und Schwierigkeiten sind wir eine harmonische Familie geblieben, in der sich jeder auf den anderen verlassen kann. Das ist in erster Linie euer Verdienst. *(Es folgen persönliche Dinge, etwa wie die Eltern für die Kinder gesorgt haben. z. B. Schule, Lehre, Studium und ähnliches, bei denen es auch um Geld ging.)*

Ich finde es nicht völlig selbstverständlich, daß Eltern so viele persönliche und auch materielle Opfer auf sich nehmen, damit aus ihren Kindern was wird, wie man so schön sagt. Herzlichen Dank, daß ihr immer für uns da wart und uns so viele Wege geebnet habt.

Ihr habt uns ein Vorbild gegeben, wie man zusammenhält und wie man Schwierigkeiten überwindet. So bin ich auch stolz auf meine Eltern, und das soll überhaupt nicht pathetisch klingen. Ich hoffe, daß ich euch einmal nacheifern werde.

Wir Kinder freuen uns mit euch, und wir sind auch dankbar dafür, daß ihr beide noch so vergnügt und munter seid. Eine glückliche Ehe scheint jung zu erhalten, das will ich mir merken.

Wir Kinder, und ich ganz besonders, wir wünschen euch noch viele schöne Jahre voller Glück und Gesundheit. Und wir versprechen, was wir dazu beitragen können, werden wir tun.

Ein Schwager spricht

Liebe . . . . ., lieber . . . . ., verehrte Gäste,

wenn ein Außenstehender etwas über diese vorzügliche Ehe, die nun schon 25 Jahre glücklich besteht, weiß, dann bin ich es, war ich doch vor einem Vierteljahrhundert Trauzeuge dieses »Bündnisses«. Ich will nicht aus dem Nähkästchen plaudern, aber an ein paar bemerkenswerte Ereignisse muß ich doch gerade heute erinnern. Wißt ihr noch . . . . . *(es folgen persönliche Ereignisse, bezogen auf das Silberpaar)*.

Unsere Familien wohnen zwar relativ weit auseinander, aber darunter hat unser Kontakt gottlob nie gelitten. Was haben wir nicht alles gemeinsam angestellt . . . . .

Wir Geschwister haben uns immer gut vertragen, und das soll auch in Zukunft so bleiben. Ich finde es besonders schön, daß wir nicht nur zu den obligatorischen großen Feiertagen oder Festen zusammenkommen, sondern daß wir uns auch im Alltag treffen, daß wir oft gemeinsam etwas unternehmen und daß wir an den gegenseitigen Sorgen und Freuden Anteil nehmen.

Auf gewisse Weise seid ihr beide nun doch schon ein sozusagen altes, in Ehren ergrautes Paar, aber ihr seid auch ein jung gebliebenes Tandem, noch voller Schwung und Tatendrang und aufgeschlossen für alles Neue.

Ich wünsche euch noch viele gute Jahre und noch sehr viele Wünsche, die dann auch in Erfüllung gehen. Bleibt gesund, zufrieden und glücklich, bleibt so, wie ihr in den vergangenen 25 Jahren immer so vorbildlich gewesen seid.

Eine Schwägerin spricht

Liebe . . . . ., lieber . . . . ., liebe Gäste,

wir haben es ja gleich gewußt, daß ihr beide vorzüglich zusammenpaßt, und die vergangenen 25 Jahre haben uns recht gegeben. Euer Ehebündnis hat alle Stürme ausgehalten, und es wird ihnen auch weiterhin trotzen, falls es für ein so abgeklärtes und erfahrenes Ehepaar künftig überhaupt noch Stürme gibt. Eure Sturm- und Drangzeiten sind ja vorbei, die Kinder stehen (fast?) schon auf eigenen Füßen, und ihr beide könnt euch nun sozusagen selbst einmal etwas gönnen. Dankbar bin ich vor allem, daß der geschwisterliche und familiäre Kontakt in den letzten 25 Jahren immer so gut funktioniert hat. Ein bißchen Erinnerung sollte auch sein. Weißt du noch, liebe(r) . . . . ., wie du uns damals zum erstenmal deine(n) Braut/Bräutigam präsentiert hast?

Ich habe es nicht vergessen . . . . . *(es folgen persönliche Erinnerungen an den ersten Kontakt mit dem neuen Schwager/Schwägerin).*

Voller Hoffnungen habt ihr damals angefangen, und es hat doch alles wunderbar geklappt, oder? Hoffnungen und Wünsche gibt es Gott sei Dank immer noch, und ich wünsche euch, daß sie alle in Erfüllung gehen.

Ich glaube, ihr beide könnt und dürft jetzt ein bißchen egoistischer sein und öfters an euch denken. Dazu wünsche ich euch alles Glück, das sich nur denken läßt.

Ein Freund spricht

Liebe . . . . ., lieber . . . . ., verehrte Gäste,

ich gratuliere euch beiden herzlich im Namen aller Freunde und Bekannten, und ich tue das voller Bewunderung darüber, wie ihr die vergangenen 25 Jahre gemeinsam gemeistert habt. Wir haben in diesem Vierteljahrhundert viel zusammen erlebt. Natürlich gab es auch Unerfreuliches *(hier könnte man einige Beispiele aufzählen, etwa Todesfälle oder Krankheiten).* Aber nimmt man alles in allem, haben wir doch herrliche Zeiten erlebt. Wißt ihr noch, wie ..... *(es folgen persönliche gemeinsame Erlebnisse).*

Ich freue mich ganz besonders, daß ich heute einem alten Ehepaar Glück wünschen darf, das so beispielhaft jung geblieben ist. Und ich freue mich auf die kommenden Jahre, die euch und uns noch viel Freude bereiten sollen. Bleibt gesund und munter, und freut euch des Lebens. In diesem Sinne .....

Der Silberbräutigam dankt

Liebe Familie, liebe Freunde,

herzlichen Dank für die vielen gutgemeinten Wünsche und natürlich auch für die lieben Geschenke. Dieser Tag ist vor allem der Tag meiner lieben Frau ....., der Hauptperson in den letzten 25 Jahren. Ganz klar, ohne sie würden wir heute hier nicht feiern.

Es waren schöne Jahre, sie hat alle meine Launen ertragen, und ich habe gelegentlich bei ihr über ein paar Schwächen hinweggesehen, ganz klitzekleine Schwächen, versteht sich. Inzwischen sehen wir nur noch die gegenseitigen Vorzüge, und so werden die nächsten 25 Jahre noch harmonischer verlaufen.

Euch, liebe Freunde, danke ich auch, besonders weil ihr zu uns gehalten habt, wenn es mal Schwierigkeiten gab. Wir gehen jetzt sozusagen in die zweite Halbzeit, und auf die freuen wir uns. Und nun wird fröhlich gefeiert.

Die gereimte Rede:

Kinder an ihre Eltern zur Silberhochzeit

Fünfundzwanzig lange Jahre,
auf den Häuptern graue Haare,
täglich fest im Ehejoch,
und ihr liebt euch immer noch!

Viele sind schon längst geschieden.
Aber ihr habt es vermieden,
daß ein lächerlicher Streit,
euch für immer hat entzweit.

Hat es wirklich kurz gekracht,
habt ihr's richtig dann gemacht.
Denn nach Krach wart ihr gewöhnt,
daß ihr abends euch versöhnt.

Prächtig habt ihr uns erzogen,
nie gebeugt, nur mal gebogen.
Dafür danken euch nicht minder,
auch die Gatten eurer Kinder.

Leicht war's nie. Euch ist's gelungen.
Keiner hat euch je bezwungen.
Auch die allerschlimmsten Plagen,
habt zusammen ihr ertragen.

Fünfundzwanzig lange Jahre,
ehrenvoll die grauen Haare.
Bleibt gesund, ihr jungen Alten,
um die Zukunft zu gestalten.

Nochmals fünfundzwanzig Jahre
und noch viele graue Haare
wünscht euch der Familie Rest
bis zum goldnen Ehefest.

H. J.

Kurzfassung für Ungeduldige

Liebe Freunde,

was sind schon 25 Ehejahre? Warten wir noch weitere 25 Jahre ab und ziehen wir dann Bilanz. Dann wird sich zeigen, was wir beide Großes geleistet haben. Für uns war es doch selbstverständlich, daß wir mindestens diese paar Jahre fest zusammengehalten haben. Trotzdem vielen Dank für alle Glückwünsche und für die Geschenke. Na gut, eine Silberhochzeit ist ein Anlaß für ein kleines Fest, und das wollen wir jetzt mit gutem Essen und Trinken genießen. Auf ein paar frohe, gemeinsame Stunden.

Variante der allgemeinen Tischrede *(mit etwas Pathos)*

Liebes, hochverehrtes Silberpaar!

Laßt mich mit ein paar schönen Versen beginnen:

Kaum hat man ein silbernes Härchen gefunden,
schon hat man ein silbernes Kränzchen gewunden,
dem Mann ein silbernes Sträußchen gar!
So sitzt vor uns heute ein Silberpaar.

Ja, meine Lieben, so ist das. Wenn wir es nicht im Standesamtsregister oder im Kirchenbuch schwarz auf weiß gelesen hätten, so müßten wir bezweifeln, daß ihr beide, so wie ihr heute vor uns sitzt und wie wir euch tagtäglich bei eurer mühevollen Tagesarbeit gesehen haben, schon ein silbernes Hochzeitspaar seid.

Es ist schier unglaublich, wie jung ihr euch erhalten habt, trotz der ungewöhnlichen Arbeitslasten, die ihr euch immer aufgebürdet habt und trotz der schweren Zeiten, die ihr auf eurem gemeinsamen Lebensweg durchstehen mußtet. Euer Leben war nicht frei von Not. Ihr habt euch aber tapfer durch alle Notzeiten gekämpft und habt euch immer behauptet.

Ihr seid nicht die Menschen, die von vergangener Not sprechen oder die gar jammern. Ihr packt das Leben immer von der positiven Seite an und denkt an die Zukunft. So gilt für euch der Vers:

Denkt nicht so viel an die Nöte, die alten!
baut auf eure Kraft und ein gütiges Walten!

Das war immer euer Wahlspruch, eure Losung. Euerer eigenen ungebrochenen Kraft und einem gütigen Walten verdankt ihr euer Glück und euere Erfolge, denn euer Leben war immer reich an freudigen Höhepunkten.

Dankbar werdet ihr heute zurückdenken, wie geschickt ihr die hinter euch liegenden schwierigen Zeiten überwunden habt. Ihr werdet das Gefühl haben, daß euch gerade die gemeinsame Not, die ihr gemeinsam überwunden habt, noch viel enger zusammengeschweißt hat. Ihr habt immer zusammengehört wie die Sonne zum Regen oder wie die Arbeit zum Leben.

Dankbar werdet ihr auch immer an die Erfolge der Arbeit euerer fleißigen Hände denken, die euch eueren Lebensunterhalt sicherten. Und als größtes Glück werdet ihr heute empfinden, daß euch so liebe Kinder geschenkt wurden, die die Freude und Hoffnung euerer Zukunft sein werden.

Möge diese Zukunft eine sorgenlose sein und möget ihr durch eure lieben Kinder noch lange jung und frisch bleiben! Eure Kinder, die ihr gehegt und gepflegt habt, die ihr gekleidet und gespeist habt, die ihr in eine gute Schule geschickt habt und denen ihr eine gute Berufsausbildung mitgegeben habt, sie werden es euch immer danken.

Liebe Freunde, erhebt mit mir eure Gläser und stoßt an auf das Wohl dieses wunderbaren Silberpaares und stimmt mit mir ein in den Wunsch: Dem jungen Silberpaare noch viele gesunde Jahre!

Hilfestellung aus der Literatur:

An Frau Rebekka zur silbernen Hochzeit

Ich habe Dich geliebet und ich will Dich lieben,
So lang' Du goldner Engel bist;
In diesem wüsten Lande hier, und drüben
Im Lande, wo es besser ist.
Ich will nicht von Dir sagen, will nicht von Dir singen;
Was soll uns Loblied und Gedicht?
Doch muß ich heut' der Wahrheit Zeugnis bringen,
Denn unerkenntlich bin ich nicht.
Ich danke Dir mein Wohl, mein Glück in diesem Leben.
Ich war wohl klug, daß ich Dich fand;
Doch ich fand nicht. Gott hat Dich mir gegeben;
So segnet keine andre Hand.
Sein Tun ist je und je großmütig und verborgen;
Und darum hoff' ich, fromm und blind,
Er werde auch für unsre Kinder sorgen,
Die unser Schatz und Reichtum sind.
Und werde sie regieren, werde für sie wachen,
Sie an sich halten Tag und Nacht,
Daß sie wert werden und auch glücklich machen,
Wie ihre Mutter glücklich macht.
Uns hat gewogt die Freude, wie es wogt und flutet
Im Meer, so weit und breit und hoch! –
Doch manchmal auch hat uns das Herz geblutet,
Geblutet . . . . . ach, und blutet noch.
Es gibt in dieser Welt nicht lauter gute Tage,
Wir kommen hier zu leiden her;
Und jeder Mensch hat seine eigne Plage,
Und noch sein heimlich Crève-coeur.
Heut' aber schlag' ich aus dem Sinn mir alles Trübe,
Vergesse allen meinen Schmerz;
Und drücke fröhlich Dich, mit voller Liebe,
Vor Gottes Antlitz an mein Herz.

Matthias Claudius

Zur Silberhochzeit

Heut' vor fünfundzwanzig Jahren
standet ihr am Traualtar,
und der Zukunft Tage waren
euch und ander'n noch nicht klar.

Aber heut' im Freundeskreise
schaut ihr rück auf eure Reise;
für das Ziel, das nicht mehr Schein,
stehen Kind und Enkel ein.

Was Irdischem gehört,
wird durch die Zeit zerstört;
was Edlem sich geweiht,
verschönt, verklärt die Zeit.

Franz Grillparzer

Goldene Hochzeit

Ein Sohn (der älteste?) oder eine Tochter spricht

Liebe »goldrichtige« Eltern, verehrte Gäste,

mit dem Begriff Gold verbinden sich eigentlich nur angenehme Dinge und Vorstellungen, vor allem aber auch wertvolle, seltene. Eure goldene Hochzeit ist wertvoll und selten, ein hohes Lob für euch beide als Menschen und ein Grund zur Dankbarkeit für uns Kinder und für alle eure Angehörigen. Du, liebe Mama, hast . . . . . *(persönliche Dinge folgen).*

Und du, lieber Papa, ... *(es folgen entsprechende persönliche Dinge, etwa Leistungen für die Familie etc. Falls eine gemeinsame Firma oder ähnliches vorhanden ist, kann man auf deren Aufbau und Erhaltung eingehen).*

Wir können uns heute nur bei euch beiden bedanken für alles, was ihr in den vielen Jahren für uns getan habt. Daß unsere Familie immer so vortrefflich zusammengehalten hat, ist in erster Linie auch euer Verdienst. Und die große Gästeschar, die sich hier zusammengefunden hat, ist ein Beweis dafür, liebe Eltern, wie viele Freunde ihr habt.

Unsere besten Wünsche begleiten euch, liebe Eltern, in die Zukunft. Bewahrt euch eure körperliche und geistige Frische, bleibt gesund und erhaltet euch eueren Humor und euern Frohsinn. Bleibt mit euern Enkeln und Urenkeln so jung, wie ihr immer gewesen seid. Ich glaube, die sorgen ohnehin dafür, daß ihr euch nicht alt fühlt oder gar abgeschoben. Ihr gehört zu uns und wir zu euch.

Als Variante eine etwas überschwengliche Rede zur Goldenen Hochzeit

Liebes vergoldetes Jubelpaar!

Kein Schleier ist so eng und dicht,
es dringt durch ihn noch etwas Licht,
und kein Geheimnis so geheim,
es trägt schon des Verrates Keim.
So wird es also selten glücken,
sich um ein Jubelfest zu drücken.
Und einem Glückwunsch auszuweichen,
es wird doch unser Ohr erreichen.

Ja, liebes goldenes Jubelpaar, auch euer seltenes Ehejubiläum hat sich herumgesprochen, und es hat unsere Ohren erreicht. Und deshalb haben wir uns heute alle um euch herum versammelt, um euch Glück zu wünschen und mit euch zu feiern. Die Gründe, warum ihr euer Jubelfest nicht an die große Glocke hängen wolltet, können wohl verschiedener Art sein. Vielleicht wolltet ihr noch gar nicht so alt sein? Denn wie ihr, so wissen es auch alle anderen Menschen, daß sogenannte goldene Hochzeiter so um die achtzig Jahre herum sein müssen. Wenn nur das der Grund ist, weil ihr noch nicht zu den ganz Alten zählen wollt, dann fühlt ihr euch eben jünger als ihr seid, und das ist ein gutes Zeichen.

Wenn wir euch heute so sehen, geschmückt mit dem goldenen Kränzchen und dem goldenen Sträußchen, so sehen wir trotz eurer Jahre den jugendlichen goldenen Glanz in euren Gesichtern.

Vielleicht wolltet ihr in eurer Bescheidenheit den mit diesem Fest verbundenen Ehrungen und Aufmerksamkeiten ausweichen. Auch das ist durchaus ein edler Grund. Glaubt ihr denn, meine lieben Jubilare, wir wollten nicht mitfeiern? Wir haben doch als eure nächsten Angehörigen ein Anrecht darauf. Wir gehören zu euch, und ihr gehört zu uns. Eure Liebe galt nicht nur euren Kindern, sie galt auch euren Enkeln und euren Urenkeln.

Eine Goldene Hochzeit trägt ihren Namen mit Recht. Edel, gediegen, beständig und treu, wie das Gold, ist ein Ehebund, der so lange besteht wie der eure, liebes Jubelpaar. Aber was bedeuten schon fünf

Jahrzehnte? Im Vergleich zur Ewigkeit, nichts. In einem Menschenleben viel, in einem fünfzigjährigen Eheleben alles.

Euer langer gemeinsamer Lebensweg führte über Höhen und Tiefen, er war nicht immer glatt und eben, oft war er steinig und voller Hindernisse. Gemeinsam habt ihr die Steine aus dem Weg geräumt und alle Hindernisse überwunden. Immer war der eine die Stütze des anderen, gab ihm Trost wo es nötig war. Eine so vollkommene Ehe ist selten. Wenn ihr nun auf die vergangenen fünfzig Jahre zurückblickt, so werdet ihr das Gefühl haben, daß es ein schöner Weg war, daß es Spaß gemacht hat, alle Steine und Hindernisse, die euch auf diesen Weg gelegt wurden, gemeinsam wegzuräumen.

Heute nun sind alle um euch versammelt, eure Kinder und eure Kindeskinder, eure Verwandten und eure Freunde. Allen seid ihr immer ein Vorbild der Treue gewesen, alle sind wir gekommen, um euch zu eurem Jubeltag für die Zukunft alles Glück zu wünschen. Der heutige Tag ist ein Tag, an dem man Rückschau und Ausschau hält. Wir können nicht in die Zukunft schauen, aber unser Wunsch ist, daß euch ein gütiges Geschick noch viele Jahre voller Gesundheit und Zufriedenheit schenken möge. Was wir dazu beitragen können, werden wir tun, denn dazu fühlen wir uns als eure Nächsten von Herzen verpflichtet. Wir stoßen an auf unser Jubelpaar und rufen euch zu:

»Viel Glück dem lieben Jubelpaare! O, möge es noch viele Jahre gesund und frisch durchs Leben steuern und auch noch Diamantene feiern!«

Ein Freund des goldenen Hochzeitspaares spricht

Liebe . . . . ., lieber . . . . ., sehr verehrte Gäste,

ich darf im Namen der sogenannten Alten, die das goldene Hochzeitspaar nun über ein halbes Jahrhundert begleitet haben, die herzlichsten Glückwünsche aussprechen.

Viele schöne Jahre sind vergangen. Sicher mußten manche Schwierigkeiten überwunden werden, es gab harte Zeiten, aber glücklicherweise bleiben vor allem die angenehmen Erinnerungen haften.

An einige dieser schönen Ereignisse möchte ich heute erinnern, vor allem an jene, die unsere jungen Gäste wahrscheinlich noch nicht kennen. Liebe ....., lieber ....., wißt ihr noch ..... *(es folgen persönliche Erinnerungen an Ereignisse, die die Freunde zusammen mit dem goldenen Hochzeitspaar erlebt haben).*

Liebe ....., lieber ....., auch der Herbst hat schöne Tage, und wir »Alten« können sie so richtig genießen. Unser Tempo ist zwar ein bißchen langsamer geworden, und hier und da zwickt es uns ein wenig, aber vielleicht sehen wir gerade deshalb viele Dinge etwas anders als die Jungen, die noch durch das Leben hetzen. Wir haben jetzt viel mehr Zeit für Sachen, die uns früher ganz unwichtig erschienen.

Ihr, liebe ..... und lieber ....., seid immer noch unternehmungslustig und interessiert an eurer Umwelt, ihr kümmert euch um die Familie, ihr nehmt Anteil, ihr gehört einfach noch dazu, wie ihr immer dazu gehört habt.

Wir alle wünschen euch von ganzem Herzen Glück und Segen zu euerem Jubiläum. Seid stolz auf das, was ihr geschafft habt, und bleibt uns noch lange erhalten.

Kurzfassung für Ungeduldige

Liebes goldrichtiges Hochzeitspaar, sehr verehrte Gäste,

die Leistung unserer beiden Jubilare ist so großartig, daß es eigentlich gar nicht vieler Worte bedarf, sie zu würdigen. Wir alle wissen ja seit vielen Jahren, was wir an unseren ..... *(Eltern, Großeltern etc.)* haben, dazu bedarf es gar keiner Bestätigung. Und unsere Jubilare wissen, daß sie zu uns gehören und daß sie nie abgeschoben werden. Liebe ....., lieber ....., unsere Familie wäre ohne euch gar nicht denkbar. Bleibt gesund, munter und so humorvoll, wie ihr immer wart. Auf euer Wohl, ihr seid die Größten.

Schulabschluß

Zum Abitur

Liebe(r) ..... *(Name des Schülers),*

herzliche Gratulation zum bestandenen Abitur. Du darfst stolz sein, daß du alle Prüfungen so gut bestanden hast. Es ist ja nicht leicht, das heutige System mit seinen Kollegstufen oder Leistungskursen zu verstehen. Zu meiner Zeit ..... *(man könnte das damalige System kurz erläutern).*

Selbstverständlich habe ich mein Abitur damals nur mit den besten Noten bestanden, ist doch klar. Also, um ehrlich zu sein ..... *(man kann hier die damaligen eigenen Schulschwierigkeiten berichten, etwa, welche Fächer, welche Zeugnisse und so weiter).*

Was ich aber so bei dir mitgekriegt habe, ist es wohl heutzutage eher schwerer, das Abitur zu bestehen. Alle Achtung, daß du dich so prächtig durch dieses Labyrinth von Lehrplänen und die verschiedensten Fächer hindurchgekämpft hast.

Nun kannst du also studieren, und wenn du mal von mir einen Rat brauchst ..... Hoffentlich bekommst du den gewünschten Studienplatz an dem gewünschten Ort.

Aber zunächst einmal willst du sicher erstmal richtig abschalten und dich erholen. Wir haben gehört, daß du eine Reise nach ..... *(mit deinen Freunden?)* machen willst. Dafür bekommst du von uns einen Reisezuschuß .....

oder:

Wir haben gehört, daß du dir ..... gewünscht hast. Du bekommst von uns als Anerkennung .....

Also nochmals, herzlichen Glückwunsch zum bestandenen Abitur und viel Erfolg beim Studium ..... *(oder einer anderen Berufswahl).*

Abiturfeier

Ein Schüler spricht

Sehr geehrte Herren Lehrer, liebe Eltern, liebe Mitschüler,

wir haben es geschafft, wir haben endlich das Abitur bestanden. Vielen von uns wird der heutige Tag wie eine Erlösung vorkommen. Es war doch ein täglicher, harter Kampf mit Lehrstoff und Noten. Nicht alle waren wir Genies, denen die Einser nur so zuflogen. Aber wir brauchen das Abiturzeugnis eben für die Zulassung zu einer Hochschule oder sozusagen als Startblock für das Berufsleben.

Der Kampf um den rechten Notendurchschnitt ..... *(es folgt eine Darstellung – oder Bewertung – des Systems für die Hochschulzulassung).*

Wir haben uns in den vergangenen Jahren untereinander und übereinander oft genug geärgert. Wir Schüler haben manchmal mit unserem Schicksal gehadert, die Lehrer haben sich angesichts mancher Bockigkeit sicher die Haare gerauft. Heute ist das alles vergessen, und die bestandene Prüfung steht glanzvoll im Mittelpunkt.

Im Namen meiner Mitschüler danke ich allen Lehrern für ihre Fürsorge und ihr Verständnis. Sie alle haben uns wie geschickte Lotsen durch die Untiefen des schulischen Alltags geleitet, und sie mußten uns oft genug gegen unseren Widerstand in die richtige Richtung lenken. Dafür unseren Dank.

Besonders bedanken möchte ich mich bei Herrn ..... *(Titel und Name – es folgt die Hervorhebung eines Lehrers, der besonderen Anteil am Werdegang hatte, vielleicht mit einigen humorvollen Einzelheiten garniert).*

Aber auch den Herren ..... gilt unser spezieller Dank, weil ..... *(besondere Ereignisse aus den letzten Jahren).*

Wir hoffen, daß Sie, unsere verehrten Lehrer, künftig auch zu unseren Klassentreffen kommen. Meinen Mitschülern wünsche ich viel Erfolg.

Zur mittleren Reife (Realschulabschluß)

Vater / Mutter / Verwandter spricht

Liebe(r) . . . . .,

jetzt können wir alle aufatmen, du hast den hart erarbeiteten Abschluß geschafft. Die letzten Wochen waren ja nicht nur für dich anstrengend, wir alle haben mitgezittert. Jetzt kannst du dir ein paar Wochen Ruhe gönnen und dich ausspannen. Im Herbst geht es dann also mit dem Berufsleben los, und du darfst froh sein, daß du schon eine Lehrstelle hast, wie du sie dir gewünscht hast. Heutzutage muß man das ja fast als Glücksfall bezeichnen. Es gibt also genügend Gründe, einigermaßen optimistisch in die Zukunft zu sehen.

Liebe(r) . . . . ., auf dem Weg zu deinem angestrebten Beruf hast du nun eine wichtige Etappe erfolgreich zurückgelegt. Wir alle wünschen dir natürlich viel Erfolg und Zufriedenheit. Das Zeugnis der mittleren Reife ist schon etwas, auf das man stolz sein darf.

(Einschub, wenn einem Mädchen gratuliert wird)

Liebe . . . . ., es läßt sich nicht verleugnen, daß Mädchen leider auch heute noch immer ein bißchen besser im Beruf sein müssen als Männer, wollen sie die gleiche Bezahlung und die gleichen Positionen erreichen. Der Start mit dem Realschulabschlußzeugnis scheint zwar noch gleich zu sein, aber dann . . . . . Du wirst es bald merken, welche Unterschiede gemacht werden. Wir wünschen dir das notwendige Selbstvertrauen und Durchsetzungsvermögen. Du wirst es bestimmt schaffen.

Liebe(r) . . . . ., nochmals herzliche Gratulation zu der bestätigten Leistung und viel Spaß, Glück und Erfolg beim Start ins Berufsleben. Mögen alle deine Wünsche, besonders auch die in finanzieller Hinsicht, in Erfüllung gehen.

Zum Hauptschulabschluß

Der Vater spricht

Liebe(r) . . . . .,

diese kleine gemütliche Runde im Familienkreis hast du dir wirklich verdient. Du hast die Schule geschafft, und dein Abgangszeugnis kann sich sehen lassen, das muß doch ein bißchen gefeiert werden.

Die abgeschlossene Schulbildung ist die wichtigste Voraussetzung für ein erfolgreiches Berufsleben. Die Anforderungen an die Lehrlinge werden ja immer höher, und wahrscheinlich mußt du mit einer Konkurrenz kämpfen, die die mittlere Reife oder sogar das Abitur vorweisen kann.

Aber wir haben keine Angst, daß du es nicht schaffen wirst. Du bist fleißig, und du kannst dich konzentrieren, wenn du ein fest umrissenes Ziel hast. Das hast du ja in der Schule bewiesen. Sei ein fleißiger, korrekter, pflichtbewußter Lehrling, dann wirst du es auch im Beruf schaffen.

Es wird für dich manche Verlockungen geben. Du wirst mehr Geld zur Verfügung haben als während der Schulzeit, denn wir haben beschlossen, dir nichts abzuknöpfen, solange dein Lehrlings-Einkommen noch so verhältnismäßig gering ist. Aber werde bitte nicht leichtsinnig, und Schuldenmachen kannst du dir auch noch nicht leisten.

Die Lehrlingszeit ist ja immer noch eine Lernzeit und gar nicht so verschieden von der Schule. Denk immer dran, daß diese kommende Ausbildung der Grundstock für ein erfolgreiches Berufsleben ist, das sich dann auch finanziell für dich auszahlt.

Jetzt aber wollen wir erst einmal ein bißchen feiern und auf dein Zeugnis anstoßen. Viel Erfolg . . . . .

Zum Examen

(z. B. Promotion, Referendar, Ingenieur etc.)

Liebe(r) . . . . . *(eventuell liebe Gäste),*

heute hast du ein großes Ziel erreicht und darfst wirklich stolz sein. Es war gewiß ein langer, harter, anstrengender Weg, aber es hat sich doch gelohnt.

Ich erinnere mich noch gut an den Tag, an dem du zum erstenmal gesagt hast, ich will . . . . . werden. Wir haben damals ein bißchen Angst gehabt, weil die Ausbildung so lange dauert und weil die Zeiten für diesen Beruf doch gar nicht so rosig waren. Aber du hast dich durchgekämpft und dein Ziel erreicht.

(Hier können einige persönliche Erinnerungen folgen, zum Beispiel über verschiedene Ausbildungsstationen, über Zeiten, »wo man fast die Lust verlor«, über Tiefen und Höhen, etc.)

Liebe(r) . . . . ., du weißt ja, daß wir dir finanziell nicht immer so unter die Arme greifen konnten, wie wir es liebend gerne getan hätten. Wir haben unser Möglichstes versucht, und den Rest hast du selbst als . . . . . *(Werkstudent etc.)* beigesteuert.

In deinen ersten Berufsjahren wird es wohl nicht gleich große Geldscheine vom Himmel regnen, und du wirst noch ganz schön kämpfen müssen, bis du dich durchgesetzt hast. Aber daß du es schaffen wirst, daran zweifeln wir keinen Augenblick.

Liebe(r) . . . . ., jetzt geht es also hinein ins bunte Berufsleben, und wir alle wünschen dir dazu viel Schwung, Optimismus, Glück und Erfolg.

Als Beispiel eine etwas satirische Gratulationsrede für eine Frau, die ihren Doktor in Medizin gemacht hat

Meine liebe . . . . .!

Vorgestern hast du die medizinische Doktorwürde erlangt und bist bereits von allen Freunden, Verwandten und Bekannten herzlich dazu beglückwünscht worden. Dein Vater hat zudem in der Freude seines Herzens diese kleine Hausfeier veranstaltet. Und da meine ich, wir, die wir hier versammelt sind, täten gut, einmal darüber nachzudenken, was ein Doktor med. eigentlich ist.

Ärzte gehören zu den mit der größten Verantwortung beladenen Menschen. Eine falsche Zahl in einem Rezept oder ein nicht haargenau stimmender Griff bei einer Operation können den Tod eines Menschen bedeuten. Doch wenn die Ärzte die allein richtige Arznei verordnen, die helfen kann, oder wenn sie beim Operieren ihre Messer an der allein richtigen Stelle ansetzen, dann können sie einem todgeweihten Menschen zum Retter werden. Wie viele Menschen mögen von Ärzten tagtäglich dem bitteren Tode entrissen werden? Diese Frage scheint allerdings die meisten Leute nicht zu berühren, obgleich sie den Doktor auf ihre Art schätzen.

Von Medizin verstehe ich herzlich wenig, ich bin also in der Medizin ein vollständiger Laie. Trotzdem glaube ich sagen zu dürfen und damit recht zu haben, daß von keinem Menschen der Beruf größere Opferbereitschaft verlangt als vom Arzt. Er muß zu jeder Tages- und Nachtzeit bereit sein, aus seinem Bett herauszuspringen, um irgendeinem Menschen zu helfen.

Nun wirst du sehr bald eine eigene Praxis eröffnen, meine liebe . . . . ., und du wirst bestimmt eine weit und breit gesuchte Ärztin werden. Wir alle sind sehr stolz auf dich.

Die Erlangung der Doktorwürde gebietet, daß man dieses Ereignis festlich begeht und sich bei diesem Fest auch richtig akademisch benimmt. Ich kann leider nicht richtig akademisch sprechen, und dein Doktorhut paßt leider nicht auf meinen Kopf, und aus meinem Munde kommen keine gelehrten Worte. Aber vielleicht verstehst du trotz deiner Gelehrtheit meine Gefühle, wenn ich dir sage, daß ich mich über deinen akademischen Grad außerordentlich freue. Ich habe die Hoffnung, daß von deinem Ruhm auch auf uns etwas abfällt, und bei diesem Gedanken sind wir alle sehr stolz. Ich werde jedenfalls künftig nie versäumen, bei deiner Namensnennung deinen akademischen Grad hinzuzufügen. Das gehört sich, und das steht uns allen zu. Nun, liebes Doktorchen, ich sehe es schon kommen: die erlangte Doktorwürde ist nur eine Etappe in deiner Laufbahn. Du hast die Gaben und die Energie und das Können, eine ganz Große auf deinem Gebiet zu werden. Das ist der eine Wunsch, den ich zum Ausdruck bringen möchte. Der andere ist folgender: du mögest bei deinem Aufwärtsstreben nie den irdischen Boden unter deinen zarten Füßen verlieren, den Boden, aus dem du herausgewachsen bist, und du mögest so wie heute auch später noch deine »kleinen Angehörigen immer kennen«. Darauf und auf dein Wohl wollen wir trinken. Prosit, Doktorchen!

Hilfestellung aus der Literatur:

Strebsam

Mein Sohn, hast du allhier auf Erden
Dir vorgenommen, was zu werden,
Sei nicht zu keck;
Und denkst du, sei ein stiller Denker.
Nicht leicht befördert wird der Stänker.
Mit Demut salbe deinen Rücken,
Voll Ehrfurcht hast du dich zu bücken,
Mußt heucheln, schmeicheln, mußt dich fügen;
Denn selbstverständlich nur durch Lügen
Kommst du vom Fleck.
O tu's mit Eifer, tu's geduldig,
Bedenk, was du dir selber schuldig.
Das Gönnerherz wird sich erweichen,
Und wohlverdient wirst du erreichen
Den guten Zweck.

Wilhelm Busch

Wie die spätere Berufsentwicklung vonstatten gehen könnte, beschrieb Eugen Roth in seinem Gedicht »Zeitgenössische Entwicklung«. Man kann dieses Gedicht allen künftigen Freiberuflern ins Stammbuch schreiben.

Zeitgenössische Entwicklung

Ein Mensch sitzt da und schreibt vergnügt,
Sein Fleiß ist groß und das genügt.
Doch bald hat er sich angeschafft
Die erste Schreibmaschinenkraft;
Das langt nach kurzer Zeit nicht mehr,
Es müssen noch zwei andre her,
Desgleichen wer fürs Telefon,

Auch wird ein Diener nötig schon,
Ein Laufbursch und, es währt nicht lang,
Ein Fräulein eigens für Empfang.
Nun kommt noch ein Bürovorsteher –
Jetzt, meint der Mensch, ging es schon eher.
Doch fehlt halt noch ein Hauptbuchalter
Sowie ein Magazinverwalter.
Sechs Kräfte noch zum Listen führen –
Da kann man sich schon besser rühren.
Doch reichen nun, man sahs voraus,
Die Tippmamsellen nicht mehr aus.
Bei Angestellten solcher Zahl
Brauchts einen Chef fürs Personal;
Der wiedrum, soll er wirksam sein,
Stellt eine Sekretärin ein.
Die Arbeit ist im Grunde zwar
Die gleiche, die sie immer war,
Doch stilgerecht sie zu bewältigen,
Muß man die Kraft verhundertfältigen.
Der Mensch, der folgerichtig handelt,
Wird zur Behörde so verwandelt.

Eugen Roth

Neues Haus – Neue Wohnung

Übernahme und »Eröffnung« des neuen Hauses bei einer kleinen Feier mit Verwandten und Freunden

Eine Freundin/Bekannte des Hausbesitzers spricht

Liebe neue Hausbesitzer, verehrte Gäste,

der Bau und die sogenannte Einweihung eines neuen Hauses gehören ja angeblich zu jenen Dingen, von denen Frauen nichts verstehen. Das ist natürlich ein uralter Zopf, der endlich einmal abgeschnitten werden muß. Man sagt zwar *das* Haus, um es sozusagen geschlechtsneutral zu halten, aber in Wirklichkeit ist so ein Haus natürlich zutiefst weiblich, und man müßte längst *die* Haus sagen.

Der Mann mag sich um Baupläne, Bauzeiten, Materialien etc. kümmern, in Wahrheit aber hat sich die Frau von Anfang an fest in die Planung und Ausführung eingeschaltet und bei der inneren und äußeren baulichen Gestaltung, beim Schnitt der Räume, bei der Plazierung der Steckdosen und erst recht bei der späteren Innenausstattung ist die Frau längst der führende Kopf.

So ist es nur recht und billig, daß eine Frau die erste Rede bei der »Inbetriebnahme« hält und daß sie vor allem die Hausfrau, die »Herrin des Hauses«, die »gute Seele vom Ganzen« heute lobt und hochleben läßt.

Dir, liebe ..... *(Name der Hausbesitzerin),* gehören ja nicht nur 50 Prozent dieses schönen Anwesens, wie es sich bei anständiger Gütergemeinschaft gehört, du hast auch kräftig mitgearbeitet, mitgespart und mitentschieden. Daß dieses Werk so prachtvoll gelungen ist, darfst du dir als großes Verdienst mit anrechnen.

Wenn du nicht ein Machtwort gesprochen hättest, dann ..... *(es folgen persönliche Dinge über den Verlauf des Hausbaus und eventuell über einige lustige Dinge, die wahrscheinlich ohne das Eingreifen der Hausbesitzerin vom Mann »versiebt« worden wären).*

Es ist wirklich ein schönes Haus geworden, und man könnte euch beneiden. Besonders gut gefällt mir ..... *(es folgen entsprechende Dinge, die auf dieses Haus zutreffen und vielleicht etwas anders sind als normalerweise üblich).*

Herzlichen Glückwunsch zu diesem Haus und zu eurem Mut, die Sache anzupacken, denn so ein Haus stellt ja nicht nur eine finanzielle Belastung dar. Ich wünsche euch viele glückliche, harmonische und friedvolle Jahre in diesem Haus, das ja im besten Sinne dieses Wortes nun euer Heim sein wird.

Der Hausbesitzer spricht

Liebe Freunde, liebe Gäste,

ihr könnt euch sicher vorstellen, daß ich heute aufatme. Endlich ist es geschafft. Unser Haus steht fix und fertig da. Leicht war es sicher nicht, die Sache durchzuziehen, aber nun bin ich wirklich stolz, daß ich so beharrlich war.

Als wir vor ..... Jahren zum erstenmal noch eher schüchtern an den eigenen Hausbau dachten, schien uns das Ganze wie eine schöne, farbige Seifenblase. Dann nahm der Traum Gestalt an, und wir waren ziemlich optimistisch. Schließlich wurde es ganz schön hektisch, ihr könnt euch ja vorstellen, wie allein die Finanzierung an unseren Nerven zerrte, und manchmal schien uns das ganze Projekt über den Kopf zu wachsen. Aber jetzt steht das Haus, und wir können schon wieder über einige Zwischenfälle, die damals gar nicht so lustig waren, lachen.

Da war doch die Sache mit ..... *(es folgen persönliche Darstellungen solcher Probleme, die überwunden werden mußten).*

Ihr seht also, wir sind jetzt richtige Experten für den privaten Hausbau, und falls ihr selbst mal an ein so kühnes Unternehmen denkt, könnt ihr euch bei uns guten Rat holen.

Ich darf mir schmeicheln, heute ein Fachmann im Umgang mit Bausparkassen, Banken, Architekten, Handwerkern, Behörden und Formularen aller Art zu sein. Trotz allem hat die Sache doch Spaß gemacht, obwohl ich bezweifle, daß ich noch einmal die Kraft aufbringe, ein weiteres Haus zu bauen. Ich glaube aber, wir haben sozusagen fürs Leben gebaut, und wir wollen uns hier nie mehr vertreiben lassen.

Einen guten Rat geb' ich euch schon heute. Falls ihr selbst einmal baut, beschafft euch vorher eine gesunde, kluge und tatkräftige Frau, sonst klappt es nie. Spaß beiseite, mein größter Dank gilt meiner lieben Frau. Sie weiß zwar bis heute noch nicht, was der K-Wert von Mauersteinen ist, aber ohne sie wäre ..... *(es folgen einige persönliche, möglichst heitere Begebenheiten, die die gelungene Mitarbeit der Hausfrau unter Beweis stellen).*

So, jetzt machen wir einen Rundgang, und ich zeige euch jene Dinge, auf die ich besonders stolz bin. Und dann werden wir uns gemütlich zusammensetzen und unser neues, wundervolles Haus feiern und loben. Ich hoffe, daß ihr oft zu uns zu Besuch kommt, aber ihr müßt es natürlich auch nicht übertreiben. Nein, wirklich, ihr seid immer gern gesehene Gäste in unserem Heim.

Zur neuen Eigentumswohnung

Freund/Bekannter/Gast spricht
(auch zum neuen Haus oder beim Einzug in eine neue Wohnung)

Liebe stolze Eigentümer, sehr verehrte Gäste,

heute eine gute, preiswerte Wohnung zu bekommen, ist ja beinahe schon ein Glücksspiel. Ihr habt gewonnen, liebe Freunde, ihr seid richtige Glückspilze. Oder hat tatsächlich nur der Tüchtige immer Glück?

Varianten für die verschiedenen Wohnungen

Woher habt ihr nur diese detektivische Begabung, daß ihr auf dieses wundervolle Haus gestoßen seid? War es einfach Glück, oder habt ihr gar Beziehungen zu höchsten Stellen? Jetzt mal ehrlich, womit habt ihr euch dieses prächtige Haus verdient?

Wenn ich mir diese herrliche Eigentumswohnung anschaue, komme ich zwangsläufig auf die Idee, ihr müßt irgendwo eine Gelddruckerei versteckt haben und erstklassiges Falschgeld produzieren können. Das alles hier könnt ihr euch doch nie und nimmer vom Mund abgespart haben. Hand auf's Herz, wie habt ihr das gemacht?

Eure neue Mietwohnung ist wirklich erste Klasse. Seid ihr nun wirklich so sympathische Leute, oder habt ihr den Vermieter bestochen? Die Lage ist ja sagenhaft und die Miete erschwinglich. Wie habt ihr nur den Vermieter so scharfzüngig von euren Vorzügen überzeugen können? Also, ob ich euch genommen hätte .....

Spaß beiseite, herzlichen Glückwunsch zu eurer gelungenen neuen Behausung. Dafür, daß ihr uns heute so großherzig bewirtet, versprechen wir euch, daß wir euch helfen werden, wenn ihr mal richtige Könner für Farben, Kleister oder Tapeten braucht. Ich allerdings sage euch gleich, daß ich gewöhnlich bei solchen Arbeiten zwei linke Hände habe. Ich könnte euch aber bei der Arbeit Witze erzählen oder gute Ratschläge geben.

Sagt es nur, wenn ihr mal Hilfe braucht.

Also, ihr lieben, kapitalistischen Wohneigentumsbesitzer, nochmals herzlichen Dank für eure Einladung, Lob und Anerkennung für euern Mut und eure schöne neue Behausung und ein Hoch auf die Hausfrau, die hier alles schon so gemütlich eingerichtet hat.

Ich warne euch aber, macht es nicht zu gemütlich, sonst könnt ihr euch vor unseren künftigen Besuchen gar nicht mehr retten. In diesem Sinne .....

Humorige Variante für einen Gastgeber, der zur »Einweihung« spricht

Liebe Freunde,

Träume werden doch manchmal Wirklichkeit. Vor gar nicht so langer Zeit war dieser Traum nur Papier und hier, wo jetzt unser(e) Haus/Wohnung (etc.) steht, fraßen sich noch glückliche Kühe durch das saftige Gras.

Manchmal haben wir mit Bangen zugeschaut, wie hier Stein auf Stein gesetzt wurde. Oft genug ging es uns viel zu langsam, und wir glaubten schon, es würde nie mehr fertig. Fast jeden Feierabend und nahezu alle Wochenenden haben wir hier verbracht. Wir haben kontrolliert, aber auch den Baufortschritt verfolgt. Es war eine merkwürdige Zeit, immer sozusagen »fifty-fifty«. Mal zu Tode betrübt wegen der gewaltigen Kosten, dann wieder himmelhoch jauchzend wegen der schönen Zukunft, die da vor unseren Augen buchstäblich gebaut wurde.

Ihr wollt sicher wissen, wie wir das, vor allem finanziell, geschafft haben. Nun, wir haben halt alles gestrichen, was eigentlich das Leben lebenswert macht. Kein Kino, kein Theater, kein Buch, kein Urlaub, nur trocknes Brot und Liebe. Wir haben uns sozusagen jeden Ziegel vom Munde abgespart. Wie ein Schnitzel aussieht, habe ich vergessen, und zu trinken gab es nur klares Wasser aus der Leitung. Da staunt ihr, was?

Spaß beiseite, da ist schon ein ganz schöner Brocken Wahrheit dabei. Für so etwas braucht man einen langen Atem und eine sparsame Hand. Schwamm drüber, wir haben es einigermaßen geschafft, wenn auch die nächsten Jahre noch ganz schön hart werden. Die Bank und die Bausparkasse stehen, bildlich gesprochen, an jedem Monatsanfang vor der neuen Haustür und halten die gierigen Hände auf.

Liebe Freunde, ihr seht, noch ist hier längst nicht alles fix und fertig. Es müssen noch ..... *(es folgen persönliche Beschreibungen, was noch alles gemacht werden muß).*

Wenn ihr also mal ein paar Stunden übrig habt, dann seid ihr herzlich eingeladen, eure müden Körper hierher zu bewegen und zu Pinsel, Kleistertopf oder Tapetenschere zu greifen. Dann könnt ihr mal beweisen, wie es um eure vielgerühmten handwerklichen Fähigkeiten steht.

Das soll uns aber nicht davon abhalten, schon heute munter zu feiern und dieses Werk und uns stolze Eigentümer zu loben. Ihr könnt ruhig sagen, wie prächtig meine Frau und ich dieses Kunstwerk von Haus/Wohnung gestaltet haben. Tut euch ja nur keinen Zwang an.

Ich lasse den Sektkorken knallen, als Startschuß in eine glückliche, hoffentlich nicht zu teure Zukunft.

Wir freuen uns, daß ihr gekommen seid. Kommt oft wieder, aber übertreibt dabei nicht. Und wenn ihr mal für euch selbst gute Ratschläge braucht, dann wendet euch getrost an mich, den Fachmann in Wohnungsfragen. Wißt ihr eigentlich, wie viele Formulare man ausfüllen muß? Da wären also ..... Das interessiert euch überhaupt nicht? Also, dann Prosit.

Kurzfassung für Ungeduldige

Der Hausherr spricht

Liebe Freunde,

wie ihr gesehen habt, ist dieses Haus (diese Wohnung) ein Meisterwerk an Planung, Ausführung und Ausstattung. An allen Stationen waren meine Frau und ich entscheidend beteiligt. Natürlich haben wir uns die Finanzierung mit größter Disziplin vom Munde abgespart, und deshalb können wir euch heute auch nur einen kleinen Imbiß zur Houseworming-Party bieten. Nehmt also den guten Willen für die Tat. Spaß beiseite, ich danke euch, daß ihr heute mit uns feiert und euch mit uns freut über unser neues Heim, auf das wir sehr stolz sind. Ihr seid hier immer liebe und gern gesehene Gäste, wenn ihr es nicht übertreibt, versteht sich. Und wenn ihr mich mal als Bau-Experten braucht, nur zu, ich kenne jedes Formular auswendig. In diesem Sinne .....

Die gereimte Rede:

Freund/Bekannter (auch weiblich) spricht die Verse

Zum neuen Haus
(»Houseworming-Party«)

Wir weihen euer Häuschen ein
und wünschen euch behende,
der Zinsfuß bleibe immer klein
und trocken alle Wände.

In allen Räumen Sauberkeit,
im Bette keine Flöhe,
hoch lebe die Zufriedenheit,
niedrig die Ölpreis-Höhe.

Es schwelle niemals euch der Kamm,
ihr sollt bescheiden wohnen.
Es möge euch der Mauerschwamm
auf ewiglich verschonen.

Das Dach soll trotzen jedem Sturm,
der Keller nur so blitzen,
im Garten tummelt sich der Wurm,
die Blumen Duft verspritzen.

Besuch mögt freudig ihr begrüßen
und auch die Schwiegermutter!
Kinder das Leben euch versüßen,
der Hund sei gut im Futter.

Die Raten mögen jetzt noch drücken.
Doch denkt daran, der Fachmann schwört:
Wenn ihr nur spart, wird es schon glücken,
daß es euch bald allein gehört.

So wird dies Haus auf Lebenszeit
euch sicherlich beschützen,
und dann, bis dahin ist's noch weit,
auch euren Kindern nützen.

Ist euer Haus dann schuldenfrei,
dann könnt ihr stolz bekennen,
es war natürlich Plackerei,
doch Freude auch zu nennen.

Das Haus steht lustig da und strahlt.
Noch seid ihr frisch und munter.
Doch denkt daran, die Lebensfahrt
geht manchmal auch hinunter.

Wenn ihr dann glaubt, wir können ja
das Haus einfach verkaufen.
Tut's nicht, es ist zum Wohnen da
und niemals zum Versaufen.

H. J.

Kurzfassung für Ungeduldige

Ein Gast (Freund/Bekannter spricht)

Liebe Neu-Eigentümer,

Glückspilze, wie ihr nun einmal seid, habt ihr hier wirklich was ganz Feines hingestellt. Alle Hochachtung! Wie habt ihr das nur geschafft in diesen Zeiten? Geschmack habt ihr ja immer schon gehabt, aber damit kann man ja keine Finanzierung absichern. Nun gut, wenn ich mal baue oder kaufe, werde ich mich eurer Erfahrung bedienen, falls ihr keine Provision verlangt. Wir alle freuen uns mit euch über euer prächtiges neues Heim, und wir werden euch, sooft es geht, besuchen. Wir sind doch gerngesehene Gäste, oder? Viel Erfolg in der Zukunft und viel Freude mit euerm Haus/Wohnung. Mögen die Mauern nicht so schnell zusammenstürzen. Auf euer Wohl, ihr Glückspilze.

Noch eine gereimte Rede:

Zur Hauseinweihung für Hausbesitzer mit Humor

Das Haus ist fertig, wie man sieht,
wenn's auch durch alle Ritzen zieht.

Ein guter Plan, solide Statik,
erst später zeigt sich Problematik.

Das Dach ist löchrig, wenn es regnet,
die Obrigkeit hat's abgesegnet.

Das Fundament ist schief und krumm,
im Dachstuhl geht der Holzwurm um.

Gleich nebenan die Autobahn,
verhindert, daß man hören kann,
wie in den Mauern Feuchtigkeit,
sich stetig breitmacht, weit und breit.

Der Hausherr ist uns wohlbekannt,
zog freiwillig aufs flache Land.
Er möge bau'n auf Gottes Schutz
und allem Unheil bieten Trutz.

Er ist jetzt zwar ein armer Mann,
was nur ein Hausherr sagen kann.

Weil er kein Geld hat, bleibt er schlank,
denn dieses Haus gehört der Bank.

Kurzum, das Werk, es ist vollbracht,
es hat viel Freude uns gemacht.

Drum wollen wir jetzt auch genießen,
das Bier, es wird in Strömen fließen.

Und wer hier gehet ein und aus,
den soll erfreuen dieses Haus.
Bis es, was diese Feier würzt,
dann arglistig zusammenstürzt. *H. J.*

Eine Variante zum Abschluß

Hochgeschätzte Hausbesitzer!

Als wir zu Beginn dieses herrlichen Festes zur Hauseinweihung durch die neuen schönen Räume eures neuen Hauses geführt wurden, da dachte ich so bei mir, Hausbesitzer zu sein, ist doch eigentlich ein sehr schöner Beruf, und schön wohnen ist eine sehr angenehme Beschäftigung. Deshalb gleich meinen Glückwunsch zu eurem schönen Beruf und zu eurer angenehmen Beschäftigung. Ich weiß gar nicht, warum Hausbesitzer heutzutage immer so viel klagen?

Als ich vorhin am Gartentor stand und Einlaß begehrte, war ich ein Zaungast wie die andern auch. Wir schickten unsere Blicke über die Zaunlatten hinweg und zwischen den Zaunlatten hindurch zu dem wunderbaren Rasen, zu den schönen Blumenbeeten, über die plattenbelegten Wege hinüber zum Haus und fragten uns: ‚Ist dieser prächtige Garten des Hauses wegen angelegt oder das Haus des Gartens wegen gebaut?' Beides machte auf uns den Eindruck des Schönen, des Gepflegten, des Stilvollen.

Ein Fremdling, der als Zaungast an dem Zaun lehnt und hineinsieht, würde wohl sagen: »Hier müssen glückliche Menschen wohnen.« Wir haben das nicht gesagt, denn wir wußten, daß hier glückliche Menschen wohnen.

Was kann man hier nicht alles loben! Das Dach ist fest und sicher, der Keller ein gesegneter Untergrund. Lobeshymnen müßte man auch singen über die herrlichen Gemächer der Dame, wozu nicht zuletzt auch die wundervolle große Küche gehört, das Zimmer des Herrn, die Kinderzimmer, das Gästezimmer, über den Balkon und über alle übrigen Gelasse und über den Blick ins Grüne. Alles hat unseren Beifall gefunden, und aus allem spricht euer vortrefflicher Geist, liebe Hausbesitzer.

Ihr habt alles so wunderbar geplant, obwohl euch keine überflüssigen Reichtümer in die Wiegen gelegt worden sind. Ihr habt keine Mark verschwendet und doch solide gebaut, damit dieses Haus alle künftigen Stürme überstehen kann. Es ist ein Haus, das in diese Gegend paßt, ihr paßt in dieses Haus, kurzum, alles paßt zusammen. Nun wünsche ich euch noch, daß durch die neuen und strahlenden

Wände bald glockenhelles Kinderlachen ertönt, aus vielen Kehlen. Denn ein Haus ohne Kinder ist wie ein Auto ohne Räder oder wie ein Garten ohne Gräser.

Es ist so Sitte, daß man seinen Freunden, wenn sie in ein neues Haus einziehen, etwas schenkt. Das muß natürlich nicht unbedingt ein Konzertflügel sein, der so herrlich in euer wundervolles neues Haus passen würde und der euch so gut zu Gesicht stünde, nein, den Konzertflügel schenken wir euch nicht. Ich habe auf einen alten Volksbrauch zurückgegriffen, der meines Wissens schon bis in die Germanenzeit zurückreicht, und ich habe euch Brot und Salz mitgebracht. Brot und Salz sollen in eurem wunderbaren neuen Haus niemals fehlen, sie mögen immer reichlich vorhanden sein.

Ich wünsche euch viele segensreiche Jahre in eurem neuen Haus. Möge es euch wärmen und beschützen, möge es euch immer eine feste Burg sein gegen die Unbilden dieser Welt, vom stürmischen Wetter ganz zu schweigen.

Laßt mich schließen mit den alten ehrwürdigen Versen zur Hauseinweihung aus alter Zeit.

Möget in dem Haus ihr glücklich wohnen!
Möge Krieg und Feuer es verschonen!
Des Hausherrn Schrank, der Hausfrau Schrein,
Mögen stets sicher vor Dieben sein!
Das Schlafgemach sei jederzeit
ein Sinnbild echter Zweisamkeit!
Die Küche biete volle Teller!
Stets gute Tropfen berg' der Keller!
Der Hader habe keinen Platz,
der Friede sei der höchste Schatz!
Das Glück zieh' mit euch ein ins Haus,
worin ihr lebt in Saus und Braus!
Und mög' in dieses Haus in vielen Jahren
niemals der böse Blitz hineinfahren!

Richtsprüche:

Für den Schweiß, den wir hier ließen,
möge endlich reichlich fließen,
jenes jetzt noch kühle Naß,
aus dem viel zu kleinen Faß.

H. J.

*

Den Arbeitern, dem Architekt,
hoffentlich bald das Essen schmeckt.
Drum soll man jetzt die Reden schließen
und endlich unsern Durst begießen.

H. J.

Richtspruch

Das neue Haus ist aufgericht',
gedeckt, gemauert ist es nicht.
Noch können Regen und Sonnenschein
von oben und überall hinein:
Drum rufen wir zum Meister der Welt,
er wolle von dem Himmelszelt
nur Heil und Segen gießen aus
hier über dieses offne Haus.
Zuoberst woll' er gut Gedeihn
in die Kornböden uns verleihn;
in die Stube Fleiß und Frömmigkeit,
in die Küche Maß und Reinlichkeit,
in den Stall Gesundheit allermeist,
in den Keller dem Wein einen guten Geist.
Die Fenster und Pforten woll' er weihn,
daß nichts Unseliges komm' herein,
und daß aus dieser neuen Tür
bald fromme Kinder springen herfür.
Nun, Maurer, deckt und mauert aus!
Der Segen Gottes ist im Haus!

Ludwig Uhland

Glückwunsch zum eignen Heim

Brech' der lustige Sonnenschein
Mit der Tür euch ins Haus hinein,
Daß alle Stuben so frühlingshelle:
Ein Engel auf des Hauses Schwelle
Mit seinem Glanze säume
Hof, Garten, Feld und Bäume,
Und geht die Sonne abends aus,
Führ er die Müden mild nach Haus!

Joseph von Eichendorff

Hausinschriften

Gott segne uns und unser ganzes Haus,
Und alle, die da gehen ein und aus!
Behüte es vor Schaden, Feuer und Brand!
Und auch dies Dorf und unser ganzes Land!
Du hast uns, Herr, mit deiner Hilf' erfreut;
Dir sei Lob, Preis und Ehr' in alle Ewigkeit.

Volksgut

*

Ich hab' gebauet nach meinem Sinn,
Drum, Neider, geh nur immerhin,
Und wem die Bauart nicht gefällt,
Der bau' es besser für sein Geld.

Volksgut

Herr, laß dir gefallen
Dieses kleine Haus,
Größre kann man bauen,
Mehr kommt nicht heraus.

Johann Wolfgang von Goethe

*

Warum stehen sie davor?
Ist nicht Türe da und Tor?
Kämen sie getrost herein,
Würden wohl empfangen sein.

Johann Wolfgang von Goethe

*

Gastfreundschaft ist des
Hauses schönste Zier.

Sprichwort

*

Ich brauch, daß mein Haus gedeiht:
Eine Frau, vergnügt und gescheit,
Eine Katz, die auf Büchern sich rollte.
Und Freunde zu jeder Zeit,
Ohne die ich nicht leben wollte.

Apollinaire

*

Sei des Hauses schmucke Wirtin,
Richte wirtlich alles ein!
Deinem Gatten wird sein Haus dann
Auch das liebste Wirtshaus sein.

Heinrich Hoffmann

Zum eigenen Garten

Muntre Gärten lieb ich mir,
Viele Blumen drinne,
Und du hast so einen hier,
Merk ich wohl, im Sinne.

Mögen Wünsche für dein Glück
Tausendfach erscheinen!
Grüße sie mit heiterm Blick,
Und voran die meinen!

Johann Wolfgang von Goethe

*

Sieht man am Hause doch gleich so deutlich,
Wes Sinnes der Herr sei!

Johann Wolfgang von Goethe

Muttertag

Große Reden sind wohl am Muttertag nicht nötig. Achtung und Dankbarkeit für Mütter beweist man durch sein Verhalten das ganze Jahr über.

Hier drei Muster-Verse, mit denen man Mütter an ihrem »erzwungenen« Ehren- und Feiertag (zusammen mit einem kleinen Geschenk?) erfreuen kann, sowie eine kleine Geschichte zum Nachdenken und Vorlesen.

Die gereimte Rede:

Nur einmal?

Einmal im Jahr die Mutter nur ehren?
Einmal im Jahr ihr Achtung bescheren?
Nein, das ist doch kein Lohn für die Plage,
denn alle Tage sind Muttertage!

H. J.

Dankbarer Ehemann

Haushalten kannst du besser als ich,
die Arbeit wär' mir ein Graus.
Voll Hochachtung also bedanke ich mich,
mit einem Blumenstrauß.

H. J.

Versprechen

Mit den allerhöchsten Tönen,
soll man Mutter heut verwöhnen.
Kurz darf ihre Arbeit ruh'n,
Mann und Kinder alles tun,
bis Familie streßgeplagt
Muttertag dann abgehakt.

Liebe Mama, wir versprechen,
daß wir alte Sitten brechen.
Täglich, nicht nur so am Rand,
wird deine Arbeit anerkannt.
Und ab heute, keine Frage,
Muttertag ist alle Tage!

H. J.

Hilfestellung aus der Literatur:

An die Mutter

O du, die mir die Liebste war,
du schläfst nun schon so manches Jahr.
So manches Jahr, da ich allein,
du gutes Herz, gedenk ich dein.
Gedenk ich dein, von Nacht umhüllt,
so tritt zu mir dein treues Bild.
Dein treues Bild, was ich auch tu,
es winkt mir ab,
es winkt mir zu.
Und scheint mein Wort dir gar zu kühn,
nicht gut mein Tun,
du hast mir einst so oft verziehn,
verzeih auch nun.

Wilhelm Busch

Muttertag

Wenn ich mal ungeduldig werde,
Denk ich an die Geduld der Erde,
Die, wie man sagt, sich täglich dreht
Und jährlich so wie jährlich geht.
Bin ich denn für was anderes da? –
Ich folge der lieben Frau Mama.

Johann Wolfgang von Goethe

Heinrich Heine an seine Mutter (1850)

Der liebe Gott erhalte Dich, bewahre Dich vor Schmerzen und Augenübel, schone Deine liebe Gesundheit, und wenn Dir die Dinge auch manchmal nicht zu Wunsche gehen, so tröste Dich mit dem Gedanken, daß wenige Frauen von ihren Kindern geliebt und verehrt worden sind, wie Du es bist, und wie Du es wahrlich zu sein verdienst, Du meine liebe, brave, rechtschaffene und treue Mutter.

Schließe mir die Augen beide

Schließe mir die Augen beide
Mit den lieben Händen zu!
Geht doch alles, was ich leide,
Unter deiner Hand zur Ruh.

Und wie leise sich der Schmerz
Well' um Welle schlafen leget,
Wie der letzte Schlag sich reget,
Füllest du mein ganzes Herz.

Theodor Storm

Statt einer Rede:
Zur Abwechslung eine Geschichte zum Vorlesen

Wir folgten dem Zug der Zeit und feierten den Muttertag mit einem zünftigen Ausflug, damit die Mütter auch etwas von ihrem Ehrentag hatten. Sie sollten sich an der schönen Natur erfreuen, die abgearbeiteten Hände in den Schoß legen und sich einmal so richtig pflegen lassen. Also packte ich meine Frau und unsere beiden Mütter ins Auto und fuhr erst einmal zur Tankstelle.

Als wir einbogen, sagte eine unserer Mütter nachdenklich: »Wie schön, daß der Muttertag immer auf einen Sonntag fällt, und heuer sogar auf den Pfingstsonntag, da braucht keiner zu arbeiten, und die Mütter können ausgiebig neue Kräfte schöpfen.« Der Tankstellenbesitzer spielte mit einigen Freunden an einem sonnigen Plätzchen Karten und brüllte, als er uns sah, liebevoll: »Frauuuuuu, Kuuuuundschaft!«

Seine Frau ließ den Wagen stehen, den sie gerade wusch, und bediente uns. »Heute geht das Geschäft gut«, sagte sie freundlich und rieb sich den offenbar schmerzenden Rücken, »an einem so herrlichen Muttertag fahren alle ins Grüne, weil sie ja auch morgen noch ausruhen können. Meine Kinder sind schon ganz zeitig aufgebrochen, damit ich hier ungestört mithelfen kann.« Während sie kassierte, rief ihr Mann: »Frauuuu, bring uns noch kaltes Bier aus dem Keller.« Sie winkte uns freundlich nach, ehe sie das Muttertagsbier holte.

Beim Mittagessen im Ausflugslokal waren alle Tische mit festlich gekleideten Müttern, Omis, Papis und Opas besetzt, und es wimmelte von Kindern, die ihren Müttern den Muttertag versüßen wollten. Der Geschäftsführer kam an unseren Tisch und sagte: »Sehen Sie dort die flinke, weißhaarige Bedienung? Fünf Kinder hat sie und kommt an jedem Muttertag seit 25 Jahren als Aushilfe zu mir. Von dem Geld, das sie heute hier verdient, konnten ihr Mann und die Kinder einen wunderschönen Muttertagsausflug in die Schweiz machen. Die sorgt für ihre Familie, da könnten sich manche ein Beispiel nehmen.«

Als wir aufbrachen, hörte ich, wie die Dame am Nebentisch, vor fünf Minuten gekommen, zu der weißhaarigen Kellnerin sagte: »He, Sie, Frollein, glauben Sie, ich will meinen Muttertag bei Ihnen verbringen? Wo bleibt denn das Essen? Haben Sie denn gar keine Ahnung, was Muttertag bedeutet?« Ich sah, wie die weißhaarige Frau still lächelte.

An einem Kiosk auf einem Aussichtsparkplatz kaufte ich Zigaretten. »Hoffentlich haben mein Mann und die Kinder auch so einen schönen Tag«, sagte die ältere Frau, die mich bediente, »die ganze Woche stehen sie mit mir hier im Laden, da müssen sie doch wenigstens am Sonntag ihre Erholung haben. Ist es heute irgendwie schwül? Haben Sie auch solche Kopfschmerzen und solche Rückenschmerzen?« Sie schenkte meiner Frau eine Tafel Schokolade und unseren Müttern Bonbons zum Muttertag. Wir gingen eine Weile spazieren, aber es wollte kein rechtes Gespräch aufkommen. Keiner protestierte, als ich vorschlug, heimzufahren.

Der Nachbar lehnte am Zaun und war, sichtlich mit sich und der Welt zufrieden, zu einem Schwätzchen aufgelegt. »Ein schöner Tag, dieser Muttertag. Meine Frau wäscht gerade ab. Wir hatten die ganze Großfamilie zu Gast. Ich hatte sie eingeladen, weil meine Frau doch so wenig Abwechslung hat. Ein Essen hat sie gemacht, einmalig sage ich Ihnen. Sie ist schon um sechs aufgestanden, damit auch alles fertig wird. Den ganzen Samstag hat sie Kuchen gebacken, das Haus geputzt, die Kinder hergerichtet. Schließlich muß man doch an einem solchen Tag Ehre einlegen. Alle haben sie in den höchsten Tönen gelobt, und sie sind schon gespannt, was für eine schöne Kaffeetafel sie herzaubert und was es Leckeres zum Abendessen gibt. Ich freu' mich schon auf den nächsten Muttertag. Ich finde es prima, daß es extra Tage für Mütter gibt, damit sie mal richtig feiern können. Finden Sie nicht?«

Ich sah ihn nachdenklich an und sagte: »Das ist wirklich ein schöner Tag für Kellnerinnen, Busschaffnerinnen, Köchinnen, Krankenschwestern oder Telefonistinnen. Aber am schönsten ist er natürlich für Mütter, dieser Muttertag. Da werden sie doch wenigstens einmal im Jahr so richtig von Herzen gebraucht.«

Auf die Damen

Bei den verschiedensten Anlässen, wie kleinen Festen, Feiern, Einladungen, zu Silvester, bei Ausflügen, Betriebsfesten usw.

Bei vielen Gelegenheiten ist eine kleine Ansprache (Würdigung?) an die anwesenden Damen angebracht. Gehalten werden kann sie vom Gastgeber oder von einem Gast. Gut macht sich so eine kleine Rede auch bei Betriebsausflügen, Kegelabenden, bei festlichen Essen und ähnlichen Anlässen. So eine spezielle »Damenrede« sollte nie steif und förmlich sein, möglichst alle Plattheiten vermeiden und sich eher humoristisch, schmunzelnd oder manchmal auch ein wenig ironisch/satirisch geben.

Am Anfang stehen die normalen Begrüßungsformeln, etwa:

Meine sehr verehrten Damen und Herren,

zum heutigen ..... *(betreffender Anlaß)* begrüße ich sie alle auf das herzlichste und wünsche ihnen viel Vergnügen. Ganz besonders möchte ich aber unsere (die) Damen ansprechen, die heute einmal wirklich im Mittelpunkt stehen sollen .....

Eine heiter/satirische Rede für »fortschrittliche« Damen

Meine sehr verehrten Damen,

lassen Sie Ihrem Mann sein Hobby! Auf ihrer atemlosen Jagd nach gesellschaftlichem Ansehen und Wohlstand haben viele Männer verlernt, was ein Hobby ist: Erholung, Entspannung, innere Freude. Viele berufsgestreßte Männer gefährden so ihre Gesundheit und die eheliche Harmonie. Eine kluge Frau aber hat es in der Hand, dies zu verhindern. Sie kann ihrem Gatten neue Kräfte vermitteln und damit zugleich ihr Glück retten.

Deshalb rate ich als erfahrener Ehemann: Lassen Sie Ihrem Mann sein Hobby! Und hat er noch keines, ermuntern Sie ihn dazu, eines auszuüben. Lassen Sie ihn zum Beispiel Geschirr abspülen. Bei diesem Hobby verschafft er sich neue seelische und körperliche Energien und kann im wahrsten Sinne des Wortes aus dem Vollen schöpfen. Läßt man einen routinierten Abspüler nicht mehr abspülen, weil sich zum Beispiel die Kinder danach drängen, wehren sich sein Körper und seine Seele gegen diese Abschiebung; es treten Verkrampfungen auf, Herzbeklemmungen, Schwindelgefühle, Sodbrennen oder gar Gallenkoliken. Das Gefühl, plötzlich entbehrlich zu sein, äußert sich überdies in Reizbarkeit und Unzufriedenheit.

Lassen sie ihn auch Schuhe putzen oder Teppiche klopfen. Mit diesen Hobbys fühlt er sich unabhängig. Er kümmert sich nicht darum, was seine Umgebung von ihm denkt. Denn er tut ja etwas, womit er niemandem imponieren kann. Das macht ihn stark, formt ihn zu einer Persönlichkeit, denn er ist ja – außer Ihnen – keinem Vorgesetzten Rechenschaft schuldig, und er muß nicht darum kämpfen, Oberschuhputzer oder Teppichklopfabteilungsleiter zu werden. Vor allem dürfen Sie ihm nie verbieten, den Hausabfall zur Mülltonne zu tragen. Denn mit dieser Tätigkeit wird er wieder zu einem sorglosen Kind, kann seine Jugend wiederentdecken.

Wenn dem so ist, drängt sich gleich die Frage auf, warum nach neuesten wissenschaftlichen Erkenntnissen nur etwa zehn Prozent aller Männer von diesen verlockenden, lebensverlängernden Hobbys Gebrauch machen. Gut, manche reden sich auf Zeitmangel heraus, andere sind zu faul, doch meist sind eindeutig die Ehefrauen schuld!

Viele Frauen sind auf die häuslichen Dinge, mit denen sich ihr Mann beschäftigt, zum Beispiel neben den obengenannten Hobbys auch auf das Wäschebügeln oder die Reinigung von sanitären Anlagen aller Art, schlichtweg eifersüchtig. Offensichtlich wittern sie eine Gefahr für ihre eigene Position im Familienverband, wenn der Mann pedantisch genau das Haushaltsbuch führt und die besten Sonderangebote an frischem Obst und Gelierhilfen in der ganzen Gegend kennt. Deshalb vermiesen viele Frauen ihren Männern diese Hobbys. Ein Mann spürt zwar, wenn seine Frau auf seine Liebhabereien eifersüchtig ist, aber er findet keine logische Erklärung dafür und gibt sie dann um des lieben Friedens willen auf. Das aber tut keiner Ehe gut! Deshalb noch einmal der gute Rat an alle Ehefrauen: Lassen Sie Ihrem Mann sein Hobby, er betrügt Sie weder mit dem Staubsauger noch mit den Weckgläsern und Einmachringen! Mit dem echten Bodenglänzer findet er zu sich selbst zurück, und davon haben doch Sie den stärksten Vorteil!

Also gönnen Sie ihm seine geliebte Freizeitbeschäftigung von Herzen. Er braucht diese Stunden des Alleinseins mit dem Teppichklopfer oder der Schuhbürste, mit der Waschmaschine oder dem Einweckapparat. Lassen Sie Ihn die Möbel polieren, die Fenster putzen und den Toaster reparieren. Falls er sich dabei verletzt, kommt er ja doch zu Ihnen, läßt sich verbinden und trösten, und die Ehe ist fester denn je.

Zum Schluß noch ein Tip: Finden Sie als kluge Ehefrau seine geheimsten Sehnsüchte heraus, denn kein Mann übt ja den Beruf aus, den er sich gewünscht hat. Vielleicht sehnt er sich danach, das Silber zu putzen, Kartoffeln zu schälen, die Kinder zu wickeln oder für Ihre liebe Mutter eine Schichttorte zu backen. Sehr wahrscheinlich traut er sich nur nicht, Sie darum zu bitten. Gewähren Sie ihm die Erfüllung seiner heimlichen Wünsche, freut er sich nicht nur über das Vertrauen, sondern auch über Ihre Zuneigung. Wenn Sie ihn dann noch in längeren Abständen loben und ihn zweimal wöchentlich die Heizkörper abstauben lassen, dann sind Sie für ihn die klügste, liebste und beste Ehefrau auf Erden.

Die gereimte Rede:

Auf die Damen

Ich war ziemlich arg verdattert,
als man mich dazu vergattert
alle Damen hier zu preisen
in den höchsten Lobesweisen.

Damenrede nennt man schöne,
wohlgesetzte Redetöne.
So beginn' ich, frank und frei
mit der Hymnen-Reimerei.

Was sind wir Männer ohne Damen?
Sie geben unsern simplen Namen
den Glanz, die Güte, das Gepräge
und führen unsre Lebenswege.

Sie sind uns stets der frische Morgen,
belächeln freundlich unsre Sorgen
und zögern nicht, sich was zu borgen.

Sie sind der Tau, der auf uns fällt,
der ewig jugendfrisch uns hält,
indessen drehen sie die Welt.

Sie sind der Sonnenschein voll Kraft,
der ständig neuen Umsatz schafft
und unser Dasein sinnvoll macht.

Sie sind uns Arzt bei viel Beschwerden,
stacheln uns an auf dieser Erden,
damit wir auch befördert werden.

Drum ruf' ich, liebe Leidgenossen,
die Gläser nochmals vollgegossen.
Beim reinen Safte dieser Reben,
all unsre Damen sollen leben.

H. J.

Auf die Gastgeberin

Üblich ist, daß man den preist,
der uns tränkt und der uns speist.
Diese Hausfrau hat seit Tagen,
vorbereitet was der Magen,
ihrer Gäste kann vertragen.
Und ihr Gatte, wie man hört
hat dabei sie nie gestört.

Immer hat sie unverzagt,
dazu Kochbücher befragt.
Jedem bleibt es unbenommen,
ob er sich nun fragt beklommen,
wird das Essen mir bekommen?
Keine Angst, ihr bleibt schon fit,
denn der Gatte ißt ja mit.

Lieblich duften aus der Küche
schon die herrlichsten Gerüche.
Vorgeschmeckt die hohe Kunst,
schnuppern wir den edlen Dunst
heut ist alles ja umsunst.
Und der Gatte, der gern frißt,
hofft, daß nichts verdorben ist.

Endlich kommt das gute Essen,
nun wird feierlich gegessen.
Es ist köstlich, wunderbar,
was ja zu erwarten war,
diese Frau kocht wie ein Star.
Und der Gatte freut sich satt,
daß er sie gefunden hat.

Jetzo dürfen auch wir Gäste
loben diese Frau aufs Beste.

Spieglein, Spieglein an der Wand
diese Frau wird anerkannt
als *die* Köchin hier im Land.
Wir, du ahnst es, lieber Gatte,
stehn bald wieder auf der Matte.

Denn wir glauben, Mann für Mann,
daß sie sich noch steigern kann.
Schließlich soll man nicht verwöhnen
in den allerhöchsten Tönen
auch die Schönste von den Schönen.
Sonst läßt sie beim Kochen nach
und es gibt den größten Krach.

Sorg dafür, weise und gezielt
daß sie sich nicht zu sicher fühlt.
Heut war aber alles fein,
resch der Braten von dem Schwein,
gut gekühlt der klare Wein.
Und der Gatte schaut voll Glück,
auf sein allerbestes Stück.

H. J.

An die Ehefrau

Ein Mann, der treulich Jahr für Jahr
mit seiner Frau zufrieden war,
spürt plötzlich in sich neues Feuer
und stürzt sich in ein Abenteuer.

Das heißt, er will sich stürzen, doch
so leicht treibt man das Blut nicht hoch.
Zu seinem Schrecken merkt der Mann,
daß er gar nicht mehr flirten kann.
Wie macht man das, verflixt nochmal?
Das Süßholzraspeln wird zur Qual.
Wie sagt man, daß die Liebe brennt,
wenn man nur Fußballregeln kennt?

Der Mann setzt ein die besten Kräfte,
trinkt wochenlang nur Kräutersäfte,
schnauft durch die Wälder, rennt und flitzt,
damit die Freizeitkleidung sitzt.
Ein Sportrad wird auch angeschafft,
damit die Muskeln, die erschlafft,
ihn wieder zum Adonis machen,
weil sonst die Konkurrenten lachen.
Im Freibad wird sich braungebrannt,
im Treppenhaus nur noch gerannt,
auf Nikotin wird ganz verzichtet;
kurzum, der Mann ist hergerichtet.

Die große Stunde ist gekommen,
die Schöne hat sich freigenommen.
Nun geht man dorthin, voller Mut,
wo man das Tanzbein schwingen tut.
Das liebe Mädchen wird geschwenkt.
Ich bin der Größte, er sich denkt,
hätt' ich doch früher schon voll Wonnen
mit der Verjüngungskur begonnen.

Der Mann fühlt sich im siebten Himmel,
rockt wie ein Wilder im Getümmel
da plötzlich springt, o Schreck, o Graus,
die Scheibe aus dem Band heraus.

Der Mann wird aus dem Krankenwagen
zu seinem Eheweib getragen.
Die pflegt ihn ohne böse Worte,
denn sie gehört zur guten Sorte.

Nach Wochen kann er wieder gehen.
Was müssen seine Augen sehen?
Sein Weib, von seinem Tun erschreckt,
hat auch inzwischen abgespeckt!
Sie hat erkannt, daß in der Ehe,
damit's kein Klagen gibt, kein Wehe,
dem Mann geboten werden muß,
ein Eheweib, das voll in Schuß.

Den Seitensprung wird er vergessen,
denn er ist plötzlich drauf versessen,
nur mit der Ehefrau der süßen,
des Lebens Freuden zu genießen.

Der Mann macht nun die Not zur Tugend
übt sich nie mehr in falscher Jugend.
Wenn beide spüren neues Feuer,
gibt's nur gemeinsam Abenteuer!

H. J.

Statt einer Rede: Zwei Schmunzelgeschichten zum Vorlesen

Die Sonne bringt es an den Tag

Oft scheint sie ja nicht, aber wenn, dann ist bestimmt in vielen Haushalten die Hölle los. Wenn ich an meinen denke, so bricht jedenfalls die flach am Horizont liegende Sonne wie ein böses Ungeheuer in unsere kleine Welt ein und verwandelt das mit mir zusammenlebende weibliche Wesen in einen wutschnaubenden Berserker. Andere verfluchen den Nebel oder die Kälte, sie aber beschimpft das lebenspendende Gestirn mit verkniffenen Augen und droht ihm mit den zarten Fäusten. Unfaßbar, wie sich unter bestimmten Bedingungen Persönlichkeitsbilder ändern können.

Die Wutausbrüche finden eigentlich an allen Tagen mit schrägeinfallenden Sonnenstrahlen statt, besonders schlimm aber sind sie, wenn die Hausherrin stundenlang geputzt hat und danach ihre blutigen Knie und die durchgescheuerten Hände pflegt. Nachdem sie wieder zu Atem gekommen ist und die Wohnung wie eine Möbelausstellung aussieht, verziehen sich plötzlich die Wolken, und die Sonne scheint zu uns herein. Sie starrt auf die Fensterscheiben und fällt schier in Ohnmacht. Stumm deutet sie darauf, auf den Inhalt ihres Vormittags. Ich blinzle in die tiefstehende Sonne und räume ein: »Gräßlich, in der Tat gräßlich. Lauter Flecken und Schlieren, kannst du nicht richtig putzen? Die Scheiben sind ja halb blind, man muß sich ja vor der Nachbarschaft schämen.« Ihre Augen sind glanzlos, das Gesichtchen ein einziges Jammertal.

»Was sagst du zum Parkett?« fragt sie tonlos. Die Sonnenstrahlen baden sich waagerecht in einer Menge Unrat. Jedes Staubkorn wird zu einem Mahnmal der Unreinlichkeit, jedes Härchen zu einem Fanal. »Hier muß ja seit zehn Jahren nicht mehr geputzt worden sein«, sage ich sachlich, »ein Wunder, daß man noch atmen kann. Hoffentlich kommt heute kein Besuch in diesen Saustall.« Sie schrumpft zusammen wie eine vertrocknete Topfblume. »Zwei Stunden lang bin ich auf dem Boden herumgerutscht und habe jedes Stäubchen entfernt, als ob unser Wohnzimmer eine Weltraumkapsel wäre«, wimmert sie.

Und so geht es weiter. Der Schrank scheint fingerdick mit Staub belegt, über den Küchenboden muß ein Sandsturm hinweggefegt sein und auf der Fernsehmattscheibe würde jede waghalsige Fliege jämmerlich im Dreck verenden. »Diese Sonne«, zischt meine Ehefrau wie eine Klapperschlange, »die macht alles so schmutzig. Eigentlich ist überhaupt kein Schmutz da. Nach sechs Stunden Putzen kann das gar nicht sein. Sag der Sonne, sie soll sofort verschwinden! Ich hasse sie!«

Die Sonne geht von alleine, die Wohnung wirkt plötzlich wieder menschenwürdig. Was die Frau nicht davon abhält, nochmal alles durchzuputzen. Also, ich muß zugeben, an trüben Tagen ist unsere Wohnung immer picobello. Doch wenn Sie einmal bei uns vorbeikommen, an einem Sonnentag, und die Rollos sind bereits mittags heruntergelassen, wundern Sie sich bitte nicht. Wir sind keineswegs verreist.

*

Unsere Küche – eine Katastrophe

Moderne Menschen beiderlei Geschlechts überprüfen in regelmäßigen Abständen, ob ihre Küche noch dem zeitgemäßen Trend und dessen Anforderungen entspricht. Ich unterzog deshalb unsere Küche gemäß den Vorschriften der Küchenexperten einer eingehenden, kritischen Besichtigung. Ergebnis: Wir hatten, gemessen an dem, was man heute so haben muß, keine Küche, sondern eine Katastrophe.

»Ist das, was du Küche nennst, etwa größer als neun Quadratmeter?« fragte ich meine Köchin auf Lebenszeit. Sie mußte beschämt verneinen. »Können wir vielleicht in der Küche essen?« Sie mußte zugestehen, daß dies nur möglich wäre, wenn wir nicht nur umbauen, sondern auch noch eine Entrümpelungs-Firma bestellen würden. Natürlich hatte ich auch weitaus weniger als 15 Schukostecker entdeckt und keine Rundum-Arbeits-Abstellplatten. Ich traute mich kaum noch auf die Straße, war doch der Arbeitsvorbereitungsplatz zwischen Herd und Spüle nur, sage und schreibe, 58,5 Zentimeter breit und nicht, wie unter zivilisierten Menschen üblich, 60 Zentimeter. »Kannst du im Sitzen kochen?« fragte ich streng. Sie mußte mich verlegen daran erinnern, daß ich schon immer festgestellt hatte, daß sie es nicht einmal im Stehen könne.

Vergebens suchte ich nach der vorgeschriebenen Zweibeckenspüle und dem Geschirrspülautomat. Nichts dergleichen fand ich. Natürlich war auch keine Kochmulde vorhanden, kein kombinierter Backofen, kein Gefriergerät, kein Grill, kein Heißluftherd, und nirgendwo entdeckte ich Mikrowellen. Ich wäre am liebsten im Boden versunken. Alles, was ich fand, war eine alte Brotschneidemaschine, die mit einer Stahlklammer am Tischrand befestigt war. Ich warf sie angewidert in die Mülltonne, wobei ich natürlich darauf achtete, daß mich keiner dabei sah. »Wie lüftest du?« Ich ahnte die Antwort. Natürlich öffnete sie dazu ein Fenster. Barbarisch, finsterstes Mittelalter, schandbar! »Hast du noch nie etwas von Wrasenabzügen, von Ventilatoren, Dunstfiltern und Dunstabluftgeräten gehört?« fragte ich ebenso schneidend wie vor Zorn bebend. Und unser Herd hatte weder eine Fernbedienung mit Wecker noch elektronische Garzeiten und Bräunungssensoren. »Entsetzlich. Da muß sofort etwas geschehen, wir wollen doch weiterhin zur menschlichen Gesellschaft gehören – oder?«

Sie stimmte mir vorbehaltlos zu. »Du hast völlig recht, wir brauchen eine neue Küche mit allen Schikanen. Die kostet so in etwa 20 000 bis 25 000 Mark oder ein bißchen mehr. Aber dann brauchen wir uns nicht mehr zu verstecken.« Ich dachte kurz nach, und dann tat sie mir leid. Ich hatte sie doch zu hart angefaßt. »Ich meine«, sagte ich freundlich, »wenn man es genau nimmt, ist unsere liebe, gute Küche doch sehr gemütlich, und funktioniert hat bis jetzt auch alles. Man muß doch nicht jede Mode mitmachen – oder? Unsere Küche gefällt mir eigentlich ausgezeichnet.«

Ich holte umgehend die Brotschneidemaschine aus der Mülltonne und beschloß, nie mehr Magazine für edleres Wohnen oder »Die Moderne-Küchen-Beilage« der Zeitung zu lesen.

Einladungen – Festessen

Bei Einladungen oder Festessen aller Art sollte man den (genußvollen) Gang der Dinge nicht allzulange mit Reden oder Ansprachen aufhalten. Oft genügen ein paar allgemeine Sätze des Gastgebers zur Begrüßung und zur Verabschiedung und ein paar Dankesworte eines Gastes. Lustiger und für den Ablauf des Abends vorteilhaft ist es, ein paar humoristische Verse vorzutragen.

Gereimte Begrüßung durch den Hausherrn

Liebe Gäste,

willkommen sollt ihr alle sein.
Man wird euch gut verpflegen.
Im Keller lagert noch viel Wein,
trinkt nur mit meinem Segen.

Der Braten stammt von einem Schwein,
der Wein kommt aus den Reben.
Greift tüchtig zu und haut hinein
sonst könnt ihr was erleben!

H. J.

Begrüßung

Ich wünsch' euch guten Appetit!
Kein Mensch stört euch jetzt mit Musik.
Verschlingt nur euer Futter.
Langt tüchtig zu, haut kräftig rein,
der Hausherr will geschädigt sein.
Das sagt schon Doktor Luther.

H. J.

Anfang einer Rede:

Ich gebe diesen werten Gästen
nun meine Rede schnell zum besten.
Damit sie dann mit allen Wönnen
ihr Essen froh verschlingen können.

H. J.

Schluß einer Rede:

O wunderbarer Essensduft,
du schmeichelst meiner Nase,
erfüllest um mich her die Luft
und bringst mich in Ekstase.

Und wenn ihr erst das Festmahl seht
dies Kunstwerk voll Genuß,
dann wird euch klar und ihr versteht,
daß ich jetzt schweigen muß.

H. J.

Trinkspruch

Ein tiefer Blick in die Natur,
hier ist ein Wunder, glaubet nur!
Nun hebt die Gläser und geschwind
trinkt Wasser, das im Weine schwimmt.

H. J.

Hausherr oder Gast spricht

Sehr verehrte Gäste,

ich begrüße Sie herzlich zu unserem ..... *(Bezeichnung des Festes)*. Essen und Trinken sind ja so alt wie unsere Kultur überhaupt. Die Genießer leiblicher Freuden unter den Kulturfreunden habe ihre eigene Art, Denkmäler zu setzen und berühmte Namen der Nachwelt zu erhalten. Sie schreiben sie nicht auf erzene oder steinerne Sockel, nicht in Geschichtsbücher oder auf Schulen, nein, sie ehren sie in Kochbüchern und Speisenkarten. Bestimmt eine viel eindrucksvollere und nachhaltigere Methode.

Warum ist der französische Schriftsteller und Staatsmann François René Vicomte de Chateaubriand heute noch bekannt. Natürlich, wegen des Doppellendenstückes, das etwa vier Zentimeter dick aus der Mitte des Rinderfilets geschnitten wird. (Innen leicht blutig, dazu Brunnenkresse, Butter und gebackene Kartoffeln).

Wer kennt schon den französischen Marschall Louis Gabriel Suchet, Herzog von Albuféra? Aber seine wunderbare Albuféra-Soße, Rahmsoße mit Paprikaschoten zu Geflügel, gefüllt mit Reis, Leber und Trüffel ist ein Genuß.

Der Fürst von Soubise, Marschall von Frankreich, verlor gegen Friedrich den Großen, siegte über die Pompadour und die Dubarry, wenn schon. Die Soubise-Soße ist es, die zählt, eine feine Zwiebelsoße, in Fett gedünstet und passiert, gereicht zu Kalb und Geflügel.

Berny-Kartoffeln, mit Trüffeln und gehackten Mandeln, kennt (fast) jeder, François Joachim de Pierre de Bernis (Berny) war französischer Kardinal und Politiker, wer weiß das schon?

Die Mornaysoße ist eine weiße Käsesoße mit Eigelb und Sahne (er, Philippe Mornay war französischer Politiker und war so unbedeutend, daß er sich noch mit dem Fischgericht à la Mornay für die Nachwelt retten mußte). Charles Auguste de Morny, der uneheliche Sohn der Kaiserin Hortense, konnte sich nur durch die Morny-Kartoffeln unsterblich machen. Cornelius Vanderbilt soll zwar 100 Millionen Dollar hinterlassen haben, aber was sind die schon gegen das Fischessen à la Vanderbilt? Dazu werden Austern, Garnelen, Champignons und Trüffel in einer Hummer-Sherry-Soße über gedünstetem Fisch angerichtet.

Agnes Sorel war die Geliebte des französischen Kaisers Karl VII., doch wir lieben sie heute noch dank ihrer Zubereitung à la Agnes Sorel, wobei gebratene Champignonscheiben mit Geflügel vermischt in Torteletteform gegeben und mit Trüffelscheiben und Pökelzunge garniert werden.

Fanny de Beauharnais, Schwipptante von Napoleon, Schönheit und Schriftstellerin. Nie gehört? Aber Beauharnais-Garnitur (gefüllte Champignonköpfe, geviertelte Artischockenböden und Kartoffelstäbchen) und Beauharnais-Soße, hmmmmmm!

Würden wir uns um das englische Königshaus scheren, wenn es keine Windsorsteaks und keine Windsorsoßen gäbe? Der Herzog von Wellington siegte zusammen mit Blücher bei Waterloo, das reißt uns kaum von den Stühlen, wohl aber ein Rinderfilet à la Wellington.

Was der österreichische Politiker Ferdinand Graf von Trauttmansdorf so alles angestellt hat, vergaß die Geschichte (gottlob?), aber seine herrliche Süßspeise nicht. Man lasse sie auf der Zunge zergehen, was da so heißt wie dieser gute Mann: In Sahne gekochter süßer Milchreis, der mit kandierten Früchten, Maraschino und geschlagener Sahne angereichert wird. Leicht gelatiniert, serviert man ihn mit Erdbeer- oder Himbeersoße. Wir Genießer sagen ihnen Dank, Herr von Trauttmansdorf. Habe ich Ihren Appetit angeregt? Ich wünsche Ihnen viel Vergnügen. Lassen Sie es sich schmecken.

Zitate zum Essen und Trinken

Immer schon haben Essen und Trinken ihren gebührenden Platz in der Weltliteratur eingenommen. An ihnen kamen die größten Geister nicht vorbei oder herum. Die bekannteste Reverenz hat ihnen wohl ein gewisser Shakespeare vor knapp 500 Jahren erwiesen, als er einen gewissen Julius Caesar ausrufen ließ: Laßt wohlbeleibte Männer um mich sein!

Es sagten:

Wilhelm Busch:
Wieder schwinden vierzehn Tage,
Wieder sitzt er auf der Waage,
Autsch, nun ist es offenbar,
Alles wieder wie es war.

Pablo Picasso:
Ich kann ganz allein sein, wenn ich weiß, daß eine Frau in der Küche ist.

Heinrich Heine:
Gott gab uns nur einen Mund,
weil zwei Mäuler ungesund.
Mit dem ersten Maule schon,
schwätzt zuviel der Erdensohn.
Wenn er doppelmäulig wär,
fräß und lög er auch noch mehr.

Ludwig Feuerbach:
Der Mensch ist, was er ißt.

Alfred Brehm:
Mir kann keiner einreden, daß man beim Schwimmen Gewicht verliert. Ich habe noch nie ein schlankes Nilpferd gesehen.

Winston Churchill:
Man soll seinem Leib etwas bieten, damit die Seele Lust hat, darin zu wohnen.

Arthur Schopenhauer:
Wer viel denkt, muß auch viel essen.

Otto von Bismarck:
Wenn ich tüchtig arbeiten soll, muß ich auch richtig gefüttert werden.

Johann Wolfgang von Goethe:
Wenn ihr gegessen und getrunken habt, seid ihr wie neu geboren.

Montesquieu:
Das Essen ist einer der vier Zwecke des Lebens.
Die anderen drei habe ich noch nicht ergründet.

Geschichtsschreiber Plinius der Ältere:
Aus Milch macht man Butter, eine bei den Barbaren vielgelobte Speise, deren Genuß die Reichen von dem gemeinen Volk unterscheidet.

Joseph von Eichendorff:
Viel essen macht viel breiter
Und hilft zum Himmel nicht.
Es kracht die Himmelsleiter
Kommt so ein schwerer Wicht.

Bertolt Brecht:
Erst kommt das Fressen, dann kommt die Moral.

Norman Mailer:
Der Wohlstand beginnt dort, wo der Mensch anfängt, mit dem Bauch zu denken.

Friedrich Schiller:
Es steigt das Riesenmaß der Leiber weit über Irdisches hinaus.

Hilfestellung aus der Literatur:

Ein guter Braten

Es wird mit Recht ein guter Braten
gerechnet zu den guten Taten,
und daß man ihn gehörig mache,
ist weibliche Charaktersache.
Ein braves Mädchen braucht dazu
mal erstens reine Seelenruh,
daß bei Verwendung der Gewürze
sie sich nicht hastig überstürze.
Dann zweitens braucht sie Sinnigkeit,
ja, sozusagen, Innigkeit,
damit sie alles appetitlich,
bald so, bald so und recht gemütlich
begießen, drehn und wenden könne,
daß an der Sache nichts verbrenne.
In summa braucht sie Herzensgüte,
ein sanftes Sorgen im Gemüte,
fast etwas Liebe, insofern,
für all die hübschen, edlen Herrn,
die diesen Braten essen sollen
und immer gern was Gutes wollen .....
Drum hab' ich mir auch stets gedacht
zu Haus und anderwärts:
Wer einen guten Braten macht,
hat auch ein gutes Herz.

Wilhelm Busch

Im Schlaraffenland

Um in das Schlaraffenland zu gelangen, muß der wackere Esser sich erst durch einen Berg von Buchweizenbrei fressen, drei Meilen breit. Und dann sieht er es: Die Häuser sind mit Pfannkuchen gedeckt, die Mauern und Wände bestehen aus Speckkuchen, die Balken aus Schweinebraten. Ravioli wachsen wie Tannenzapfen, die Flüsse sind aus reiner Milch, die Fische darin gebraten, knusprig zubereitete Tauben fliegen einem direkt in den Mund, und die Kühe lassen hinten leckere Pfannkuchen herausfallen. Im Schlaraffenland gibt es keine Klassenunterschiede. Aber wenn schon, dann stehen die Faulen und Dicken an oberster Stelle.

Pudding

»Pudding«, sprach er, »ist mein Bestes!«
Drum zum Schluß des kleinen Festes
Steht der wohlgeformte große
Pudding mit der roten Soße
Braun und lieblich duftend da,
Was der Freund mit Wonne sah.

Wilhelm Busch

Silvester – Neujahr

Der Jahreswechsel sollte bei einer Feier zu Hause oder in einem Restaurant (jeweils mit Gästen) optimistisch/lustig begangen werden. Lange Reden oder Ansprachen könnten störend wirken und enthalten doch meistens nur Plattheiten und Allgemeinplätze. Wir bieten einige Muster und Bausteine für eine lustige Gestaltung des Jahreswechsels, und zwei gereimte Reden.

Wie wär's zum Beispiel mit folgender Rede des Gastgebers, der seinen Gästen ihr ganz persönliches Jahres-Horoskop bietet?

Der Gastgeber spricht

Liebe Freunde, verehrte Gäste,

natürlich wünsche ich Ihnen für das neue Jahr nur das denkbar Beste, Glück, Erfolg, Gesundheit, Zufriedenheit und Frieden.

Als besondere Überraschung biete ich Ihnen Ihr ganz persönliches Jahres-Horoskop für die kommenden 365 Tage.

Beginnen wir dieses erste und einzige Wahrheits-Horoskop der Welt, das für Männer und Frauen, Schüler und Lehrlinge, Rentner, Beamte und Soldaten gleichermaßen gilt, mit den *Widdern.* Achten Sie darauf, daß Sie sich keine Blößen geben! Sonst erkälten Sie sich, oder Sie werden von der Polizei wegen Exhibitionismus verhaftet. Beruf: viel Arbeit! Liebe: mal so, mal so! Finanzen: uneinheitlich! Halten Sie bei der Heimfahrt im Auto die Augen offen!

Es folgen die *Stiere.* Sie können keine Berge versetzen! Die Behörden erlauben solche Eingriffe in die Natur meistens nicht, zumal sie keine Fachkenntnis im Bergeversetzen haben. Beruf: sonntags meistens frei! Liebe: so oder so! Finanzen: hin und wieder! Spielen Sie mal Lotto, sonst gewinnen Sie nie!

Die *Zwillinge.* Lassen Sie sich nie die Suppe versalzen! Es sei denn, Sie mögen versalzene Suppen. Beruf: nie den Arbeitsschluß verschlafen! Liebe: sensibel! Finanzen: frischer Wind am Monatsende! Stekken Sie den Kopf nie in den Sand, es ist zuwenig Sauerstoff drin.

Jetzt die *Krebse*. Halten Sie sich immer ein Hintertürchen offen! So können Sie Ihr Haus auch dann betreten, wenn Sie den Schlüssel vergessen haben. Beruf: hin und wieder zupacken! Liebe: im Fluß! Finanzen: auf und ab! Spielen Sie auch mal Toto, jeder hat die gleichen Chancen.

Die *Löwen*. Schauen Sie mal hinter die Kulissen. Auch Ihr Chef bohrt gelegentlich in der Nase. Beruf: keine Lebensgefahr! Liebe: vergnügt! Finanzen: Gleichmaß! Stecken Sie auch nie den Kopf in den Waldboden, Förster lauern überall.

Nun zu den *Jungfrauen*. Bringen Sie Ihre Rückstände vom Tisch! Offene Speisen halten sich nur begrenzte Zeit. Beruf: aufgeräumt! Liebe: flüssig! Finanzen: neues Gebiet! Für den Hauptgewinn müssen Sie die sechs Richtigen im Lotto ankreuzen.

Waage. Bewahren Sie Erreichtes im Beruf. Geben Sie auf keinen Fall den Schlüssel für das Chef-Klo wieder her. Ihre Weigerung ist kein Kündigungsgrund. Beruf: Veränderung möglich, aber auch nicht! Liebe: Es kann glücken! Finanzen: schwankend! Lottospielen ist übrigens ein Grundrecht für alle.

Alles für die *Skorpione*. Es wird mehrmals ein Aufstieg möglich sein! Wenn der Lift kaputt ist, benutzen Sie eben die Treppe. Beruf: unaufgeräumt! Liebe: regelmäßig! Finanzen: munter! Neue Schuhe drücken in der zweiten Woche nicht mehr!

Die *Schützen*. ..... *(Jahr einsetzen)* bringt Ihnen viele Angebote! Im Supermarkt gibt es manchmal die Flasche Essig schon zu 1,10; rechnen Sie: bei 100 Flaschen sparen Sie ..... Beruf: Urlaub ist sicher! Liebe: ein Brief! Finanzen: desgleichen! Wenn Sie schlecht einschlafen können, duschen Sie eben bis zum Aufstehen.

Steinbock. Vermeiden Sie Überanstrengungen. Hausarbeit ist kein Vorrecht der Frau, alle Familienmitglieder sind dafür gleichermaßen begabt. Beruf: auf und ab! Liebe: desgleichen! Finanzen: bei hohem Verdienst, keine Sorgen. Werden Sie nie sonntags krank, auch Ärzte verreisen.

Als vorletzte die *Wassermänner*. Bemühen Sie sich, Ihr Bestes zu geben. Suchen Sie für Ihren Ehepartner im Anzeigenteil einen günstigen Zusatzjob *(vielleicht nachts?)*. Beruf: Im Sommer wird es heiß! Liebe: echt bis zuverlässig! Finanzen: heute so, morgen so! Wenn Sie im Restaurant essen, meckert keiner über Ihre Kochkunst.

Zum Schluß die *Fische.* Sie können viele alte Sachen aus der Welt schaffen! Zum Beispiel nachts alte Autoreifen, den Kühlschrank und den Bauschutt. Beruf: immer ans Wochenende denken! Finanzen: nie mehr bezahlen, als man von Ihnen verlangt! Liebe: festhalten! Geben Sie Ihren Lottozettel aber ab, sonst klappt's nicht.

Die gereimte Rede:

Zu Silvester

Das Jahr ist aus! Wir zieh'n den Strich.
Ein jeder tuts für sich.
Wie war das Jahr? War's fürchterlich?
War's ein Gewinn für dich?

Gewiß, es hatte seine Tücken
und mancher Plan ging schief.
Du mußtest dich auch öfters bücken,
damit es weiterlief.

Man sorgte sich auch um den Frieden,
wie seit der Schöpfung dieser Welt.
Denn Frieden ist bei uns hernieden
leider kein Gut, das lange hält.

Bleibt uns der Arbeitsplatz erhalten?
Das ist die Frage dieser Zeit.
Und die, die unser Glück verwalten,
geraten in Verlegenheit.

Das Geld war manchmal knapp und rar,
man mußte sich zur Decke strecken.
Weißt du denn noch wie schwer es war,
die größten Kosten abzudecken?

Wir haben überlebt und sagen,
laßt uns mit Mut und Gottvertraun
vergnügt den neuen Anlauf wagen
und eine gute Zukunft baun.

Das Jahr ist aus! Wir ziehn Bilanz,
die doch ganz glücklich war.
Bei jedem Schatten ist auch Glanz,
Zum Wohl, dem neuen Jahr.

H. J.

Zu Neujahr

Dreihundertfünfundsechzig Tage
stehn vor uns, frisch und rein.
Was bringen sie, Freud oder Plage?
Wie mag die Zukunft sein?

Beweisen wir den guten Riecher?
Winkt uns ein Hauptgewinn?
Die Trefferzahlen liegen sicher
schon in der Trommel drin.

Liegt's wirklich nur an uns alleine,
das Neue durchzustehn?
Jeder von uns tut zwar das Seine,
daß sich die Räder drehn.

Die großen Bosse, die bestimmen
den Lauf der Zeiten und der Welt.
Wir kleinen können nur gewinnen,
was so herunterfällt.

Sie lassen uns zwar manchmal wählen,
modern perfekt gemacht.

In Wirklichkeit aber nur zählen
Gerissenheit und Macht.

Doch laßt uns nicht politisch werden,
noch gibt's den grünen Baum,
noch haben wir auf dieser Erden
das Grundrecht auf den Traum.

Dreihundertfünfundsechzig Tage
wir freuen uns darauf.
Natürlich bringen sie viel Plage,
doch wohl auch Glück zuhauf.

Zum Schluß nur noch zu sagen wär'
und darauf ein Glas Selter,
das neue Jahr kommt frech daher
und macht uns einfach älter.

H. J.

Ein lustiger Gast spricht zu vorgerückter Stunde

Liebe Gäste, verehrte Gastgeber,

vielen Dank für die liebe Einladung. Ich möchte Ihnen erzählen, wie ich das Problem Silvester bewältige. Da der Silvesterabend bekanntlich nur einmal innerhalb eines Jahres vorkommt und er zudem von entscheidender Bedeutung für das deutsche Bruttosozialprodukt ist, muß er äußerst sensibel geplant und organisiert werden. Wie immer im Leben gibt es zwei Möglichkeiten: man lädt ein, oder man wird eingeladen; halt, besser gesagt, man lädt sich ein, bei anderen nämlich. Denn daß man heutzutage eingeladen wird, kommt nur noch in besten Kreisen vor, in denen alle Leute Uniformen wie Abendkleid und Smoking tragen und die feierliche Eröffnung des neuen Jahres mit der nämlichen des Swimmingpools verbinden. Also die Methode des Sicheinladens ist die weitaus bessere und effektivere. Man stelle sich nur vor: Berge von Essen und Trinken einkaufen, den Dreck in der Wohnung, die versteckte Kritik am Aufgetischten (»Haben Sie die Salzstangerl selbst gebacken?«)! Nein, dies alles füge man besser anderen zu. Doch das Sicheinladen ist ungeheuer schwierig, man muß listenreich sein, denn die anderen schlafen auch nicht mehr.

Ich rufe also Paul an. In seine ersten Antwortsätze läßt er schon einfließen, sie würden gerade tapezieren, Schwarzarbeiter hätten jetzt am ehesten Zeit, nächstes Jahr sicher bei ihm, alte Freunde wiedersehen, guten Rutsch, Servus. Dieser schäbige Lump schämt sich nicht, meine Ausrede vom vergangenen Jahr zu benutzen. Später ruft er zurück, seine liebe Gattin meine, man könne die Handwerker allein lassen und zu Erich gehen. Erich verfügt über zwei Wohnzimmer und wohnt in einer Gegend, wo es besonders viel Feuerwerk gibt. Paul und ich gehen also hin, um die Sache klarzumachen, persönlich kann man einen nicht so abspeisen wie am Telefon. Er: »Ihr wart eingeplant, bestimmt, aber wir fahren bis Dreikönig nach Davos, war ein Weihnachtswunsch von Eva, ihr versteht .....«

Wenn es mir nicht zu blöd wäre, würde ich am Silvesterabend hingehen zu Erich und nachschaun. Ich wette, er feiert zu Hause, die Läden heruntergelassen, Heizung abgestellt, eine alte Zeitung hängt zum Schein aus dem Briefkasten heraus, der Geizhals. Bleibt also nur, am Silvesterabend mit Blumen und einer Flasche Sekt bei Paul einzubrechen. »Wir wollten euch Gesellschaft leisten, damit es nicht so traurig ist mit den Tapezierern. So, die sind schon weg. Gut sieht sie aus die neue Tapete, herrlich auf alt gemacht, wirkt richtig echt. Was gibt es denn zu essen?« So erwirbt man sich Freunde fürs Leben, sie machen es irgendwann genauso.

Sollte man aber tatsächlich keinen Gastgeber finden, macht man bei sich eine »Spießbürger-Party«. »Hallo, Fritz, ja, ganz was Neues, du bringst zehn Salate mit, Egon schafft die Fleischsorten heran, ja schon besprochen, 15 Päckchen zu je 250 Gramm, Hans stellt Speck, Tomaten und Zwiebeln, Joachim die Paprika, Champignons, Mais und Ananas, Günther die Getränke, wir liefern Gewürze, Teller usw., die Räume und die Anleitung. Ja, deshalb Spieß-Bürger-Party, du bist ja helle, also um acht.«

Bei dieser Methode dürfte Eßbares bis weit in den Februar im Hause bleiben, was die Unannehmlichkeiten aufwiegt. Denkbar wäre auch das Arrangement eines Silvester-Schnellimbisses, bei dem die Gäste mit ihren mitgebrachten Naturalien das kalte Buffet selbst herrichten dürfen. Läßt man einfließen, es gäbe wieder die Bowle wie damals, als der Kaktus in Sekundenschnelle einging, nachdem ein Gast versehentlich sein Glas in ihn entleert hatte, bringen die Partygänger bestimmt genügend gute, eigene Getränke mit, die bis zum Fasching reichen.

Will man aber ganz sichergehen, daß man bestimmt eingeladen wird, muß man seinerseits die potentiellen Gastgeber ein paarmal zu sich einladen und ihnen Selbstgekochtes von der einzigen Ehefrau vorsetzen sowie die Gäste damit unterhalten, was man als Geschäftsmann zum Jahresende alles beachten muß, wie Übertragung stiller Reserven nach 6/7 EStG usw. Es dauert vielleicht zwei, drei Jahre, dann wird man bestimmt eingeladen, und zwar Jahr für Jahr. Das könnte man dadurch noch festigen, daß man das Risiko nicht scheut und mit dem Auto zu Silvestereinladungen fährt, wodurch man beim Partyende sehr begehrt ist. Manche andere Gäste machen deshalb schon ihr Erscheinen von dem meinen abhängig! Und ich zögere keinen Augenblick, mich samt Auto einladen zu lassen, denn ich habe meine Frau davon überzeugt, daß sie auf solchen Partys keinen Alkohol trinkt, wenn sie ihren Führerschein behalten will. So habe ich an Silvester keinerlei materielle oder gesellschaftliche Probleme. Ich danke für die Einladung.

Hilfestellung aus der Literatur:

Zu Neujahr

Will das Glück nach seinem Sinn
Dir was Gutes schenken,
Sage Dank und nimm es hin
Ohne viel Bedenken.

Jede Gabe sei begrüßt,
Doch vor allen Dingen:
Das, worum du dich bemühst,
Möge dir gelingen.

Wilhelm Busch

Sylvester

»Gott zum Gruße, Herr Sylvester,
Allerliebster, Allerbester,
Sind Sie endlich angelangt,
Hat's mich doch, daß Sie erfroren
Oder Ihren Weg verloren,
Gott sei Dank umsonst gebangt.

Freund, Sie sind wie stets willkommen,
Abgelegt und Platz genommen,
Hier ein Glas vom besten Wein; –
Nun, wozu dies Zieren, Zaudern?!
Haben vieles zu beplaudern
Und da gilt es munter sein!

Ja, jetzt sind Sie guter Laune,
Mit der Bitte drum vom Zaune;
Doch vor allem: schenket ein!
Von dem einen zu dem andern
Lassen wir die Flaschen wandern
Dorten mit Champagner-Wein.

Wenn Sie heut das Jahr, das alte,
Daß es ewge Ruhe halte,
Zu den Vätern heimgebracht,
Wenn Sie tief im Strom der Zeiten,
Auf den Friedhof es geleiten,
Retten Sie mir eine Nacht.

Jene Nacht, wo meine bleiche
Eingesargte Liebesleiche
Wie erwachend sich geregt,
Wo ich sie lebendig schaute,
Bis sie, als der Morgen graute,
Wieder sich zur Ruh gelegt.

Jene Nacht, wo das Erscheinen
Vandas, wo ihr reuig Weinen
Meine Liebe fast erweckt;
Könnte je sie wiederkehren,
Könnte sie mich je bekehren,
Daß kein Traumbild mich geneckt.

Dann ...« doch ach, die Worte stocken,
Denn es künden alle Glocken
In der Runde: Mitternacht;
Und, mein werter Herr Sylvester,
Meiner Freunde allerbester
Hat sich auf den Weg gemacht.

Dennoch sei dem braven Jungen
Ganz allein ein Lied gesungen,
Da er seines Freunds gedacht;
Denn ich hab nach wenig Stunden
Schon mein Liebchen wiederfunden
Reuig in der Neujahrsnacht.

Theodor Fontane

Zum Neujahr

Bald, so wird es zwölfe schlagen.
Prost Neujahr! wird mancher sagen;
Aber mancher ohne Rrren!
Denn es gibt vergnügte Herren.
Auch ich selbst, auf meinen Wunsch,
Mache mir ein wenig Punsch. –

Wie ich nun allhier so sitze
Bei des Ofens milder Hitze,
Angetan den Rock der Ruhe
Und die schönverzierten Schuhe,
Und entlocke meiner Pfeife
Langgedehnte Wolkenstreife,
Da spricht mancher wohl entschieden:
Dieser Mensch ist recht zufrieden!
Leider muß ich, dementgegen,
Schüttelnd meinen Kopf bewegen. –
Schweigend lüfte ich das Glas.
(Ach, wie schön bekömmt mir das!) –

Sonsten wie erfreulich war es,
Wenn man so am Schluß des Jahres
Oder in des Jahres Mitten
Zum bewußten Schrein geschritten
Und in süßem Traum verloren,
Emsig den Kupon geschoren!
Aber itzo auf die Schere
Sickert eine Trauerzähre,
Währenddem der Unterkiefer
Tiefer sinkt und immer tiefer. –
Traurig leere ich das Glas
(Ach, wie schön bekömmt mir das!) –

Henriette, dieser Name
Füllt mich auch mit tiefem Grame:

Die ich einst in leichten Stoffen
Herzbeklemmend angetroffen
Nachts auf dem Kasinoballe,
Sie, die später auf dem Walle
Beim Ziewiet der Philomele
Meine unruhvolle Seele
Hoch beglückt und tief beseligt,
Sie ist anderweit verehlicht,
Ist im Standesamtsregister
Aufnotieret als Frau Pfister,
Und es wird davon gesprochen,
Nächstens käme sie in Wochen. –
Grollend lüfte ich das Glas.
(Ach, wie schön bekömmt mir das!) –

Ganz besonders und vorzüglich
Macht es mich so mißvergnüglich,
Daß es mal nicht zu vermeiden,
Von hienieden abzuscheiden,
Daß die Denkungskraft entschwindet,
Daß man sich so tot befindet,
Und es sprechen dann die Braven:
Siehe da, er ist entschlafen.
Und sie ziehn gelind und lose
Aus der Weste oder Hose
Den geheimen Bund der Schlüssel,
Und man rührt sich auch kein bissel,
Sondern ist, obschon vorhanden,
Friedlich lächelnd einverstanden. –
Schaudernd leere ich das Glas.
(Ach, wie schön bekömmt mir das!) –

Wo wird dann die Seele weilen?
Muß sie sich in Duft zerteilen?
Oder wird das alte Streben,
Hübsche Dinge zu erleben,
Sich in neue Form ergießen,

Um zu lieben, zu genießen,
Oder in Behindrungsfällen
Sehr zu knurren und zu bellen?
Kann man, frag' ich angstbeklommen,
Da denn gar nicht hinterkommen?
Kommt, o kommt herbeigezogen,
Ihr verehrten Theologen,
Die ihr längst die ew'ge Sonne
Treu verspundet in der Tonne.
Überschüttet mich mit Klarheit! –
Doch vor allem hoff' ich Wahrheit
Von dem hohen Philosophen;
Denn nur er, beim warmen Ofen,
Als der Pfiffigste von allen,
Fängt das Licht in Mäusefallen. –
Prost Neujahr! – Und noch ein Glas!
(Ei, wie schön bekömmt mir das!) –

Uh, mir wird so wohl und helle!
Himmel, Sterne, Meereswelle,
Weiße Möwen, goldne Schiffe;
Selig schwanken die Be-jiffe,
Und ich tauche in das Bette
Mit dem Seufzer: Hen-i-jette!

Wilhelm Busch

Beerdigungen und Trauerfeiern

Einige Hinweise für eine Traueransprache

Wenn ein Mensch gestorben ist, den man geliebt, geschätzt oder auch nur gekannt hat, manchmal auch nur von Ferne, muß man oft im Familienkreis, vor Freunden, Nachbarn oder auch vor fremden Menschen sein Mitgefühl, seine Trauer oder seine Anteilnahme zum Ausdruck bringen. Es wird auch mal erforderlich sein, im Namen von Mitarbeitern oder Nachbarn einen Kranz an einem Grab niederzulegen, oder man muß an einem Gedenktag Leben und Arbeit eines Verstorbenen würdigen.

Dies alles sind wohl die schwierigsten Rede-Gelegenheiten, die es im menschlichen Zusammenleben gibt. Verständlicherweise wollen sich viele Menschen solchen Redeverpflichtungen entziehen, weil sie befürchten, nicht die richtigen Worte zu finden. Die passenden Worte an einem Grab zu finden, ist sehr schwer. In solchen Stunden hilft es den betroffenen Menschen nur wenig, wenn ihre ohnehin schon bedrängten Gefühle weiter belastet werden, der Schmerz noch vergrößert wird. Der Redner muß ehrlich und herzlich Anteil nehmen, und er muß versuchen, ein wenig Trost und Hilfe zu vermitteln, wie eine Brücke über die schmerzliche Gegenwart hinweg in eine trostreichere Zukunft. Die Rede ist ein Weg zwischen Gefühl und Vernunft, zwischen Trauer und Hoffnung. So eine Rede darf nicht dem Stegreif oder dem Zufall überlassen bleiben, sie muß gründlich vorbereitet werden.

Man braucht dazu eine Menge Informationen. Kannte man den Verstorbenen persönlich, so ist die Zusammenstellung der Fakten nicht schwierig. Es sind dann nicht nur die persönlichen Daten und viele Begebenheiten aus dem Leben bekannt, man kennt auch die Angehörigen und weiß, wo das Gemeinsame lag. Eventuell ist es ratsam, zusammen mit den Angehörigen des Toten die Rede auszuarbeiten und festzulegen, welche Akzente in der Ansprache gesetzt werden sollen.

Man kann den Verstorbenen sozusagen in die Erinnerung zurückrufen, indem man chronologisch die wichtigsten Daten und entscheidenden Stationen seines Lebens aufzählt. Diese Aufzählung sollte aber nicht zu nüchtern sein, soll nicht als Ausdruck einer persönlichen Interesselosigkeit empfunden werden können.

Falls die Daten und Tatsachen schwierig im Gedächtnis zu behalten sind, kann man auch bei einer Trauerrede ohne weiteres einen Merkzettel benutzen. Bei einem solchen Anlaß wird es keinem Redner übelgenommen, wenn er nicht besonders rhetorisch glänzt oder durch Routine überzeugt.

Man kann auch die Persönlichkeit des Verstorbenen aus der eigenen Sicht würdigen. Dies ist aber relativ schwierig, und man sollte es nur tun, wenn man wahr und überzeugend reden kann.

Man muß nicht nur Gutes über einen Toten reden. Im Nachruf soll der verstorbene Mensch nicht so beschrieben sein, wie es ihn niemals gegeben hat; ein Idealbild ist hier also fehl am Platz. Man ehrt den Menschen, sein Leben und Wirken am besten, indem man respektvoll alles so schildert, wie man es mit eigenen Augen und Ohren erlebt hat.

Man sollte nur solche Dinge in seine Rede einbauen, die man selbst erlebt hat, Mutmaßungen anderer oder gar Gerüchte führen nur zu Mißverständnissen oder Fehlinterpretationen. Ganz besonders wichtig ist, daß man bei einer Trauerrede den Zustand der Angehörigen, ihre Verletzlichkeit und Empfindsamkeit mitbedenkt.

Man kann auch eine Kombination aus diesen beiden Redemöglichkeiten, also aus der Aufzählung der Lebensstationen und der persönlichen Würdigung des Toten verwenden. Wichtig ist immer dabei, daß der Redner überzeugt, nicht platt oder schwülstig wirkt und seine rednerischen Fähigkeiten gerade bei einer Trauerfeier nicht überfordert oder in ein falsches Licht rücken will.

Rechtzeitig geklärt sein sollte auch, zum Beispiel mit den Angehörigen, welche persönlichen Bezüge und familiären Ereignisse *nicht* genannt werden sollten.

Zu den wichtigen Informationen zählen auch kirchliche Sinnsprüche, die den Verstorbenen in seinem Leben begleitet haben, der Spruch bei der Taufe, bei der Kommunion/Konfirmation, bei der Hochzeit, eventuell auch bei der Silberhochzeit oder Goldenen Hochzeit.

Abschied von einem alten Freund

Liebe Trauergemeinde,

wir nehmen heute Abschied von unserem lieben Freund ..... Seit seine Frau gestorben war, schien ihn ein wenig der Lebensmut und die Lebensfreude verlassen zu haben. So dauerte es gar nicht lange, und er folgte ihr nach. Er hat stets davon gesprochen, wie sehr er sich darauf freue, ihr bald wieder nahe zu sein. Sein Wunsch wird sich wohl nun erfüllen. So umgibt seinen Tod eigentlich nichts Schreckliches und nichts Unerwartetes. Es ist so etwas wie eine Erfüllung einer Sehnsucht in der Gewißheit des Glaubens, daß es ein Wiedersehen mit den geliebten Menschen geben wird. Unser lieber Freund hat den Tod nicht gefürchtet. Wenn wir früher einmal darüber sprachen, glaubte er immer, der Tod sei so etwas wie eine Fortsetzung des Lebens. Nun ist er hoffentlich wieder mit seiner lieben Frau vereint und erlebt eventuell das, was er immer als Fortsetzung des Lebens bezeichnet hat.

Wir trauern zwar sehr wegen des Todes unseres lieben Freundes. Aber vielleicht fällt uns der Abschied leichter, wenn wir den Tod so verstehen, wie er es tat: Als einen Abschied mit der Hoffnung auf ein Wiedersehen. Wir wollen versuchen, nicht zu sehr zu klagen und zu trauern, sondern uns vielmehr freuen über viele gemeinsame schöne Erinnerungen.

Unser lieber Freund weilt nicht mehr unter uns, aber es bleibt die Erinnerung an ihn, an einen lieben Menschen, an einen treuen Freund und einen guten Kameraden. Wir werden ihn nie vergessen.

Ein Vorgesetzter/Arbeitgeber spricht am Grab eines Mitarbeiters

Sehr verehrte Familie ....., verehrte Trauergemeinde,

nach langer und schwerer Krankheit starb am ..... im Alter von ..... unser langjähriger Mitarbeiter ..... Er gehörte in unserem Betrieb zu den Männern, die von Anfang an dabei waren, die halfen, unsere Firma aufzubauen. Seine Fähigkeiten und seine Leistungsbereitschaft haben uns immer wieder Respekt abgenötigt. Er war stets ein überaus pflichtbewußter und engagierter Mitarbeiter. Wir alle haben ihn hochgeschätzt, haben ihn wegen seines offenen Wesens gerne gehabt und haben immer seinem Rat vertraut.

Er hat sich in der Firma hochgearbeitet, die Firma vertraute ihm ..... Positionen an, die Kollegen wählten ihn immer wieder zu ihrem Sprecher.

Ihm ist das alles nie zu Kopf gestiegen, das Wohl seiner Firma und das Wohlergehen seiner Kollegen und deren Familien waren ihm immer wichtig. Alle, die mit ihm beruflich oder menschlich zu tun hatten, haben ihn hoch geschätzt. Jeder von uns hätte ihm wohl einen ausgiebigen Ruhestand gegönnt, als den verdienten Ausgleich für ein langes, strapazenreiches Arbeitsleben. Leider war ihm ein sonniges Rentnerdasein nicht vergönnt. Nach einer schweren Krankheit, aber dennoch plötzlich und für uns alle unerwartet, hat er uns verlassen. Wir sagen ihm Dank, und wir bezeugen ihm unseren Respekt. Wir nehmen Abschied von einem hochverdienten Mitarbeiter.

Ihnen, verehrte Familie ..... sind wir in herzlicher Anteilnahme verbunden. Wir werden ..... stets ein ehrendes Gedenken bewahren.

Betriebsrat/Mitarbeiter spricht am Grabe des Firmeninhabers/Vorgesetzten

Sehr verehrte Frau ....., liebe Kolleginnen und Kollegen,
verehrte Trauergemeinde,

mit großer Trauer nehmen wir heute Abschied von ..... Ihnen, sehr verehrte Frau ..... und Ihrer Familie gilt in dieser Stunde unsere Anteilnahme und unser Mitgefühl.

Herr ..... war immer ein verständnisvoller Chef, an dem wir seine menschlichen Qualitäten schätzten und in dem wir immer den engagierten Fachmann sahen. Er hat uns allen immer viel an Pflichtgefühl und Einsatzbereitschaft abverlangt, aber er war uns dabei immer ein Vorbild, hat sich selbst nie geschont. Stets vermochte er uns mit Überzeugung und Begeisterung mitzureißen.

Sein unerwarteter Tod hat uns alle tief getroffen, und er wird eine Lücke hinterlassen, die sich kaum schließen läßt. Wir trauern mit Ihnen, sehr verehrte Frau ....., um einen lieben Menschen.

Seine Ideen, seine Arbeit, seine Einsatzbereitschaft haben in der Firma bleibende Akzente gesetzt. Wir verabschieden uns in tiefer Trauer von unserem Herrn ..... *(Chef/Vorgesetzter)*, und wir werden uns bemühen, die gemeinsame Arbeit in seinem Sinne weiterzuführen.

Eine Kollegin spricht am Grabe einer Kollegin

Liebe Kolleginnen und Kollegen, verehrte Trauergemeinde,

in tiefer Trauer müssen wir Abschied nehmen von einer langjährigen lieben Kollegin, von Frau ..... Sie hat ..... Jahre in der ..... *(Bezeichnung der Abteilung)* mitgearbeitet. Wir alle haben sie gut gekannt, wir alle haben sie gemocht. Ihre liebenswerte und ihre hilfsbereite Art gegenüber ihren Kollegen sorgte oft genug in einer hektischen beruflichen Atmosphäre für einen Ausgleich. Sie war in unserem Kreise stets so etwas wie ein ruhender Pol, man konnte sie immer um Rat fragen, sie half jedem mit ihrer Erfahrung weiter, und sie griff oft genug ein, ohne viel zu fragen, wenn Not war.

Frau ..... war ihr Leben lang eine stille, nachdenkliche Frau, von deren persönlichem Schicksal wir Kollegen eigentlich nur recht wenig wußten. Sie hat sich nie beklagt und auch immer nur ungern von ihren privaten Sorgen und Nöten erzählt.

Wir hoffen, daß wir in den vielen Jahren der Zusammenarbeit auch zu einer Art Familie für sie geworden sind. Uns jüngere Kolleginnen kannte sie ja schon von der Lehrlingszeit her, und sie hatte immer ein offenes Ohr für unsere kleinen und großen Sorgen. Sie starb still und unauffällig, so wie sie unter uns gelebt hat. Sie wird uns allen sehr fehlen. Im Namen aller Kolleginnen lege ich als letzten Gruß dieses Blumengebinde am Grab nieder. Es sind die Blumen, die sie immer so gern hatte. Wir werden unserer lieben Frau ..... stets ein ehrendes Angedenken bewahren.

Ansprache bei der Trauerfeier für das Mitglied einer Jugendgruppe

Liebe Freunde,

unser ..... *(Name des Toten)* ist tot. Er ist vor ..... Tagen bei der Heimfahrt von unserem Vereinsabend mit dem Motorrad tödlich verunglückt. Als wir von seinem plötzlichen Tod hörten, waren wir alle wie vor den Kopf geschlagen. Können wir mit dem Gedanken fertig werden, daß es ihn nicht mehr gibt? Wie wird es beim nächsten Klubabend sein, wenn sein Platz plötzlich leer bleibt?

Keiner weiß genau, wie es passiert ist. Er war ein guter Motorradfahrer, er kannte die Strecke, er fuhr vernünftig, und er hatte keinen Alkohol getrunken, er wußte, wie man sich verantwortungsbewußt im Verkehr verhält. Und trotzdem fuhr er in den Tod.

Unser lieber Freund ..... *(Name)* ist tot. Vor wenigen Tagen noch gehörte er zu unserer fröhlichen Runde, und nun ist er nicht mehr da. Uns allen ist zum Heulen zumute. Wir wollen still Abschied nehmen von einem guten Freund, dessen früher Tod uns immer unbegreiflich bleiben wird. Wir werden ihn bestimmt nicht vergessen.

TEIL II:

Musterreden für Beruf, Firma, Verein etc.

Dem Chef gratulieren

Ein Mitarbeiter spricht

Sehr verehrter Herr . . . . ., sehr geehrte Damen und Herren,
liebe Kolleginnen und Kollegen,

gerne habe ich den Auftrag übernommen, Ihnen, Herr . . . . . *(Titel und Name des Chefs)*, zu . . . . . *(Anlaß der Gratulation)* im Namen aller Mitarbeiter herzlichst zu gratulieren. Wir wünschen Ihnen weiterhin viel Erfolg und Gesundheit, aber wir wünschen auch uns, daß Sie noch viele Jahre die Seele des Betriebs bleiben.

Ihr Elan steckt uns an, wir bewundern Ihre Tatkraft und Ihren Schwung. Ihre produktiven Ideen haben den Betrieb zu dem gemacht, was er heute ist, und das kommt ja uns allen zugute. Heute muß ich unbedingt ein bißchen in der Erinnerung kramen . . . . . *(hier kann man einige wichtige Stationen der Betriebsentwicklung anführen, vielleicht von arbeitsbedingten, friedlichen Auseinandersetzungen berichten, Betriebsrat, Gewerkschaft etc.)*.

Sehr verehrter Herr . . . . ., daß unsere Firma einen so guten Ruf hat, daß die Auftragsbücher gefüllt sind und unsere Arbeitsplätze sicher, ist nicht zuletzt Ihnen zu verdanken. Sie haben auch oft genug bewiesen, daß Sie die Probleme und Schwierigkeiten ihrer Belegschaft kennen, und daß Sie stets bemüht sind, einvernehmliche Lösungen zu finden. Ein guter Betrieb braucht gegenseitiges Vertrauen.

Deshalb wollen wir gar keinen anderen Chef. Bleiben Sie bitte wie Sie sind, und bleiben Sie uns allen noch lange erhalten. Wir haben für ein kleines Geschenk zusammengelegt, das ich Ihnen hiermit überreiche. Es soll Sie an den heutigen Tag erinnern.

Ein Mitarbeiter spricht etwas lockerer

Lieber Chef, verehrte Gäste, liebe Kollegen,

bekanntlich hat jeder Betrieb den Chef, den er verdient. Wir verdienen ganz gut, der Chef kommt auch ganz gut davon, also hat jeder, was er verdient. Bliebe noch die Frage zu klären, warum unsere Firma so relativ reibungslos läuft? Wegen des Chefs oder trotz des Chefs? Ich versage mir eine Antwort, denn schließlich wollen wir heute feiern.

Lieber Chef, im Namen aller Mitarbeiter gratuliere ich Ihnen ganz herzlich zu ..... *(Anlaß, z. B. Geburtstag etc.)*. Wir haben für ein kleines Geschenk gesammelt, das ich Ihnen hiermit überreiche. Es sieht nur klein aus, zeigt aber in Wahrheit sozusagen im umgekehrten Verhältnis die Größe unserer Hochachtung.

Verehrte Gäste und Kollegen, es gibt ja eine Fülle von Chef-Witzen, vom untersten Niveau bis zu wirklich guten. Zur heutigen Feier paßt folgender ..... *(hier setzt man einen sogenannten Chef-Witz aus dem eigenen Repertoire ein)*.

Mein Witzfavorit zum Thema Chef ist folgender: Wodurch zeichnet sich der wahre, loyale, erfolgreiche, anhängliche und treue Mitarbeiter/Angestellte aus? Nun, wenn er vor dem Chef steht, zieht er den Kopf ein. Wenn er vor der blonden Sekretärin steht, zieht er den Bauch ein.

Oder: Was versteht man in einer gut geleiteten, florierenden Firma (Betrieb) unter Meinungsaustausch, beziehungsweise Meinungsfreiheit, das heißt, was bedeutet echte Demokratie in einem Betrieb? Nun, ich gehe mit meiner Meinung zum Chef hinein und komme mit seiner Meinung wieder heraus.

Verehrter Chef, nochmals alles Gute, Gesundheit und Erfolg und auf gute Zusammenarbeit.

Die gereimte Rede:

Für einen »gemütlichen« Chef (auch als Kurz-Rede verwendbar)

Ein Chef, der etwas auf sich hält,
hat hier ein Klasse-Werk erstellt.
Für die Belegschaft, seine Lieben,
hat er sich förmlich aufgerieben,
ein bißchen ist ihm auch geblieben.
Wir gratulieren alle ehrlich,
Sie, Chef, sind wirklich unentbehrlich.

H. J.

Variante der Rede zum Geburtstag des Chefs mit etwas Pathos

Sehr geehrter Herr Direktor . . . . .,

im Namen aller Ihrer treuen und zufriedenen Belegschaftsmitglieder spreche ich Ihnen, sehr geehrter Herr . . . . . zu Ihrem . . . . . Geburtstag unsere besten und ehrlichsten Wünsche aus. Ein Geburtstag ist ja eigentlich etwas Alltägliches. Ihr Geburtstag aber ist etwas Besonderes, etwas Einmaliges und verdient auch besonders gefeiert zu werden. Und wenn es sich dabei gar um den Jubiläumsgeburtstag eines Mannes handelt, den das Leben auf einen der seltenen verantwortungsvollen und leitenden Posten gestellt hat, wie Sie, Herr . . . . ., so muß sich das verehrte Geburtstagskind es schon gefallen lassen, eine ziemlich große Zahl von Glückwünschen entgegenzunehmen. So stellen uns auch wir, Ihre treuen Angestellten und Arbeiter geduldig mit in die lange Schlange der Gratulanten. Unsere Glückwünsche, Herr . . . . ., kommen wirklich von Herzen! Nicht jeder Chef darf sich einer so einmalig hohen Wertschätzung seitens seiner Betriebsangehörigen rühmen wie Sie.

Seit Sie das schwierige Steuer dieses mustergültigen Betriebes führen – und das sind jetzt immerhin . . . . . Jahre –, haben Sie uns nicht nur von Ihren hervorragenden Fähigkeiten überzeugt, Sie haben auch bei allen Ihren überaus schwierigen Entscheidungen und Maßnahmen stets an das Wohl Ihrer Betriebsangehörigen gedacht, und damit haben Sie ein soziales Gedankengut bewiesen, wie es in unserer Gegend nicht oft vorkommt.

Sie sind zwar unser Chef, aber Sie sind auch stets einer der Unseren geblieben. Sei stehen als Leiter eines großen Betriebes in einer überaus hohen Stellung, aber Sie haben den guten Kontakt zu Ihren Mitarbeitern nie verloren. Alle Ihre Entscheidungen, Ihre Maßnahmen und Ihre Anordnungen wurden von uns stets anerkannt und befolgt, weil sie immer gut und richtig waren.

Wir wissen, verehrter Herr Direktor, daß Sie oft schwere Sorgen bedrückt haben und daß ihr hoher Auftrag schier Übermenschliches von Ihnen verlangte, aber Sie haben uns das nie fühlen lassen. Sie waren für uns wie ein gütiger Vater, der im Glück seiner geliebten Kinder sein eigenes Glück sieht, und das eben ist unser höchstes Glück, Sie, verehrter Herr Direktor, als unseren geliebten Chef zu haben. Mögen Sie uns und Ihrem Musterbetrieb noch lange gesund erhalten bleiben. Unser Dank aber sei unsere Treue zu Ihnen, zu unserem hochverehrten Chef.

Betriebs- und Geschäftsjubiläum

Ein Freund/Bekannter/Verwandter/Nachbar etc. spricht
Die Anredeform (»Ihr, Sie« etc.) ist austauschbar.

Liebe . . . . ., sehr verehrte . . . . .,

herzliche Glückwünsche zu euerm . . . . . Geschäftsjubiläum. So viele Jahre versorgt ihr nun also schon eure Nachbarschaft mit allem, was man so zum täglichen Leben braucht, vor allem zum Essen und Trinken.

Es ist wirklich bewundernswert, wie ihr euren »Tante-Emma-Laden« – das ist durchaus ein Ehrentitel – so energisch und erfolgreich gegen die übermächtige Konkurrenz behauptet habt.

Eure Kunden sind euch treu geblieben, obwohl ihr zwangsläufig ein bißchen teurer sein müßt als die Supermärkte, die ja wie Pilze aus dem Boden schießen. Den kleinen Preisaufschlag macht ihr durch persönliche Bedienung, durch menschliche Anteilnahme am Leben eurer Kunden und Nachbarn und durch einen kleinen, gemütlichen »Schwatz«, den viele Menschen ja brauchen, wett. Ihr habt die richtige Mischung für euer Geschäft gefunden, gutes Angebot, freundliche Bedienung und Beratung und eine Art Nachbarn-Treff. Hoffentlich könnt ihr noch lange so weitermachen.

Reich seid ihr dabei nicht geworden, und von der 40-Arbeitsstunden-Woche könnt ihr sicher höchstens träumen. Aber euer Geschäft ist ja zugleich eine Art gehobenes Hobby für euch, also seid ihr glücklich und zufrieden.

Was wir als Kunden beitragen können, daß dieser Laden noch lange erhalten bleibt, wollen wir tun.

Zum 50jährigen Bestehen eines Betriebes

Der Firmeninhaber spricht

Sehr verehrte Damen und Herren, liebe Mitarbeiter,

ich darf Sie alle herzlich zur Feier des 50jährigen Bestehens unserer Firma ..... begrüßen. *(Eventuell sind spezielle Gäste namentlich zu begrüßen).* Ich danke Ihnen für Ihre Anteilnahme am Geschick unseres Betriebes. Vor ..... Jahren ..... *(Es folgt ein Abriß der Firmengeschichte und -entwicklung, die Aufzählung von Stationen, Namen der Gründer und ihrer Nachfolger, Schilderung schwieriger Zeiten usw. Eventuell auch heitere Begebenheiten aus der Firmengeschichte).*

Die Firma/Betrieb steht heute auf einer soliden Grundlage, nicht zuletzt auch dank des Engagements aller Mitarbeiter, denen ich heute ganz speziell danken möchte. Ohne sie wäre dies alles nicht möglich gewesen.

(Falls die wirtschaftliche Lage nicht so rosig ist, sollte man auch das nüchtern darstellen und eventuell von Hoffnungen und Aussichten sprechen).

Ehrlicher Dank gebührt auch allen Geschäftspartnern und Kunden *(vielleicht einige aufzählen .....).*

Die Stadtverwaltung hat immer dazu beigetragen, daß ..... Aus Anlaß unseres Jubiläums hat die Firmenleitung beschlossen, ... zu stiften *(Kinderspielplatz, Parkbänke, Brunnen, Plastik, irgendwelche sozialen Einrichtungen .....).* Wir wollen damit nicht zuletzt unsere Verbundenheit mit der Stadt/Gemeinde und unseren Mitbürgern dokumentieren.

Gedenken will ich vor allem auch einiger verdienter Mitarbeiter, die schon lange zu unserer Firma gehören. Es sind dies Herr/Frau ....., der/die seit ..... Jahren hier mitarbeitet ..... Vielen Dank für Ihre Anteilnahme und Verbundenheit. Und nun darf ich Sie alle zu ..... einladen.

Der Betriebsratsvorsitzende spricht.
Anrede je nach Firmen-Inhaber/Direktor und Ehrengäste.

Meine sehr verehrten Damen und Herren, liebe Kolleginnen und Kollegen,

zum ..... Bestehen der Firma ..... spreche ich im Namen aller Kolleginnen und Kollegen die herzlichsten Glückwünsche aus. Wir dürfen guten Gewissens diese(n) Firma/Betrieb »unsere« Firma nennen, denn wir alle fühlen uns hier wohl, und wir möchten, daß es noch lange so bleibt.

Dieser Betrieb hat sich in den letzten Jahren prächtig entwickelt. Ältere Kollegen können sich noch genau erinnern, wie alles begonnen hat.
(Es folgt eine kurze Firmengeschichte, speziell aus dem Blickwinkel der Arbeitnehmer. Dabei sollte man durchaus auch heitere Ereignisse einfließen lassen, die das Arbeitsklima positiv beleuchten und zum Schmunzeln verleiten. Falls es Schwierigkeiten gab, die gelöst wurden oder noch auf eine Lösung warten, sollte man aber auch die nicht verschweigen. Der Ton macht dabei allerdings die »Jubiläums-Musik«.)
Betriebsrat und Firmenleitung haben in den vergangenen Jahren bei vielen Problemen eng zusammengearbeitet, und wir haben gemeinsam immer eine Lösung gefunden, die alle zufriedengestellt hat. Ich darf die gute Gelegenheit nützen und gleich noch anbringen, was wir uns noch, durchaus auch im Sinne der Firma, wünschen .....

Nimmt man alles in allem, haben wir immer eine gute Partnerschaft gepflegt, und wir wünschen uns alle, daß dies so bleibt. In einer erfolgreichen Firma müssen alle Beteiligten zufrieden sein, das ist die Basis. Viel Erfolg für die nächsten ..... Jahre und Ihnen *(Inhaber/Firmenleitung etc.)* Gesundheit und eine gute Hand bei der Führung der Geschäfte.

Inhaltliche Anregungen für eine Jubiläums-Rede

Bürgermeister/Stadtrat/Behördenvertreter spricht. Er gratuliert im Namen seiner Körperschaft.

Er spricht z. B. über die Stadtentwicklung, Industrieansiedlung, Entwicklung der Gewerbebetriebe und würdigt darin die Rolle des(r) betreffenden Betriebs/Firma, dessen ..... Bestehen gefeiert wird.

Er gibt, gestützt auf Daten aus Stadtarchiv etc. einen Abriß der Firmengeschichte, eingebettet in die Stadtgeschichte.

Er erwähnt die Leistungen und Verdienste der Firma für Arbeitsplatzbeschaffung und für öffentliche Steuereinnahmen.

Falls sich die/der Firma/Betrieb (Inhaber, Familie, Geschäftsführung) auch als öffentlicher Mäzen (auch für caritative Zwecke) verdient gemacht hat, wird diese Rolle geschildert, und es werden die entsprechenden Verdienste gewürdigt. Dabei werden die einzelnen Aktionen beschrieben.

Falls ein Erinnerungsgeschenk überreicht wird, wird der Sinn, die Beziehung dieses Geschenks dargestellt.

Beendet wird die Rede mit entsprechenden Wünschen für Erfolg etc. und eventuell mit Zukunftsaussichten, wie etwa eine notwendige Erweiterung des Betriebes, für die man zum Beispiel Genehmigung oder öffentliche Hilfen braucht.

Variante der Rede zum Betriebsjubiläum
(mit theatralischen Unterton)

Der Chef spricht

Meine hochverehrten Damen und Herren!
Meine hochgeschätzten Mitarbeiter!

Die Anwesenheit so zahlreicher prominenter Gäste aus Politik und Wirtschaft ist der Beweis dafür, wie unersetzlich unsere Firma geworden ist.

An den Anfang meiner Begrüßung stelle ich auch den Dank an alle, die mitgeholfen haben, daß dieses Fest anläßlich unseres ..... Bestehens heute möglich ist. Ganz besonders aber will ich gleich eingangs meiner Worte all meinen Betriebsangehörigen dafür Dank sagen, daß sie in guten und schlechten Zeiten aus ganzer Kraft und mit voller Überzeugung durch treue Arbeit das Unternehmen auf den heutigen hohen Stand brachten. Ich bekenne es ebenso dankbar wie freudig: Den Aufschwung unseres Werkes, das sich mit den großen Konkurrenzunternehmen unserer Branche leicht messen kann, verdanken wir keinesfalls nur der Betriebsleitung, sondern auch im gleichen Maße unseren überaus fleißigen und treuen Arbeitern und Angestellten. Die Betriebsleitung plant und denkt, der Arbeiter führt alles aus. Sie schafft das Material, der Arbeiter gibt ihm Gestalt und Form. Sie macht die Kalkulation, der Arbeiter sorgt durch seine Arbeit, daß die Preise gehalten werden können. Die Techniker und Ingenieure machen die Zeichnungen und Entwürfe, der Arbeiter wertet sie aus. Die Betriebsleitung sorgt für soziale und sanitäre Einrichtungen, der Arbeiter dankt ihr dafür mit seiner Hände Arbeit.

So haben wir in unserem Betrieb schon immer die richtige Arbeitsteilung und sind zu einer verschworenen Arbeitsgemeinschaft geworden. So durfte ich oft das Gefühl haben, daß wir noch mehr als eine Arbeitsgemeinschaft sind, daß wir eine Familie sind.

Auch wir haben einmal ganz klein angefangen. Das ist noch gar nicht so lange her. Aber wie war der Aufstieg möglich? Wie ist dieses Wunder geschehen? Ja, es ist eben auch ein Teil des großen deutschen Wirtschaftswunders. Es beruht auf der Tatsache, daß wohl kaum in einem anderen Land der Welt so willig und pflichtgetreu um der Arbeit willen gearbeitet wird wie bei uns. Arbeit bedeutet uns Leben!

Wie sagt Goethe? »Nur der Mensch, der mit Leib und Seele gearbeitet hat, kann sagen: Ich habe gelebt.«

Wir in unserem Betrieb dürfen mit großem Stolz sagen: Wir haben gearbeitet, und wir haben auch gelebt um der Arbeit willen und um ihres Segens willen. Dieser Segen unserer Arbeit ist unsere Freude, unser Stolz und unser Glück. Das führt uns alle zusammen in eine echte Arbeits- und Gesinnungsgemeinschaft.

Ich nenne Sie alle, aus innerster Überzeugung, Mitarbeiter. Sie leisten Ihre Arbeit nicht allein des Lohnes wegen, auch nicht nur aus einem hohen Pflichtgefühl heraus, sondern auch weil Sie erkannt haben, daß jeder von Ihnen ein Teil eines größeren Ganzen ist, das seine Aufgabe nur erfüllen kann, wenn jeder das Seine dazu tut. Eine Aufgabe aber, an die man mit Freude herangeht, wird gut gelöst. Das zeigt sich in der Qualität Ihrer Arbeit.

Eine Quelle der Freude sind auch unsere Betriebsfeiern. Hier können wir uns in eine andere Atmosphäre begeben und uns abseits vom hemmenden Maschinengeräusch näherrücken und einander kennenlernen. So sind wir auch heute zu diesem Betriebsjubiläum uns nähergerückt, und unsere heutige Betriebsfeier soll Erholung und Entspannung sein. Wir wollen die Gedanken an unsere Tagesarbeit ruhen lassen, wir wollen aus uns herausgehen und uns miteinander freuen.

Dienst- und Arbeitsjubiläum

Firmenchef/Personalchef/Abteilungsleiter etc. spricht

Sehr geehrter Herr ..... oder sehr geehrte Frau ....., oder:
Lieber Kollege ..... oder liebe Kollegin .....,

diese kleine Feier gehört eigentlich ganz allein Ihnen. Heute vor ..... Jahren sind Sie in diese Firma eingetreten, und Sie sind ihr in guten und in schlechten Tagen immer treu geblieben. Damals waren Sie ein schüchterner Lehrling (oder ein schüchternes Mädchen), der aber schon genau wußte, was er/sie wollte. Heute darf ich es ja laut sagen, die Firmenleitung wußte schon damals, was in Ihnen steckt, und sie hat Ihnen auch immer geholfen, sich zu entwickeln. Es war immer ein Geben und Nehmen auf beiden Seiten und ich hoffe, Sie waren mit der Firma so zufrieden, wie die Betriebsleitung mit Ihnen.

Damals ..... *(es folgt eine Schilderung des Werdegangs vom Start an, der beruflichen Entwicklung, Zusammenarbeit mit den Chefs und mit den Kollegen usw., berufliche Positionen werden erwähnt, und das Ganze sollte auch mit ein paar lustigen Begebenheiten gewürzt werden).*

Wir haben an Ihnen immer bewundert, daß Sie ..... *(es folgen entsprechende Fähigkeiten und Talente).*

Wir, Firmenleitung und Kollegen in schöner Eintracht, danken Ihnen für Ihre Leistungen im Betrieb, für Ihre ..... In Anerkennung Ihrer langjährigen Verdienste erlaubt sich die Firmenleitung Ihnen dieses ..... *(Geschenk, Urkunde etc.)* zu überreichen. Es soll Sie immer an diesen Tag erinnern. Außerdem bekommen Sie ..... *(Extra-Urlaub, Geld etc.).* Bleiben Sie gesund und bleiben Sie unserer Firma treu. Vielen Dank.

Jemand vom Betriebsrat spricht

Liebe(r) . . . . ., meine sehr geehrten Damen und Herren,
liebe Kolleginnen und Kollegen,

so ein Arbeitsjubiläum wie deines (Ihres?), liebe(r) . . . . ., ist heutzutage ja wirklich ziemlich selten geworden. Äußerliche, wirtschaftliche Umstände, aber auch eine andere Einstellung bei den Arbeitnehmern verursachen heute oft viele Arbeitsplatzwechsel, so daß man selten genug über viele Jahre bei ein und derselben Firma bleibt. Du, liebe(r) . . . . ., gehörst nun schon . . . . . Jahre zu diesem Betrieb, und so ein relativ seltenes Jubiläum muß natürlich gebührend gefeiert werden.

Ich darf dir im Namen des Betriebsrats und im Namen aller Kolleginnen und Kollegen ganz herzlich gratulieren. Wir alle wünschen dir vor allem Gesundheit und noch viele Jahre erfolgreiche Zusammenarbeit hier im Betrieb.

Wir hoffen natürlich, daß du dich wie bisher mit deiner allseits bekannten Tatkraft und Erfahrung für die Belange deiner Kollegen im . . . . . *(Name des entsprechenden Gremiums)* einsetzt. Du bist ja schon fast so etwas wie ein Denkmal oder wie eine ständige Einrichtung hier im Betrieb. Bleib bitte dir und uns treu.

Bei dieser Gelegenheit darf ich auf einige Probleme hinweisen, die auch uns in diesen Zeiten nicht verschonen. Da wären . . . . . Als du, liebe(r) . . . . ., hier anfingst . . . . . *(eventuell kurze Schilderung des Werdegangs unter bestimmten Bedingungen)*.

Nochmals, liebe(r) . . . . ., unsere besten Glückwünsche und unser Dank begleiten dich. Auf eine sorgenfreie Zukunft.

25jähriges Dienstjubiläum einer Beamtin oder eines Beamten bei der Deutschen Bundesbahn

Der Abteilungschef/Dienststellenleiter spricht

Sehr geehrte(r) Frau/Herr ....., liebe Mitarbeiter, sehr verehrte Damen und Herren,

mit berechtigtem Stolz dürfen Sie, verehrte(r) Frau/Herr ....., heute Ihr 25jähriges Dienstjubiläum feiern. Aus diesem Grund haben wir für Sie und die Mitarbeiter diese kleine Feier arrangiert, damit alle Glückwünsche auch gebührend angebracht werden können.

Zunächst einmal darf ich Ihnen im Namen der Deutschen Bundesbahn die besten Grüße und Wünsche übermitteln; ich tue dies, speziell im Namen von Herrn ....., dem Präsidenten der ....., der sehr bedauert, daß er leider aus dienstlichen Gründen nicht persönlich erscheinen konnte. Er läßt Ihnen durch mich Dank und Anerkennung aussprechen.

Seit Ihrem Dienstantritt vor 25 Jahren ..... *(geschildert wird der berufliche Werdegang, eingebettet in die Umstände bei der Bundesbahn, die Veränderungen, die sich im Lauf der Zeit ergeben haben und die Tätigkeit, die der/die Jubilar(in) ausübt).*
Durch Ihren Fleiß ..... *(gewürdigt werden persönliche Eigenschaften des Jubilars, speziell jene für die betreffende Position, und die Zusammenarbeit mit Kollegen und Vorgesetzten).*

Sie, verehrte(r) Frau/Herr ....., haben sich wirklich um die Bundesbahn verdient gemacht, das darf man ohne Übertreibung sagen. Ich darf Ihnen ..... überreichen *(Geldgeschenk, Ehrenurkunde – er liest den Text vor).*

Noch viel Erfolg, privat und beruflich, und vor allem Gesundheit und Zufriedenheit wünschen wir Ihnen, verbunden mit unserem Dank.

Zur gleichen Feier spricht ein Personalrat

Liebe(r) Frau/Herr . . . . ., sehr geehrter Herr Ober . . . . .,
liebe Kolleginnen und Kollegen,

ich darf Ihnen (dir?) zu Ihrem (deinem?) 25jährigen Dienstjubiläum die Glückwünsche und den Dank für die hervorragende Zusammenarbeit im Namen aller Kolleginnen und Kollegen aussprechen. Es waren gute Jahre, mag es mal kleine Reibereien gegeben haben, heute sind sie vergessen, und es bleiben nur die schönen Erinnerungen.

Wie schnell sind doch diese 25 Jahre vergangen? Ich erinnere mich noch wie heute an den Tag, als Sie (du?) bei uns angefangen haben (hast) . . . . . *(Es folgen Darstellungen der beruflichen und menschlichen Entwicklungen, von bestimmten Vorkommnissen usw., zu denen auch kleine »Anekdoten« gehören können).*

In den vergangenen 25 Jahren hat sich hier im Betrieb und auch bei Ihnen (dir?), liebe(r) . . . . ., viel verändert . . . . . *(es folgt eine Aufzählung dieser Veränderungen).*

Einiges könnte sicher noch besser sein . . . . .

Aber dies alles soll uns wenigstens bei dieser kleinen Feier nicht beschäftigen. Mittelpunkt ist unser(e) Jubilar(in), dem (der) es Dank und Anerkennung zu zollen gilt. Ihre (deine?) Vorzüge hier im Betrieb/Dienststelle waren immer . . . . .

Wir alle wünschen Ihnen (dir?) noch viele schöne Jahre mit Erfolg, Glück, Zufriedenheit und vor allem Gesundheit. Die Kollegen haben zusammengelegt, und ich darf Ihnen (dir) . . . . . als kleines Geschenk und als Erinnerung an den heutigen Tag überreichen. Viel Erfolg weiterhin und alles Gute.

Jubilarin/Jubilar dankt

Sehr geehrter Herr ..... (eventuell mit Titel),
liebe Kolleginnen und Kollegen,

vielen Dank Ihnen allen für die netten Glückwünsche zu meinem Arbeits-/Dienstjubiläum. Ich komme mir ja fast schon erhaben vor, so viele gute Dinge sind über mich gesagt worden.

Es war schön, noch einmal die Vergangenheit vorüberziehen zu lassen und kurz an all das zu denken, was sich in diesen ..... Jahren hier in der Firma/Dienststelle und speziell an meinem Arbeitsplatz getan hat.

Weil schon so viele amüsante Anekdoten erzählt wurden, will ich auch noch ein paar beisteuern, die mir besonders stark in der Erinnerung haftengeblieben sind. *(Es folgen diese persönlichen Beispiele.)*

Als ich anfing, sah die Firma/Dienststelle noch so aus ..... *(kurze Beschreibung)*. Von den »alten« Kollegen sind ja nicht mehr so viele hier ..... *(aufzählen)*.

Meine Einstellung zu meiner Arbeit war immer ..... *(kurze Darstellung)*.

Wenn ich mal Kollegen gekränkt haben sollte, dann bitte ich hier bei diesem Anlaß um Entschuldigung. Es war nie böse gemeint, und im wesentlichen sind wir ja immer gut miteinander ausgekommen.

Wenn ich ein paar Wünsche äußern dürfte, dann würde ich folgendes anregen ..... *(es folgen entsprechende Arbeitswünsche)*.

Ich bedanke mich bei Ihnen allen *(eventuell für Geschenke etc.)* und hoffe, daß wir weiter so friedlich und erfolgreich zusammenarbeiten. So, und jetzt wollen wir ein bißchen feiern .....

Die überschwengliche Variante zum Arbeits-/Dienstjubiläum

Der Chef ehrt einen Jubilar

Meine lieben Betriebsangehörigen, vor allem mein lieber Meister Meier!

Ein freudiges Ereignis hat uns heute zu einer kurzen Feierstunde hier zusammengedrängt. Es sind heute 40 Jahre her, daß unser lieber und hochgeschätzter Meister Meier ununterbrochen dem Betrieb angehört. Das ist Grund genug, die Arbeit für kurze Zeit ruhen zu lassen und uns um unseren Jubilar zu scharen.

Was Meister Meier für unseren Betrieb bedeutet, wissen wir alle. Ich aber kann es besser als alle anderen beurteilen, denn mit Meister Meier und durch Meister Meier ist der Betrieb gewachsen und eigentlich erst das geworden, was er heute ist. Meister Meier hat vor allem durch seine Fähigkeit, alle Mitarbeiter für ihre Arbeit zu begeistern und dadurch nur Qualitätserzeugnisse erster Klasse fertigzustellen, unseren Betrieb auch in Krisenjahren konkurrenzfähig gehalten.

Für unsere Firma ist er immer nur der Meister Meier gewesen, für mich aber war er immer mein Meister Meier, und er ist es auch heute noch.

Bevor ich diesen Saal betrat, habe ich einen kurzen Blick auf den Arbeitsplatz unseres Jubilars geworfen, und ich habe mit großer Freude festgestellt, daß Sie, meine lieben Betriebsangehörigen, den Platz unseres Meisters Meier über und über mit Blumen geschmückt haben. Auch sonst sah ich so allerhand herumstehen, was man gewöhnlich auf seiner Werkbank nicht sieht. Aber er muß es sich heute schon gefallen lassen, daß wir Unordnung in seinen sonst so gepflegten Arbeitsbereich bringen. Ja, er muß sich sogar gefallen lassen, daß ich ihm heute die Arbeit im Betrieb strikt verbiete, und daß ich ihn persönlich nach dieser Feierstunde nach Hause bringe. Das ist gewiß ungewohnt für unseren Meister Meier, der doch immer die Pünktlichkeit in Person war. Zu Hause soll er jetzt mit seiner Familie und seinen Angehörigen sich einen Festtag machen. Was man alles für ein solches Fest braucht, wird er in diesem Korb hier finden, der vor allem Eßbares, Trinkbares und Rauchbares in sich birgt.

Die richtige Feier wird aber erst heute abend stattfinden. Unsere Betriebsräume sind nicht für so ein Fest mit allem Drum und Dran eingerichtet. Wir können die Maschinen nicht hinauswerfen. Ich glaube deshalb, keinen Widerspruch zu bekommen, wenn ich vorschlage: Wir alle treffen uns heute abend bei der Feier zu Ehren unseres Arbeitskollegen Meister Meier im Gasthaus..... um 20 Uhr.

Ehret unsere deutschen Meister, sagt Hans Sachs in Wagners Meistersingern. Dieser Aufforderung wollen auch wir nachkommen und heute zu Ehren unseres Jubilars fröhlich von Herzen sein. Ich schließe diese Feierstunde mit einem von tiefstem Herzen gemeinten Dank an meinen treuen Meister und Mitarbeiter und mit den innigsten Wünschen für sein weiteres langes Leben.

Beförderung

Rede in einem Betrieb

Jemand von der Geschäftsleitung spricht

Liebe Frau oder lieber Herr .....,
verehrte Kolleginnen und Kollegen,

Ihnen, Frau/Herr ....., haben sicher in den vergangenen Tagen und Wochen oft die Ohren geklungen, weil wir mehrmals in der Betriebsleitung über Sie gesprochen haben. Also machen wir kein Geheimnis daraus, und Sie wissen ja auch schon geraume Zeit, worum es geht. Herr/Frau ..... ist in den Ruhestand getreten und ihr/sein Posten in der Abteilung ..... ist neu zu besetzen.

In der Geschäftsleitung war man sich schnell einig darüber, daß Sie, liebe(r) Frau/Herr ....., diesen Posten bekommen, und es freut uns ganz besonders, daß sich auch alle Kollegen für Sie ausgesprochen haben. Sie haben offenbar viele Freunde in diesem Betrieb, und für alle war es selbstverständlich, daß Sie berufen werden.

Diese Wertschätzung freut auch die Betriebsleitung ganz besonders, stellt sie doch sicher, daß auch in Zukunft beste Zusammenarbeit gewährleistet ist. Gerade in dieser leitenden Stellung braucht die Firma einen Mitarbeiter mit besten menschlichen und fachlichen Qualitäten. Sie haben darüber hinaus noch die notwendige Ruhe und Ausgeglichenheit.

Liebe(r) Frau/Herr ....., Sie haben schon oft bewiesen, wie gut Sie mit Menschen umgehen können und daß Sie gerade mit den jüngeren Kollegen bestens auskommen. So darf ich Sie also mit Wirkung vom ..... zum Leiter(in) der ..... ernennen und Sie dazu herzlich beglückwünschen. Die Betriebsleitung freut sich, eine(n) so tüchtige(n) neue(n) Abteilungsleiter(in) zu haben, und sie legt die neue Aufgabe vertrauensvoll in Ihre Hände.

Wir alle wünschen Ihnen viel Erfolg bei Ihrer neuen Tätigkeit, viel Freude bei der neuen Arbeit und eine vorzügliche Zusammenarbeit mit allen Kolleginnen und Kollegen. Alles Gute für Sie.

Die gereimte Rede:

Zur Beförderung

Ein Mann bekommt von oben Weisung,
er soll zum Zwecke seiner Preisung
Zum Chef sich sputen, ohne List,
weil er befördert worden ist.

Der Mann, schon rennend, spürt sein Herz
und hofft, es sei kein loser Scherz.
Daß er jetzt dran ist, ist schon richtig,
doch ist denn seine Arbeit wichtig?

Im Fahrstuhl schnaufend wird ihm klar,
daß er ja echt der Beste war.
Er hat sich immer gut betragen,
sich für die Firma stets geschlagen.

Durch ihn ist sie erst groß geworden.
Dafür will er jetzt keinen Orden,
sondern Gewißheit auf die Schnelle,
daß er bekommt die bess're Stelle.

Der Mann hat nun die demgemäße
Einbildung, daß zu recht besäße
er einen Anspruch auf mehr Geld,
was einzig zählt in dieser Welt.

Im Chefbüro wird ihm bedeutet,
man habe nicht nach ihm geläutet.
Es nützt ihm gar nichts, daß er weint,
ein andrer Meier war gemeint!

Und die Moral von der Geschicht'?
In unsrer Zeit genügt es nicht,
daß man sich für den Größten hält.
Ob's auch der Chef tut, nur das zählt.

H. J.

Zur Beförderung eines Beamten

Es spricht z. B. ein Vorgesetzter

Sehr geehrter Herr Kollege . . . . ., meine Damen und Herren,

wir sind heute zusammengekommen, um Ihnen, sehr verehrter Herr Kollege . . . . ., für Ihre Arbeit zu danken und Ihnen herzlich zur Beförderung zu gratulieren. In den letzten Jahren haben wir Sie als einen Kollegen und Menschen kennengelernt, der über alle menschlichen und fachlichen Qualitäten verfügt, die für diesen Aufgabenbereich notwendig sind. Sie haben sich immer für Ihre Arbeit verantwortlich gefühlt, und so sind Sie zu einem besonders wichtigen Mitarbeiter geworden.

Aber Sie waren nie ein »Büro-Roboter«, Sie waren sich immer bewußt, daß Sie mit Menschen zusammen und für Menschen arbeiten. So ist es kein Wunder, daß Sie bei unserem Publikum immer ganz besonders gut ankamen und daß Sie von Ihren Kollegen überaus geschätzt werden. Deshalb wird keiner Ihrer Kollegen Ihnen Ihre Beförderung neiden, ganz im Gegenteil, wir alle freuen uns mit Ihnen.

(Wenn man etwas Persönliches einflechten will, kann man eventuell von Hobbys des Beförderten sprechen, oder von seinen sonstigen Aktivitäten, z. B. im politischen Bereich oder bei Vereinen).

Ich bin sehr erfreut, daß ich Ihnen heute diese verdiente Anerkennung aussprechen darf. Sie sind also hiermit amtlich zum . . . . . befördert worden. Ich verbinde damit die Hoffnung, daß Sie auch weiterhin so erfolgreich für . . . . . *(Amt, Behörde)* tätig sein werden. Herzlichen Glückwunsch zur Beförderung und auch künftig viel Erfolg bei Ihrer Arbeit.

Ein Kollege des beförderten Beamten/Angestellten spricht

Lieber Kollege . . . . .,

wir sind hier in dieser . . . . . *(Behörde, Abteilung etc.)* zwar nicht immer einer Meinung, und es gibt auch schon mal Streit und harmlose Auseinandersetzungen oder Ärger, aber heute herrscht doch die schönste Einmütigkeit. Wir alle waren der Meinung, daß dieser Tag ein bißchen gefeiert werden muß und daß du dir diese Beförderung wirklich verdient hast.

Herzlichen Glückwunsch von uns allen.

Deine fachlichen Qualitäten beurteilen andere, wir aber, deine Kollegen und Mitstreiter, schätzen dich besonders als Menschen und Freund, als verläßlichen Kollegen. *(Hier könnte man persönliche Erfahrungen einbauen, wo der beförderte Kollege z. B. für seine Kollegen eingetreten ist usw.)*

Wir kennen dich lange genug und wissen, daß es dir ein bißchen peinlich ist, so im Mittelpunkt zu stehen und geehrt zu werden. Aber das alles mußt du heute schon über dich ergehen lassen, denn . . . . . *(Titel oder Art der Beförderung)* wird man ja nicht alle Tage. Dieses kleine Geschenk . . . . . soll dich immer an deine Kollegen und den heutigen Tag erinnern. Natürlich haben wir dafür gesammelt.

Wir wünschen dir weiterhin Gesundheit, Erfolg und Zufriedenheit bei deiner Arbeit. Bleib auch in Zukunft so nett zu uns, wie du immer warst.

Also herzlichen Glückwunsch zu deiner Beförderung, der noch viele folgen mögen.

Ruhestand

Rahmenbedingungen für eine »öffentliche« Ruhestandsverabschiedung

Beispiel einer Feier zur Verabschiedung eines Mannes (Frau), der/ die am öffentlichen Leben mitwirkte, etwa eines Leiters (Leiterin) der Heimatredaktion einer regionalen Zeitung. Als Redner treten auf: Der Verlagsdirektor, der Chefredakteur, Betriebsratsvorsitzender, der Landrat, der Bürgermeister.

Der Verlagsdirektor skizziert den beruflichen Werdegang des »Ruheständlers«. Er rühmt das Wirken, hebt Ideen und Impulse hervor, betont Hilfsbereitschaft, Verläßlichkeit und gutes Einvernehmen mit Geschäftsleitung und Mitarbeitern.

Er überreicht ein Präsent (Geld?) und eventuell eine Art Ehrenzeichen oder Auszeichnung (Urkunde?).

Der Chefredakteur hebt mehr fachliche Dinge hervor. Er würdigt in diesem Fall die Verdienste, die sich der Redakteur beim Aufbau des Heimatteils erworben hat, nennt dafür eine Reihe konkreter Beispiele. Er schildert Projekte der Heimatstadt, die der Redakteur entweder angeregt oder publizistisch stark gefördert hat. Er beschreibt dessen Verhältnis zu Redakteuren und Volontären, erklärt die Vorbildfunktion und die Art und Weise, wie er sein Wissen und seine technischen Fertigkeiten an den Nachwuchs weitergegeben hat.

Der Betriebsratsvorsitzende spricht ebenfalls Dank und Anerkennung aus, erwähnt Beispiele der Zusammenarbeit auf dem personellen Sektor, Anstellungsfragen, Urlaub etc.

Die politischen Funktionäre beschreiben die gute (oder manchmal auch kontroverse) und stets faire Zusammenarbeit zwischen Behörden und Zeitung bei kommunalen Angelegenheiten, berichten von konkreten Beispielen, in denen die kommunale und regionale Verwaltung auf Unterstützung der Medien angewiesen waren. Sie können auch jahrelange Wege des Miteinander (Freundschaft?) beschreiben. Sie betonen das gegenseitige Interesse für das Gemeinwohl. Zum Schluß entsprechende Dankformeln.

Verabschiedung eines Mitarbeiters bei Erreichung der Altersgrenze

Der Chef spricht

Liebe(r) Frau/Herr . . . . ., liebe Mitarbeiterinnen und Mitarbeiter, sehr verehrte Damen und Herren,

der Anlaß, der uns heute zu dieser kleinen Feier zusammengeführt hat, ist eigentlich ein bißchen wehmütig. Mit dem heutigen Tage verläßt uns unser(e) hochgeschätzte(r) Mitarbeiterin/Mitarbeiter Frau . . . . ./Herr . . . . . und geht in den wohlverdienten Ruhestand.

Nicht, daß wir Ihnen Ihr »goldenes Alter«, Ihren gemütlichen, etwas ruhigeren Lebensabend nicht gönnen würden, aber die Lücke, die Sie hier im Betrieb (Firma) hinterlassen, wird uns noch lange schmerzlich bewußt bleiben. So schnell werden Sie nicht zu ersetzen sein.

Ich darf ohne Übertreibung sagen, daß Sie sich um dieses Unternehmen verdient gemacht haben. Als Sie vor . . . . . Jahren hier anfingen . . . . . *(beschrieben wird die berufliche Entwicklung . . . . .).*

Mit Ihrer Tatkraft, Ihrem Mut zu Entscheidungen, Ihrer Erfahrung . . . . . *(weitere gute Eigenschaften)* . . . . . haben Sie sich hier eine Position geschaffen, die . . . . . *(Beschreibung dieser Position).*

Wir bitten Sie, die Verbindung zum Betrieb nicht abreißen zu lassen, und wir werden das unsrige dazu tun, daß Sie weiterhin zu unserer »Betriebs-Familie« gehören. Wenn man Sie so sieht, rüstig und energiegeladen, kann man gar nicht glauben, daß Sie nun ein »Ruheständler« sein möchten.

Wie wir Sie kennen, werden Sie aber auch als Pensionär/Rentner nicht auf der faulen Haut liegen, wenn ich so sagen darf, sondern sich tatkräftig Ihren vielen Hobbys widmen *(eventuell in Ehrenämtern tätig sein),* und Ihre Familie wird Sie auch ganz schön in Anspruch nehmen. Liebe Omas und Opas haben Gott sei Dank immer noch einen hohen Wert und werden an allen Ecken und Enden gebraucht.

Nochmals also vielen Dank für Ihre jahrelange, überaus wertvolle Mitarbeit, Ihren Einsatz für die Firma und Ihre stets faire Zusammenarbeit. Wir alle wünschen Ihnen vor allem Gesundheit und noch viele schöne Jahre in Ruhe und Frieden.

Zur Erinnerung an Ihre Arbeit und an den Betrieb und die Kollegen darf ich Ihnen ..... überreichen. Nochmals vielen Dank und alles, alles Gute.

Mehrere Mitarbeiter werden zusammen verabschiedet

Der Chef/Direktor/Abteilungsleiter etc. spricht

Meine sehr verehrten Damen und Herren,

als ..... *(Titel, Position des Redners)* habe ich Sie heute hierher gebeten, damit wir zusammen Frau/Herrn ..... usw. *(Namen der Mitarbeiter, die in den Ruhestand gehen)* in den Ruhestand verabschieden und ihnen unseren Dank aussprechen. Sie, verehrte »Ruheständler«, haben sich um die Firma/Betrieb/Abteilung etc. während langer Arbeitsjahre verdient gemacht, und Sie haben sich einen friedlichen, gesicherten und zufriedenen Ruhestand verdient.

Die Firmenleitung bedankt sich bei Ihnen für die jahrelange Mitarbeit, für Ihren Einsatz und Ihr Engagement. Nun sollen Sie alle nach einem Berufsleben voller Arbeit den Lohn genießen können.

Ihre Tätigkeit war sicher nicht immer leicht. Sie mußten viele Probleme und Sorgen bewältigen, und sicher haben Sie sich manchmal diesen heutigen Tag schon früher herbeigewünscht.

Aber Sie haben hier bei uns bestimmt auch schöne Zeiten verbracht, zufrieden mit Ihrer Arbeit, angesehen bei der Firmenleitung, geschätzt von Ihren Kollegen. Arbeit ist zwar nicht alles im Leben, und man soll gewiß auch nicht leben, um zu arbeiten. Aber die Arbeit ist nun einmal ein Teil unseres Lebens, sie verschafft uns unseren Lebensunterhalt, und deshalb ist es schön, wenn uns unsere Arbeit auch gefällt, wenn sie uns zufriedenstellt.

Sie alle, verehrte Ruheständler in spe, haben bewiesen, wie zufrieden man mit seiner Tätigkeit sein kann, wie man sich mit Können,

Zähigkeit und Ausdauer durchsetzen und sich eine Position erringen kann. Sie sind immer Vorbilder für die Jugend gewesen, und wir werden Sie hier im Betrieb vermissen.

Es ist Ihnen sicher nie etwas geschenkt worden, Ihr Leben war mühsam und arbeitsreich genug. Nun dürfen Sie sich auf den verdienten Ruhestand freuen und vielleicht noch ein paar Dinge im Leben nachholen, für die es Ihnen bisher an Zeit gefehlt hat.

Reden Sie sich ja nicht ein, daß Sie nun etwa überflüssig sind, zum alten Eisen geworfen, zu nichts mehr nütze, den anderen nur im Weg. Das wäre kompletter Unsinn. Gerade wir hier, die Firmenleitung und Ihre Kollegen, wissen ja am besten, daß Sie das alles gewiß nicht sind.

Aber jetzt können Sie sich mehr um die eigenen Dinge kümmern, Sie können mit mehr Zeit das tun, was Sie wollen. Sie alle haben Hobbys, denen Sie sich nun mit Hingabe widmen können. Sie arbeiten ehrenamtlich in Vereinen oder Verbänden mit, Ihr Rat, Ihre Erfahrung, Ihr Wissen werden noch dringend gebraucht.

Und nicht zuletzt haben Sie ja Ihre Familie, Ihre Kinder, Ihre Enkel, die sich schon auf die liebe Oma oder den lieben Opa von Herzen freuen. Dort werden Sie vielleicht noch dringender gebraucht!

Wir danken Ihnen für Ihre Treue zum Betrieb, für Ihre Leistungen für die Firma/Dienststelle und für Ihre Kollegialität. Wir alle wünschen Ihnen von Herzen einen frohen und vor allem einen gesunden Feierabend Ihres Arbeitslebens und noch viele schöne Jahre, die Sie vor allem sich selbst widmen sollen.

Ein Kollege/Mitarbeiter spricht

Liebe(r) Frau/Herr ..... *(oder bei Duz-Verhältnis Vorname),* liebe Kolleginnen und Kollegen *(bei größerer Feier eventuell noch: ..... meine sehr verehrten Damen und Herren)*,

mit einem gewissen Unbehagen und mit großer Wehmut haben wir diesen Tag immer näherrücken sehen. Heute ist es nun soweit.

(In der Folge wählen wir nun die Du-Form.)

Du, liebe(r) ....., verläßt uns schnöde, verabschiedest dich in den Ruhestand und läßt uns hier sozusagen verwaist zurück. Jetzt müssen wir sehen, wie wir alleine fertig werden.

Ist es nicht beinahe so, als ob man ein altes Ehepaar auseinanderreißt? So viele Jahre haben wir nun Seite an Seite gearbeitet, wir kennen uns fast besser, als es Brüder oder Schwestern tun. Ob es jemals Streit zwischen uns gab, habe ich längst vergessen. Es kann also nie so arg gewesen sein. An die ungezählten schönen Stunden hingegen kann ich mich sehr gut erinnern. Weißt du noch ..... *(Es folgen persönliche Erinnerungen an Ereignisse betrieblicher Art, die man zusammen »durchgestanden« hat, und die man durchaus lustig schildern kann.)*

Immer haben wir uns gegenseitig interessiert, wie es dem anderen zu Hause so ergeht, was seine Kinder tun usw. Als du ..... *(Erinnerungen an persönliche, familiäre Ereignisse).*

Ich bin schon ein bißchen neidisch, wenn ich daran denke, daß du nun früh ausschlafen kannst, daß fast immer Feiertag für dich ist, daß du abends bis weit nach Mitternacht einen Fernseh-Krimi oder eine Sport-Übertragung in aller Ruhe genießen darfst.

Ein schönes Haus erwartet dich *(eine gemütliche Wohnung?)*, ein schöner Garten, eine liebe Frau *(ein lieber Mann)*, die (der) dir das Frühstück ans Bett bringt ..... Ja, Ruheständler müßte man sein.

Spaß beiseite, liebe(r) ....., du hast dir deinen Feierabend von der Lebensarbeit redlich verdient, wir freuen uns mit dir und wünschen dir, daß du dein neues Leben noch lange gesund genießen kannst. Kein Streß mehr, kein Maschinenlärm, keine stickige Büroluft, keine Vorgesetzten, keine Untergebenen – wirst du das überhaupt aushalten können?

Du hast vielleicht, wie ich dich kenne, nun sogar noch weniger Freizeit als früher. Man sagt immer, Rentner/Pensionäre hätten nichts zu tun und würden sich langweilen. Genau das Gegenteil dürfte stimmen, wahrscheinlich kommst du sogar in einen neuen Streß hinein.

Richte dir dein neues Leben geschickt ein, mach es dir besonders gemütlich, und laß dich von deinen Lieben nach Kräften verwöhnen. Vergiß uns nicht ganz, behalte uns in guter Erinnerung, und laß dich bitte ab und zu hier bei uns sehen.

So gesehen ist dies kein Abschied, nur ein Dank für deine Freundschaft und deine Kollegialität. Wir haben zusammengelegt, und ich darf dir zur Erinnerung ..... überreichen.

Und wenn du morgen um ..... Uhr automatisch aufwachst, atmest du einfach kurz durch und drehst dich auf die andere Seite. Aber denke ein paar Sekunden an uns, die wir hier ohne dich weiterarbeiten müssen. Nochmals alles Gute, einen friedlichen und gesunden Feierabend und noch viele schöne Jahre.

Kurzfassung für Ungeduldige

Liebe(r) .....,

warum viele Worte machen, du weißt, was du uns bedeutest, und wie sehr wir es im eigenen Interesse bedauern, daß du dich nun in den Ruhestand verabschiedest. Den hast du dir allerdings redlich verdient, und wir gönnen ihn dir von Herzen. Genieße die nächsten Jahre, tu dir mal selbst etwas Gutes, mach dir's so richtig gemütlich. Wenn du früher vor lauter Arbeit was versäumt hast, hol es jetzt nach. Bleib gesund und schau dir die Welt an, zumindest einen Teil davon. Laß dich von deinen Lieben nicht zu sehr ausnützen, stürz dich in deine Hobbys, und beschau dir deine Umwelt gelassen und abgeklärt. Du warst uns immer ein lieber Arbeitskollege, vielen Dank dafür. Und nun ab in den Ruhestand, ehe ich noch völlig sentimental werde.

Ehrungen, Auszeichnungen, Ehrenmitgliedschaft

Ehrenvorsitz – zum Beispiel in einem Verein

Es spricht der Vereinsvorsitzende

Lieber ....., verehrte Mitglieder,

die Mitgliederversammlung hat am ..... nahezu einstimmig beschlossen, dir, lieber ....., den Ehrenvorsitz in unserem Verein zu übertragen. Es soll in erster Linie der Dank dafür sein, daß du seit ..... Jahren diesem Verein angehörst, daß du in dieser Zeit die Ehrenämter ..... bekleidet hast und daß du dich in all diesen Jahren mit deinem ganzen Einsatz für die Mitglieder und für den Verein engagiert hast.

Daß unser Verein heute so gut dasteht, ist nicht zuletzt dein Verdienst. Als ..... *(es folgt die Aufzählung und Würdigung der Positionen, die der Geehrte bekleidet hat und der besonderen Leistungen, die er für den Verein erbracht hat).*

Als du im vergangenen Jahr aus ..... Gründen nicht mehr für den Posten als ..... kandidiert hast, war es für uns alle gleich beschlossene Sache, dich bei den nächsten Wahlen zum Ehrenvorsitzenden zu machen. Es ist eine Anerkennung für deine Arbeit und für deine großen Leistungen.

Außerdem wollen wir natürlich auch weiterhin nicht auf deinen Rat und auf deine Erfahrung verzichten. So einen Verein erfolgreich zu führen, ist ja heutzutage keine so leichte Sache mehr, umsomehr brauchen wir auch in Zukunft deine Hilfe. Als äußeres Zeichen deiner neuen Würde darf ich dir ..... überreichen.

Bleibe bitte unserem Verein und uns Mitgliedern treu, sei uns weiterhin ein aufrichtiger und energischer Ratgeber und nütze auch in Zukunft deine Verbindungen zum Wohle des Vereins.

Ehrennadel – zum Beispiel für 25jährige Tätigkeit in einem Verein

Es spricht der Vereinsvorsitzende

Liebe(r) . . . . ., liebe Mitglieder, verehrte Gäste,

diese Ehrennadel kann eigentlich nur recht unvollkommen Ihre Leistungen würdigen, die Sie im Laufe der vergangenen 25 Jahre für unseren Verein erbracht haben. Sie ist nur ein kleines Zeichen unseres Dankes.

Als . . . . . haben Sie in hervorragender Weise dazu beigetragen, daß sich unser Verein zu dem entwickelt hat, was er heute darstellt. Ich denke da vor allem an . . . . . *(es folgen die entsprechenden Leistungen, zum Beispiel Spenden sammeln oder Schriftverkehr erledigen oder Verhandlungen führen usw.).*

Als Sie unserem Verein beitraten . . . . . *(es folgt ein kleiner Rückblick auf die Geschichte, auf die Entwicklung mit besonderem Bezug auf den/die Geehrte(n)).*

Besonders haben wir Ihren Erfindungsreichtum bewundert, als es darum ging, die . . . . . *(Darstellung dieser betreffenden Ereignisse).*

Sie mußten ja ganz besondere Hindernisse überwinden . . . . . *(Darstellung).* Aber Sie haben alles mit Geschick und Können grandios bewältigt.

In den ganzen Jahren haben Sie immer mehr im Stillen gewirkt, haben nie ein Aufhebens von Ihren Leistungen gemacht, die für Sie selbstverständlich waren. Heute aber bleibt Ihnen gar nichts anderes übrig, als doch einmal im Mittelpunkt zu stehen und sich ein bißchen ehren und feiern zu lassen, wie Sie es wirklich verdient haben.

Ich darf Ihnen diese Ehrennadel überreichen und Ihnen für die Zukunft viel Glück, Erfolg und vor allem Gesundheit wünschen.

Ehrenmitgliedschaft – zum Beispiel in einer gemeinnützigen Einrichtung, verliehen an eine Frau

Es spricht ein führender Funktionär

Liebe Frau ....., liebe Mitglieder und Freunde, verehrte Gäste,

bei dieser kleinen Feier wollen wir unserer hochverehrten Frau ..... wegen Ihrer unschätzbaren Verdienste um unser ..... die Ehrenmitgliedschaft verleihen. Einstimmig haben sich alle Mitglieder und Förderer für diese Würdigung ausgesprochen, ja, es war uns allen ein echtes Bedürfnis.

Diese Ehrenmitgliedschaft, verehrte Frau ....., soll ein Dank sein für Ihren unermüdlichen Einsatz für unsere Sache, für Ihre Tatkraft, Ihre Ideen und Ihre Opfer an Freizeit und Geld.

Als Gründungsmitglied sind Sie ja so etwas wie eine »Frau der ersten Stunde«. Sie haben sich für Ihre Überzeugung engagiert, und Sie haben durch Ihr vorbildliches Beispiel dafür gesorgt, daß sich viele Menschen für unsere Sache eingesetzt haben.

Wir haben klein angefangen ..... *(es folgt eine Schilderung der Entwicklung dieser Einrichtung und eine Würdigung des Beitrages, den die Geehrte dazu geleistet hat).*

Heute ..... *(dargestellt werden die Bedeutung der Einrichtung zum gegenwärtigen Zeitpunkt und die Pläne für die Zukunft).*

Wir alle hoffen, verehrte Frau ....., daß Sie sich weiterhin so energisch für unsere Anliegen einsetzen, daß Ihnen die Ideen nicht ausgehen, und daß Ihre Familie Sie in Ihrem Einsatz auch in Zukunft so unterstützt, wie sie es bisher getan hat. Unser Dank gilt also auch Ihrer Familie. Wir wünschen Ihnen Gesundheit und ungebrochene Tatkraft. Zur Erinnerung darf ich Ihnen ..... überreichen *(Urkunde, Geschenk, etc.).*

Verleihung eines Ordens

Sehr geehrte(r) Frau/Herr . . . . ., verehrte Gäste,

der Herr . . . . . *(Bundespräsident, Ministerpräsident etc.)* hat Ihnen auf Vorschlag der/des . . . . . das/den . . . . . verliehen. Mit dieser hohen Auszeichnung sollen Ihre Verdienste um . . . . . im Allgemeinen und um . . . . . im Besonderen gewürdigt werden.

Ich darf Ihnen im Auftrag des . . . . . diese Auszeichnung überreichen und Ihnen gleichzeitig Dank und Anerkennung für Ihr jahrelanges Wirken für/im . . . . . aussprechen.

Seit . . . . . haben Sie . . . . . *(es folgt die entsprechende Darstellung und Würdigung der Leistungen).*

Außerdem waren Sie . . . . .

Ihr . . . . . *(ehrenamtliches?)* Wirken war zwangsläufig mit persönlichem Verzicht verbunden. Wenn andere sich am Wochenende . . . . ., dann haben Sie . . . . . Ohne Frauen/Männer wie Sie, könnte unser Gemeinwesen nicht so gut funktionieren. Dafür gilt Ihnen unser ganz besonderer Dank.

Danken möchte ich auch Ihrer Familie, die ja oft genug auf Sie verzichten mußte, aber immer viel Verständnis für Ihre Tätigkeit aufgebracht hat.

Darf ich Ihnen nun dieses . . . . . *(Name der Auszeichnung)* überreichen, verbunden nochmals mit unserem Dank und unserer Anerkennung. Diese Auszeichnung soll Ihnen auch Ansporn und Ermutigung sein, weiterhin . . . . .

Kurzfassung für Ungeduldige

Lieber Freund,

diese Ehrung, die dir heute zuteil wird, hast du dir wirklich verdient. Wozu also viele große Worte machen, du weißt ja, wie hoch wir dich schätzen und wie dankbar wir sind, daß wir uns zu deinen Freunden zählen dürfen. Nimm diese Auszeichnung als kleines Zeichen unserer Wertschätzung. Wir wissen, daß du dich nicht deshalb so eingesetzt hast, um diese Ehrung zu bekommen. Für dich war es immer selbstverständlich, dich in den Dienst der Sache zu stellen, Ruhm hat dich nie gelockt. Um so aufrichtiger sind unser Dank und unsere Anerkennung. Bleib gesund und immer so energisch wie in den vergangenen Jahren. Vielen Dank für alles, was du geleistet hast.

Variante der Rede zur Überreichung einer Ehrennadel

Liebes, verehrtes Vereinsmitglied ..... (Name),

wir haben Sie zu dieser unserer heutigen Versammlung persönlich eingeladen. Das mag Ihnen sehr seltsam erschienen sein, denn noch nie hat es ja bei Ihnen einer besonderen Einladung bedurft, immer waren Sie da. Gefehlt haben Sie nie, das kann man auf unseren Anwesenheitslisten nachlesen. Weshalb wir Sie aber zu unserer heutigen Versammlung doch persönlich eingeladen haben, das hat seinen ganz besonderen Grund. Denn Sie stehen heute ganz allein im Mittelpunkt dieses feierlichen Abends.

Seit Jahren gehören Sie nun diesem Verein an. Als einziger der Gründer haben Sie überlebt, weilen Sie noch immer unter uns. Viele Jahre leisteten Sie als umsichtiger ..... die Geschicke dieses Vereins mit, bis Sie auf ausdrücklichen eigenen Wunsch Ihre Aufgaben einem Jüngeren übertrugen.

Was Sie in dieser langen Spanne Zeit für unseren Verein geleistet haben, kann man gar nicht abschätzen. Unsere Mitgliederzahl wurde dezimiert, Ideale sanken, der Materialismus feierte fröhliche Urständ, Menschen wurden gleichgültig und hatten keinen Sinn mehr für höhere Ziele. Sie haben sich davon nicht irre machen lassen, Sie waren nicht nur Gründer, sondern auch Vorbild unseres Vereins. Mit starker Hand führten Sie unser Vereinsschiff durch alle Klippen und alle Brandungen, die Ihnen entgegenschlugen. Mit klarem Blick erkannten Sie immer, was dem Verein gefährlich werden konnte, und was Sie tun mußten, um Gefahren von ihm abzuwenden. In einem zähen Kampf widersetzten Sie sich allen unseren Widersachern, und Sie kämpften mannhaft für unsere Ziele, und Sie vermehrten unsere Ehre.

So kann ich Ihnen nur zurufen: »Wer des anderen Ehre mehrt, der ist wert, daß man ihn ehrt!«

Diese Ehrung wollen wir heute auch nach außen hin feierlich dokumentieren, indem wir Ihnen auf einstimmigen Beschluß aller Mitglieder des Vereins, Ihnen unsere goldene Ehrennadel verleihen. Sie ist ein Zeichen, zwar nur ein kleines, aber dennoch wertvolles Zeichen unseres Dankes und unserer Verbundenheit. Wir wissen, daß Sie uns auch weiterhin die Treue halten, und wir versprechen Ihnen, daß wir Ihnen als unserem großen Vorbild nacheifern werden.

Betriebsfeier, Betriebsausflug, Kegelausflug

Begrüßungsworte zur Betriebsfeier

Chef/Firmenleiter etc. spricht

Liebe Mitarbeiter,

herzlich willkommen zu unserer kleinen Feier, die wir ..... begehen. Schön, daß Sie alle meiner Einladung gefolgt sind. Wir wollen uns ein paar gemütliche Stunden machen, und was Sie in erster Linie dazu beitragen sollen, ist gute Laune.

Am Anfang wollen wir gleich ein paar organisatorische Fragen klären ..... *(hier kann man die notwendigen Einzelheiten über Ablauf, Fahrzeiten etc. einbauen).*

Unser Betriebsklima ist ja recht gut, aber was gut ist, kann immer noch besser werden. Dazu soll diese Feier beitragen, wir wollen uns alle noch ein bißchen besser kennenlernen, und zwar ganz ungezwungen und unbelastet außerhalb des Betriebs, ohne jeden Termindruck.

Ich wünsche Ihnen und mir, daß diese Stunden ein voller Erfolg werden.

Falls in ihren Reihen ein noch unentdecktes komödiantisches Talent steckt, soll es uns hier mit seiner Darbietung erfreuen. Ich habe so etwas flüstern hören, daß Frau ..... (Herr .....) ein besonderes Talent für ..... hat. Nur Mut!

Speisen und Getränke haben wir sorgfältig ausgesucht. Hoffentlich haben wir Ihren Geschmack getroffen.

Oder: Die Auswahl der Speisen und Getränke steht Ihnen frei, die Firma zeigt sich heute mal von ihrer großzügigsten Seite.

Nun also viel Spaß. Für ein paar Stunden wenigstens wollen wir die Firma vergessen. Es gibt ja genügend andere Gesprächsthemen. Ich wünsche Ihnen allen eine schöne Zeit.

Begrüßung beim Kegelausflug

Liebe Freunde,

ich mache es kurz, denn wir können die schöne Zeit unseres Kegelausfluges wirklich besser ausfüllen als mit Reden. Aber ein paar organisatorische Dinge sind vorab zu klären ..... *(es werden entsprechende Fakten bekanntgegeben)*. Das Programm haben wir uns etwa so vorgestellt .....

Ich wünsche euch allen viel Vergnügen, und ich bitte die Freunde, die mit dem eigenen Auto gekommen sind, daran zu denken, wieviel Unglück man sich selbst und anderen antun kann, wenn man alkoholisiert heimfährt. Und nun hinein in den Spaß.

Jemand bedankt sich

Liebe Mitfeierer, verehrter Chef
(oder verehrter Vorstand etc.),

das war wirklich ein guter Einfall, diese Feier/Ausflug zu veranstalten. Wir wußten ja immer, daß unser Chef/Vorstand gerne mitmacht, aber heute hat er sich (sie sich) selbst übertroffen. Das Organisationstalent unseres Kollegen/unserer Kollegin ..... hat wieder einmal Triumphe gefeiert. So (ein) gelungene(r) Nachmittag / Abend / Stunden darf/dürfen einfach nicht einmalig bleiben, wir müssen diese Feier unbedingt, sobald es geht, wiederholen. Sind Sie mit mir einer Meinung? ..... Diese Zustimmung war der beste Beweis dafür, wie gut es uns allen gefallen hat. Vielen Dank nochmals.

Eine etwas theatralische Variante der Rede zum Betriebsfest

Ein Chef/Firmeninhaber spricht

Liebe, hochgeschätzte Mitarbeiter!

Stellt ab die Maschinen! Laßt ruhen die Räder! Zeigt heitere Mienen! Es freue sich jeder.

Mit diesem Vers, meine lieben Mitarbeiterinnen und Mitarbeiter, begrüße ich Sie aus vollem Herzen bei unserer Betriebsfeier. Wir wollen heute, während alle Räder ruhen, ein paar Stunden fröhlich zusammensein. Darauf haben Sie alle ein wohlerworbenes Recht, und mir ist es eine selbstverständliche, von Herzen kommende Pflicht. Aber nicht nur aus diesem treuen Pflichtgefühl zu Ihnen habe ich Sie heute hierher gebeten, sondern weil es mir wichtig war, mich einmal in dieser Form mit Ihnen freuen und mich mit Ihnen aussprechen zu können.

Dazu hat man ja in einem heutigen Betrieb bei diesem schnellen Arbeitstempo nie Zeit. Aber um es gleich vorweg zu sagen, dieses scharfe Tempo ist nicht etwa eine Willkür der Betriebsleitung. Dieses Tempo unterliegt einer höheren Gewalt, der sich auch die Betriebsleitung unterwerfen muß. Wir unterliegen ihr alle, Arbeiter und Angestellte, kaufmännische Abteilung und Konstruktionsbüro, Direktoren und Chefs. Wir alle zusammen stellen den Betrieb dar, und keine der Abteilungen hat das Recht sich einzubilden, sie sei etwas Besseres als die andere.

Wir alle müssen uns als ein kleiner Teil der großen Gesamtwirtschaft fühlen. Und wir müssen, was in unseren Kräften steht, tun, um diese große Aufgabe zu erfüllen, die uns in diesem Leben gestellt ist, und wir müssen dies auch tun, um im Ringen um die beste Leistung im Wirtschaftsleben bestehen zu können.

Sie wissen, es wird von jedem von uns viel verlangt. Um so mehr haben wir auch einmal das Recht, uns auszuspannen und uns zu einigen fröhlichen Stunden zusammenzufinden.

Niemand kann dies besser verstehen als Sie oder wir alle, die wir das ganze Jahr mit beiden Beinen in der Tretmühle stehen. Da steht man und sitzt man tagaus, tagein, Woche für Woche, Monat für

Monat, jahraus, jahrein nebeneinander an der Werkbank, an der Maschine, am Schraubstock, am Kantinentisch, am Schreibtisch oder wo sonst auch immer und hat kaum Gelegenheit, mit dem Nachbarn ein persönliches Wort zu sprechen.

Ich, als der Inhaber dieses Betriebes, leide unter diesem Mangel besonders. Ich sehe Sie dort stehen an Ihrem Arbeitsplatz, ich sehe Ihren ungeheuren Fleiß und Ihre großen Leistungen, und doch kenne ich Sie persönlich eigentlich kaum. Deshalb wollen wir uns bei unseren Betriebsfeiern gemütlich zusammensetzen und uns gegenseitig kennenlernen. Wir wollen uns dabei auch gegenseitig Freude schenken, viel Freude, und dazu soll der heutige Tag beitragen.

Ich weiß, einige Talentierte unter Ihnen haben wieder ein wunderschönes Programm zusammengestellt. Gott sei Dank fehlt es in unserem Betrieb nicht an den notwendigen schöpferischen Kräften. Ich freue mich, daß sich in meinem Unternehmen so viele Musikanten, Vortragskünstler, Humoristen, Schauspieler und andere hervorragende Künstler befinden. Ich bin gespannt auf Ihre Darbietungen, und ich mache mich auf allerlei liebe Überraschungen gefaßt. Und nun wünsche ich Ihnen allen einen recht vergnügten Abend. Ich erhebe mein Glas mit den Worten: Auf euer Wohl, ihr fleißigen Leut! Auf unsere Arbeit, auf unsere Freud!

Kurzfassung für Ungeduldige

Liebe Freunde,

nur ein paar wenige Worte, damit wir dann gemütlich feiern können. Gesagt werden muß ..... *(organisatorische Dinge)*. Das wär's. Viel Spaß, macht es euch gemütlich und übertreibt nicht. Wenn ihr mit dem eigenen Auto heimfahrt, denkt an den Alkohol. Und nun hinein ins schöne Feierleben.

Feste im Freien
(Frühlingsfest, Sommerfest, Gartenfest etc.)

Begrüßungsworte beim Frühjahrsfest eines Stadtteils, gefeiert von den Nachbarn

Einer der Organisatoren spricht

Liebe Nachbarn, liebe Kinder,

Winter ade, Scheiden tut diesmal nicht weh! Oder Frühling, ja du bist's! So könnte unser Motto für dieses kleine Frühlingsfest unseres Wohnbezirks lauten, zu dem ich alle Nachbarn und vor allem die Kinder herzlich begrüße. Es ist ja bei uns schon Tradition geworden, uns hier auf diesem Spielplatz mitten in unserem Wohnbezirk (Siedlung?) zu Frühlingsbeginn zu treffen, miteinander zu feiern und fröhlich zu sein und uns noch ein bißchen besser kennenzulernen.

Es gibt Musik, wir wollen auch, so gut es geht, miteinander singen, und wir wollen ein paar Spiele machen. Für Essen und Trinken ist auch gesorgt. *(Hier kann man Einzelheiten bekanntgeben, wie das so alles abläuft.)*

Wichtig ist, daß wir miteinander reden und hoffentlich neue Beziehungen und Freundschaften knüpfen. Es gibt ja so viele Anlässe, bei denen wir uns gegenseitig helfen können, man muß nur wissen, wie der andere lebt und was für Sorgen er hat.

Ehe ich Ihnen allen viel Spaß und ein paar schöne Stunden wünsche, möchte ich noch Frau/Herrn ..... danken, die/der sich um die Organisation besonders verdient gemacht hat. Es muß ja jemanden geben, der die Fäden zieht und ein bißchen Ordnung schafft. Vielen Dank, liebe Frau/Herr .....

So, und nun kann uns nichts mehr vom fröhlichen Beisammensein abhalten.

Die launige Rede für Genießer

Ansprache bei einem Frühlingsfest

Liebe Nachbarn und Freunde,

wir alle haben den Frühling herbeigesehnt, aber sind wir auch in der Lage, ihn rechtzeitig zu erkennen? Schleicht er sich nicht ganz heimlich an uns heran? Was müssen wir tun, damit wir sein Erscheinen auch rechtzeitig bemerken und uns ohne Zeitverlust an ihm erfreuen können?

Als erfahrener Kenner unserer Umwelt wissen wir ja seit vielen Jahren, daß der amtliche Frühlingsanfang überhaupt nichts besagt. Nein, wir müssen uns schon nach echten Zeichen der Natur richten. Denn es gibt sie noch, diese untrüglichen Herolde, die Vorboten des Frühlings, die irgendwann und ziemlich überraschend durch Stadt und Land streifen. Ich meine nicht die altehrwürdigen Hinweise von Mutter Natur wie grüne Krokusspitzen, schüchterne Schneeglöckchen, Palmkätzchen, Vogelstimmen, die noch ein wenig ungeübt knarren, oder Stare, die höhnisch auf den Wetterbericht pfeifen. Nein, eine moderne Zeit hat Ihre eigenen modernen Frühlingsboten, man muß sie nur erkennen und verstehen.

Die wahrhaftigsten, untrüglichsten und glaubwürdigsten Frühlingsboten sind für mich Bauarbeiter mit Baumaschinen, die Straßen und Gehwege aufreißen, eben einfach deswegen, weil sie Frühlingsboten sind. Sie müssen es tun, sie können gar nicht anders, genau wie Krokusse oder Schneeglöckchen.

Aber es gibt noch viele andere moderne Frühlingsboten, die unabweisbar vom Ende der Heizölzeit künden. Achten Sie auf folgende Hinweise, und Sie wissen, bald wird Frühling.

Um typische Frühlingsboten handelt es sich:

Wenn Autowäscher an den Straßenrändern wie Pilze aus dem Boden schießen, vor allem an Freitagnachmittagen und samstags bis gegen 14.30 Uhr.

Wenn sich scheinbar alle Kinder Ihres Wohngebietes um Ihr Haus versammelt haben und dabei so schreien wie ihre Väter auf dem Fußballplatz.

Wenn Sie Werbebriefe aus Holland in Ihrem Briefkasten finden, die von ungeahnter Blumenpracht künden.

Wenn Sie dreimal in der Woche Prospekte für den fast kostenlosen Erwerb einer Sonnenmarkise erhalten.

Wenn der Reiseteil in Ihrer Tageszeitung als Tapetenunterlage für Ihre ganze Wohnung ausreicht.

Wenn Sie einen Brief Ihrer Kfz-Haftpflichtversicherung zugestellt bekommen, die Ihnen die knapp zwanzigprozentige Prämienerhöhung mitteilt.

Wenn Ihnen Ihr Filius eindringlich die Vorzüge eines Zehngang-Rennrades schildert und bereit ist, zehn Mark von seinem eigenen Sparbuch zuzuschießen.

Wenn die Hundesteuer von Ihrem Konto abgebucht wird.

Wenn Sie feststellen können, in welchem Zustand sich die Deckbetten Ihrer Nachbarn befinden.

Wenn das Fernsehen keine täglichen Übertragungen mehr vom Ski-Weltcup sendet.

Wenn Sie im Sportteil lesen, daß irgendein Radfahrer ein gelbes Trikot erobert hat.

Wenn in der S-Bahn grundsätzlich alle Fenster aufgerissen werden.

Wenn Sie in Ihrer Zeitung lesen, daß zunehmend Pelzmäntel in den Pfandhäusern abgegeben werden.

Wenn die Arbeitskollegen im Büro hartnäckig herauszufinden versuchen, welche Feiertage auf welche Wochentage fallen.

Sicher kennen und erkennen Sie selbst noch mehr solcher untrüglicher moderner Frühlingsboten, auf die viel mehr Verlaß ist als auf Palmkätzchen, Krokusse, Schneeglöckchen oder umweltgeschädigte Vögel. Sie müssen sich nur interessiert umschauen und an Ihrer Umwelt Anteil nehmen.

Und nun viel Spaß bei unserem Frühlingsfest.

Begrüßung zu einem Gartenfest – zum Beispiel im privaten Kreis

Es spricht der Gastgeber/Hausherr

Liebe Freunde,

ich freue mich herzlich, daß ihr alle wieder einmal zu uns gekommen seid und mithelfen wollt, unseren schönen Garten ein wenig zu verwüsten und unsere Essen- und Getränkevorräte aufzubrauchen. Ich bin wirklich gespannt, ob wir diesmal euren Appetit richtig eingeschätzt haben, ob zum Schluß Knappheit herrscht oder ob so viel übrigbleibt, daß wir noch tagelang Kartoffelsalat oder Grillwürstchen verspeisen müssen.

Spaß beiseite, liebe Freunde, wir wollen wieder so ausgelassen und fröhlich wie beim letztenmal sein. Wißt ihr noch, wie ..... *(es folgen ein paar Schmunzelereignisse von früheren Gartenfesten).*

Laßt mich vor aller Fröhlichkeit noch ein ernstes Wort anbringen. Natürlich gibt es wieder leckere alkoholische Genüsse. Aber denkt bitte daran, liebe Autofahrer, wie schnell euch der Führerschein weggenommen werden kann und welche bitteren Folgen die alkoholisierte Heimfahrt haben könnte. Also bitte, wer trinkt, fährt nicht selber heim, und wer unbedingt fahren muß, der hält sich an alkoholfreie Genüsse, ja? Einige können hier bei uns übernachten, wir können Hotelzimmer besorgen, und außerdem gibt es ja noch Taxis. Also wer sich seiner Willenskraft nicht ganz sicher ist, der gibt mir am besten jetzt gleich seinen Autoschlüssel zu treuen Händen, damit er erst gar nicht in Versuchung kommt.

Nun aber zum fröhlichen Teil, jetzt soll's gemütlich werden.

Begrüßungsworte zu einem Sommerfest

Wenn es ein privates Fest für die Nachbarn in einer Siedlung, einem Wohnviertel oder einer Hausgemeinschaft (im selbstgestalteten, grünen Hinterhof?) ist, kann man im wesentlichen den Text vom Frühlingsfest (siehe vorangegangene Seite) verwenden.

Hier als Beispiel das Sommerfest eines Vereins, es spricht der Vorsitzende oder Organisator.

Liebe Mitglieder, liebe Freunde, liebe Kinder,

bereits zum ..... Male feiern wir nun unser bewährtes Sommerfest, das schon zu einem echten Höhepunkt in unserem Vereinsleben geworden ist. Ich begrüße Sie alle herzlich und hoffe, daß es auch diesmal ein so prächtiges Fest wie seine Vorgänger wird. Das Wetter ..... *(angepaßte Bemerkungen zur jeweiligen Situation).*

Ehe es so richtig gemütlich wird, darf ich Ihnen noch kurz sagen, wie wir uns den Ablauf vorgestellt haben ..... *(es folgen organisatorische Dinge).*

Wir müssen uns zwar nicht sklavisch daran halten, aber ein bißchen Ordnung soll schon sein.

In Sachen Essen und Trinken wollen wir so verfahren .....

Liebe Freunde, Frau/Herr ..... hat sich besonders um die Gestaltung dieses Festes bemüht. Ich danke ihr/ihm in Ihrer aller Namen besonders herzlich.

Jetzt, Freunde von der Musik, dürft ihr gleich loslegen. Übrigens, wenn jemand von Ihnen, liebe Freunde, eine kleine unterhaltsame Darbietung auf der Pfanne hat, nur Mut, zeigt, was ihr könnt. Viel Spaß wünsche ich und fröhliche Stunden des Zusammenseins.

Hilfestellung aus der Literatur:
Eine Gedichtauswahl der Jahreszeit entsprechend.

Frühling:

Er ist's

Frühling läßt sein blaues Band
wieder flattern durch die Lüfte;
süße, wohlbekannte Düfte
streifen ahnungsvoll das Land.
Veilchen träumen schon,
wollen balde kommen.
– Horch, von fern ein leiser Harfenton!
Frühling, ja du bist's!
Dich hab' ich vernommen!

Eduard Mörike

Frühlingsglaube

Die linden Lüfte sind erwacht,
sie säuseln und weben Tag und Nacht,
sie schaffen an allen Enden.
O frischer Duft, o neuer Klang!
Nun, armes Herze, sei nicht bang!
Nun muß sich alles, alles wenden.

Die Welt wird schöner mit jedem Tag,
man weiß nicht, was noch werden mag,
das Blühen will nicht enden.
Es blüht das fernste, tiefste Tal:
nun, armes Herz, vergiß die Qual!
Nun muß sich alles, alles wenden.

Ludwig Uhland

Auf ein Ei geschrieben

Ostern ist zwar schon vorbei,
Also dies kein Osterei;
Doch wer sagt, es sei kein Segen,
Wenn im Mai die Hasen legen?
Auf der Pfanne, aus dem Schmalz
Schmeckt ein Eilein jedenfalls,
Und kurzum, mich täts gaudieren,
Dir dies Ei zu präsentieren,
Und zugleich tät es mich kitzeln,
Dir ein Rätsel draufzukritzeln.

Die Sophisten und die Pfaffen
Stritten sich mit viel Geschrei:
Was hat Gott zuerst erschaffen,
Wohl die Henne? wohl das Ei?
Wäre das so schwer zu lösen?
Erstlich ward ein Ei erdacht:
Doch weil noch kein Huhn gewesen,
Schatz, so hats der Has gebracht.

Eduard Mörike

Juni

Der Juni bringt dem Jahr den längsten Tag;
Ob's auch dein schönster sei, ist noch die Frag'.
Kannst du dir sagen bei Beginn der Nacht:
Ein gutes Werk, ich hab es heut vollbracht!
Dann ist der Tag ein schöner; doch fürwahr,
Dazu ist lang genug der kürzeste im Jahr.

Heinrich Hoffmann

Juli

In den Julitagen wünschen
Wir des Winters Schnee und Eis,
Und im Frost des Winters hätten
Wir die Sonne gerne heiß.

Glücklich ist, wer sich bescheidet;
Doch so treiben wir die Dinge:
Fremdes Gut wird hochgeachtet,
Eignes Gute nur geringe.

Heinrich Hoffmann

Herbstlied

Dies ist ein Herbsttag, wie ich keinen sah!
Die Luft ist still, als atmete man kaum,
Und dennoch fallen raschelnd, fern und nah,
Die schönsten Früchte ab von jedem Baum.

O stört sie nicht, die Feier der Natur!
Dies ist die Lese, die sie selber hält,
Denn heute löst sich von den Zweigen nur,
Was vor dem milden Strahl der Sonne fällt.

Friedrich Hebbel

Oktoberlied

Der Nebel steigt, es fällt das Laub;
Schenk ein den Wein, den holden!
Wir wollen uns den grauen Tag
Vergolden, ja vergolden!

Und geht es draußen noch so toll,
Unchristlich oder christlich,
Ist doch die Welt, die schöne Welt,
So gänzlich unverwüstlich!

Und wimmert auch einmal das Herz –
Stoß an und laß es klingen!
Wir wissen's doch, ein rechtes Herz
Ist gar nicht umzubringen.

Der Nebel steigt, es fällt das Laub;
Schenk ein den Wein, den holden!
Wir wollen uns den grauen Tag
Vergolden, ja vergolden!

Wohl ist es Herbst; doch warte nur,
Doch warte nur ein Weilchen!
Der Frühling kommt, der Himmel lacht,
Es steht die Welt in Veilchen.

Die blauen Tage brechen an
Und ehe sie verfließen,
Wir wollen sie, mein wackrer Freund,
Genießen, ja genießen!

Theodor Storm

Weihnachtsfeiern

Bei einem Verein, es spricht der Vorsitzende oder der Organisator

Liebe Mitglieder, verehrte Gäste,

im Namen des Vorstandes begrüße ich Sie auf das herzlichste zu unserer Weihnachtsfeier. Sie soll gleichermaßen ein besinnlicher wie fröhlich-geselliger Abschluß eines turbulenten Jahres sein, das auch für unseren Verein viele Aufregungen, aber auch viele Erfolge brachte. Dennoch soll heute abend nicht der Verein im Mittelpunkt stehen, sondern wir wollen zusammen ein paar ruhige, vielleicht auch nachdenkliche Stunden verbringen, die uns auch einstimmen sollen auf das kommende Fest, auf die Festtage mit ihrer christlichen Bedeutung.

Ich werde Ihnen natürlich keine Predigt halten, und wir wollen uns auch nicht zu sehr in eine falsche Romantik verlieren, die sich oft in diesen Tagen breitmacht.

In dieser vorweihnachtlichen Zeit soll sich ein bißchen die Hektik lösen, wenn ich auch weiß, daß noch viel Streß auf Sie alle zu Hause wartet, wenn Sie sich an die unumgänglichen Festvorbereitungen machen. Rasten sie heute abend also noch einmal aus. Denken wir ein wenig über das abgelaufene Jahr nach, und lassen wir vielleicht schon ein wenig Neugier auf das neue Jahr aufkommen.

Wir wollen heute abend nett zusammensitzen, miteinander reden, fröhlich sein, uns ein bißchen amüsieren und vielleicht sogar tanzen.

Ich darf Ihnen kurz vorstellen, was wir als Programm für Ihre Unterhaltung zusammengestellt haben .....

Zum Programm tragen auch unsere Vereinsmitglieder ..... bei, die ..... *(folgendes bieten)*.

Zum leiblichen Wohl darf ich sagen ..... *(organisatorische Dinge über Kosten etc.)*.

Später dann spielt die ..... zum Tanz auf, und es wird unsere beliebte Tombola gestartet, die ja immer großen Anklang findet. Vielen Dank allen Geschäftsleuten, die dafür gespendet haben, es gibt wunderbare Sachen zu gewinnen. Den Reinerlös führen wir wieder einem karitativen Zweck zu. Diesmal wollen wir die ..... unterstützen.

Erschrecken Sie nicht, wenn ab und zu ein Sammelteller an Ihnen vorbeigetragen wird. Ihre Spenden kommen dem ..... zugute.

Ich darf Ihnen nun ein paar ebenso besinnliche wie fröhliche Stunden wünschen, und ich hoffe, daß Sie heute eingestimmt werden auf ein friedliches, ruhiges und geruhsames Weihnachtsfest zu Hause. Unser Chor beginnt nun mit .....

Begrüßung zur Kinder-Weihnachtsfeier

Liebe Kinder, liebe Mütter und Väter,

unsere Kinder-Weihnachtsfeier ist ja schon zur Tradition geworden, und sie ist uns allen so ans Herz gewachsen, daß sie natürlich auch heuer stattfindet. Ich darf euch, liebe Kinder, und euch, liebe Eltern, herzlich begrüßen und euch alle bitten, euren Teil zur fröhlichen Stimmung beizutragen.

Jedes Kind bekommt ....., und für die lieben Mütter haben wir .....

Natürlich haben wir uns auch ein kleines Programm ausgedacht, das euch unterhalten soll. Die Ideen hatte Frau/Herr ....., der/dem wir alle unseren Dank für die viele Arbeit, auch bei der Vorbereitung und Organisation aussprechen.

Wir wollen folgendes spielen .....

..... wird euch ein kleines Gedicht vortragen, ... wird ein Lied singen, .../...../..... und ..... werden ein kleines Spiel aufführen ..... usw.

So, jetzt will ich die Feier nicht weiter stören. Ich wünsche euch und Ihnen schöne Stunden und ein friedliches und geruhsames Weihnachtsfest. Ich hoffe, daß alle Kinder die Geschenke bekommen, die sie sich in aller Bescheidenheit gewünscht haben. Und seid nicht traurig, wenn's nicht so klappt, vielleicht habt ihr euch zuviel gewünscht, oder aber ihr bekommt es eben im nächsten Jahr.

Habt ihr euch, liebe Kinder, auch schon ein hübsches Geschenk für eure Eltern oder eure Geschwister und Verwandten ausgedacht? Nein? Dann wird's aber höchste Zeit. Ihr könnt schon alle so schön basteln. Ein selbergemachtes Geschenk ist doch viel hübscher als etwas gekauftes. So, und nun viel Spaß.

Eröffnung eines Weihnachts-Basars

Sehr verehrte Gäste, liebe Freunde und Mitglieder,

wie alle Jahre wieder findet auch heuer unser beliebter Weihnachts-Basar statt, der immer ein großer Erfolg war. Ich darf Sie alle begrüßen, und ich hoffe, daß jeder von Ihnen heute schon ein passendes schönes Geschenk findet. Natürlich dient auch dieser Basar wieder einem wohltätigen Zweck. Den Reinerlös bekommt .....
Sie haben sich sicher schon umgeschaut und die vielen herrlichen Arbeiten bewundert. Vor allem unsere Damen waren mit großem Eifer bei der Sache und haben Abend für Abend gestrickt, gehäkelt, genäht, gebastelt und gebacken, daß es eine wahre Freude war.

Auch unsere Jugendgruppe hat sich wieder fleißig an der Vorbereitung beteiligt. Ein großes Verdienst am Gelingen dieses Weihnachts-Basars kommt Frau/Herrn ..... zu, der/die sich mit allen Kräften eingesetzt hat, viel Zeit opferte und alles glänzend organisierte. Vielen Dank.

Für die reiche Kaffee-Tafel haben unsere Damen ebenfalls gesorgt, und für die große Tombola haben viele Geschäftsleute, die ich hier nicht alle namentlich nennen kann, gespendet. Vielen Dank auch ihnen. Auch der Reinerlös aus der Tombola kommt dem ..... zugute. Greifen Sie also bitte eifrig nach den Losen. Die ausgestellten Arbeiten können Sie alle käuflich erwerben, legen Sie sich bitte keinen Zwang auf. Bestimmt finden Sie wunderhübsche Geschenke, nach denen Sie schon lange gesucht haben, oder Sie entdecken etwas, was Sie von Ihrer Geschenkangst – weil Ihnen partout noch nichts eingefallen ist – erlöst. Das Programm unseres Basars wird folgendermaßen ablaufen ..... Nun also, auf ein gutes Gelingen, unser Weihnachts-Basar ist eröffnet.

Zur familiären Weihnachtsfeier: Eine Geschichte zum Vorlesen

Die große Überraschung

Die Kinder hatten schon seit Wochen die Großeltern mit Fragen gequält. »Oma und Opa, was schenkt ihr uns? Opa, bekomme ich die elektrische Eisenbahn? Oma, ich brauche unbedingt neue Anziehpuppen. Opa, alle meine Freunde haben Rollschuhe, bekomme ich auch welche?« Doch die Großeltern hatten eisern geschwiegen, nicht einmal geheimnisvolle Andeutungen hatten sie gemacht. Ganz im Gegenteil, ihr Verhalten deutete eher darauf hin, daß sie diesmal überhaupt nichts schenken würden.

Vater hatte heimlich die Sparbücher und Kontoauszüge überprüft – keine Abhebungen. Mutter war in die Mansardenwohnung der Großeltern geschlichen und hatte sorgfältig Schränke und Kommoden durchsucht – es war nichts zu finden, was einem Weihnachtsgeschenk ähnlich war. Dabei planen alte Leute doch weit voraus, dachte Mutter verwirrt. Vater brütete ostentativ über Hypothekenpapieren, Rechnungen und Kostenvoranschlägen für Neuanschaffungen, wenn man abends beim Fernsehen zusammensaß. Opa interessierte sich zwar dafür, diskutierte ein wenig über die allgemeine schwierige wirtschaftliche Lage, aber mehr nicht.

Vater und Mutter blickten äußerst sorgenvoll in die Zukunft, und auch das Verhältnis der Kinder zu den Großeltern kühlte sich merklich ab. Als Oma Ende November einmal Peter um einen Botengang bat, sagte der recht schnippisch: »Wenn du uns sagst, was wir zu Weihnachten bekommen, erledige ich die Sache.« Oma sah ihn lächelnd an, und nur ein ganz feiner Beobachter hätte das kleine bißchen Schmerz in ihren Augen sehen können. »Was ist nun«, sagte Peter hart, »bekomme ich die Eisenbahn? Wenn ja, helfe ich dir, bekomme ich sie aber nicht, mußt du eben selber sehen, wie du fertig wirst.« Oma betrachtete ihren Enkel lange und eindringlich und wandte sich dann wortlos ab.

Opa machte mit Manuela keine anderen Erfahrungen. Für 50 Pfennige oder eine Mark hatte sie ihm früher gerne kleine Arbeiten abgenommen, nun aber ließ sie sich kaum noch bei den Großeltern im zweiten Stock sehen. Opa hatte einmal unfreiwillig gehört, wie sie zu Peter sagte: »Ich glaube, die Alten schenken uns heuer nichts, sie sind richtig knauserig geworden. Also sollen sie doch sehen, wie sie selbst zurechtkommen.« Es hatte um seine Mundwinkel gezuckt, und Oma hatte es genau gemerkt. Dann hatten sich die beiden an einem Samstagabend, bevor das Hauptprogramm im Fernsehen begann, von ihrer Familie verabschiedet und waren in ihre Wohnung hinaufgegangen. Was sie dort besprachen, hat nie jemand erfahren, aber von da an änderte sich ihr Verhalten abrupt und vollständig.

Die Kinder merkten es nicht so, aber die Eltern machten sich immer größere Sorgen. In der Nacht zum zweiten Adventssonntag kam Vater ins Schlafzimmer und war sehr aufgebracht. »Stell dir vor«, sagte er erregt, »die Alten sind immer noch nicht zu Hause!« Mutter winkte müde ab: »Du weißt doch, sie haben sich für den Senioren-Tanzkurs angemeldet, und hinterher gehen sie immer noch in eine Weinstube. Seit Wochen hängt die ganze Hausarbeit an mir. Mutter hilft mir überhaupt nicht mehr.« Vater setzte sich auf die Bettkante: »Ich glaube, wir müssen etwas unternehmen. Neulich bin ich noch in ihre Küche gegangen, und da saß Vater und las in einem Motorradprospekt. Stell dir das mal vor, ein 68jähriger Mann will sich offenbar ein Motorrad kaufen. Von unserem Geld; es gehört doch uns, wenn sie einmal nicht mehr sind, und sie verplempern es vorher. Ich ersticke in Rechnungen, und er kauft sich ein Motorrad.« Mutter war genauso entsetzt: »Hast du mal gesehen, was sie sich für Kleidung gekauft hat? Richtig jugendlich und modern, ich schäme mich richtig vor den Nachbarn. Solche Stiefel habe ich nie gehabt. Warum gehen wir eigentlich nicht auch in einen Tanzkurs. Aber dazu bist du ja zu geizig.«

Vater hatte zum Schluß gar nicht mehr zugehört. Er grübelte und sagte dann zaghaft: »Wir müssen was unternehmen, davon bist du doch auch überzeugt. Vielleicht könnte man über die Gerichte, du weißt schon, was ich meine, so verminderte Geschäftsfähigkeit oder wie das heißt .....« Mutter schluchzte still vor sich hin und sagte dann gepreßt: »Recht hast du ja eigentlich, aber das können wir ihnen doch nicht antun, wenigstens jetzt nicht, so kurz vor Weihnachten.« »Und die Kinder«, warf Vater ein, »wir müssen an die Zukunft der Kinder denken. Sie brauchen eine materielle Sicherheit und vor allem eine richtige Erziehung. Wenn die Alten aber noch komischer werden? Schließlich tragen wir die Verantwortung für die Kinder.«

Sie einigten sich schließlich darauf, bis nach Weihnachten zu warten, aber dann wollten sie die Sache energisch anpacken. So rückte das Fest immer näher, und man lebte in einem sehr gespannten Frieden miteinander. Die Alten verhielten sich immer atypischer, taten so, als ob sie überhaupt keine weißen Schläfen hätten. Vater und Mutter schwiegen dazu, die Kinder waren von einer beinahe feindseligen Interesselosigkeit.

Dann war der 24. Dezember da. Oma und Opa hatten sich wie immer angeboten, den Baum zu schmücken, und man hatte sie gewähren lassen. Vater und Mutter hatten sich ernsthaft überlegt, ob sie die Großeltern überhaupt zur Bescherung bitten sollten. Aber der Bruch wäre doch zu stark gewesen, und so taten sie es. Man stand sich im Weihnachtszimmer etwas verlegen gegenüber. Die Geschenke an die Kinder und für die Eltern waren aufgebaut, aber von den Geschenken von Oma und Opa war weit und breit nichts zu sehen. Alle hatten bis zuletzt gehofft, die Kinder auf Spielzeug, Süßigkeiten und Bargeld, Vater auf einen Scheck mit einigen Nullen hinter der ersten Zahl, Mutter zumindest auf eine Perlenkette und Bargeld. Aber da war nichts. Opa und Oma standen in der Mitte des Zimmers, hielten sich an den Händen und waren von einer schrecklichen Leere umgeben. Minutenlang herrschte eisiges Schweigen.

Dann schob Opa die Oma einen Schritt vor und sagte leise zu den Kindern: »Hier ist euer Geschenk! Ich schenke euch Oma. Sie wird das ganze Jahr über mit euch spielen, sie wird mit euch Schularbeiten machen, euch Taschengeld geben und sich eure Sorgen anhören.« Er drehte Oma sanft ein wenig herum und sagte zu Mutter: »Hier ist dein Geschenk, auch dir schenke ich Oma. Sie wird für dich Wäsche waschen, sie wird kochen, bügeln, putzen und backen, und sie wird für dich die Kinder hüten.« Schließlich wandte er sich zu Vater und sagte: »Hier ist dein Geschenk, auch dir schenke ich Oma. Sie wird für dich im Garten arbeiten, den Hund betreuen, deine Schuhe putzen und dir die Wahl des Fernsehprogramms überlassen.«

Oma lächelte mit glänzenden Augen, in denen sich der Kerzenschein widerspiegelte. Sie zog Opa in die Mitte des stillen Zimmers und sagte mit klarer Stimme: »Und hier ist mein Geschenk für euch alle. Ich schenke euch Opa, er wird seine Rente mit euch teilen, er wird die Hypothekenzinsen bezahlen, einen neuen Farbfernseher kaufen, und er wird mir erlauben, daß ich fast ausschließlich für euch alle da bin. Und wir beide zusammen schenken euch allen muntere, jugendliche Großeltern, die jung bleiben wollen, damit sie noch lange für euch da sind.«

Es wurde für alle das nachdenklichste und schönste Weihnachtsfest, das sie je erlebt hatten.

Hilfestellung aus der Literatur:

Zum Nikolaustag:

Knecht Ruprecht

Von drauß vom Walde komm ich her;
Ich muß euch sagen, es weihnachtet sehr!
Allüberall auf den Tannenspitzen
Sah ich goldene Lichtlein sitzen;
Und droben aus dem Himmelstor
Sah mit großen Augen das Christkind hervor,
Und wie ich so strolcht durch den finstern Tann,
Da rief's mich mit heller Stimme an:
»Knecht Ruprecht«, rief es, »alter Gesell,
Hebe die Beine und spute dich schnell!
Die Kerzen fangen zu brennen an,
Das Himmelstor ist aufgetan,
Alt und Junge sollen nun
Von der Jagd des Lebens einmal ruhn;
Und morgen flieg ich hinab zur Erden,
Denn es soll wieder Weihnachten werden!«

Ich sprach: »O lieber Herre Christ,
Meine Reise fast zu Ende ist;
Ich soll nur noch in diese Stadt,
Wo's eitel gute Kinder hat.«
– »Hast denn das Säcklein auch bei dir?«
Ich sprach: »Das Säcklein, das ist hier;
Denn Äpfel, Nuß und Mandelkern
Essen fromme Kinder gern.«

– »Hast denn die Rute auch bei dir?«
Ich sprach: »Die Rute, die ist hier;
Doch für die Kinder nur, die schlechten,
Die trifft sie auf den Teil, den rechten.«
Christkindlein sprach: »So ist es recht!
So geh mit Gott, mein treuer Knecht!«

Von drauß vom Walde komm ich her;
Ich muß euch sagen, es weihnachtet sehr!
Nun sprecht, wie ich's hierinnen find!
Sind's gute Kind, sind's böse Kind?

Theodor Storm

Christgeschenke:

Mit Süßigkeiten

Mein süßes Liebchen! Hier in Schachtelwänden
Gar mannigfalt geformte Süßigkeiten.
Die Früchte sind es heil'ger Weihnachtszeiten,
Geback'ne nur, den Kindern auszuspenden.

Dir möcht' ich dann mit süßen Redewenden
Poetisch Zuckerbrot zum Fest bereiten;
Allein was soll's mit solchen Eitelkeiten?
Weg den Versuch, mit Schmeichelei zu blenden!

Doch gibt es noch ein Süßes, das vom Innern
Zum Innern spricht, genießbar in der Ferne,
Das kann nur bis zu Dir hinüber wehen.

Und fühlst Du dann ein freundliches Erinnern,
Als blinkten froh Dir wohlbekannte Sterne,
Wirst du die kleinste Gabe nicht verschmähen.

Johann Wolfgang von Goethe

Zum 24. Dezember

Noch einmal ein Weihnachtsfest,
Immer kleiner wird der Rest,
Aber nehm ich so die Summe,
Alles Grade, alles Krumme,
Alles Falsche, alles Rechte,
Alles Gute, alles Schlechte –
Rechnet sich aus all dem Braus
Doch ein richtig Leben raus.
Und dies können ist das Beste
Wohl bei diesem Weihnachtsfeste.

Theodor Fontane

Weihnachtsspruch

Sei heiter!
Es ist gescheiter
Als alles Gegrübel; –
Gott hilft weiter,
Zur Himmelsleiter
Werden die Übel.

Theodor Fontane

Vereinsfeiern, Stiftungsfeste

Begrüßungsrede für die Damen bei einer Vereinsfeier

Meine sehr verehrten Damen,

allen voran gilt meine Begrüßung heute Ihnen, die Sie sich in mehrfacher Hinsicht um unseren Verein verdient gemacht haben. Wir Männer müssen Ihnen Dank sagen, nicht nur für Ihre unermüdliche Arbeit im Verein, sondern auch dafür, daß Sie immer so verständnisvoll und geduldig sind, Ihren Ehemännern sozusagen für deren Vereinsarbeit freizugeben. Manche Opfer haben Sie für den Verein gebracht, dazu zähle ich auch die vielen »einsamen« Abende, die Sie ohne Ihre Männer verbringen mußten, weil die wieder mal in Sachen Verein unterwegs waren. Wir wissen Ihr Engagement zu schätzen.

So soll, gewissermaßen als Ausgleich, dieser heutige ..... *(Feier, Ball, Zusammenkunft etc.)* vor allem Ihnen, liebe Damen, gewidmet sein. Sie verschönen unser kleines Fest, und dafür werden Ihnen die Herren danken, indem sie gekonnt und fleißig wie nie zuvor das Tanzbein schwingen. Bleiben Sie bitte, verehrte Damen, so verständnisvoll und geduldig, wie Sie es bisher immer waren, und glauben Sie ja nicht, die Männer würden die Vereinsarbeit, die Vereinssitzungen und ähnliches nur vorschützen, um ab und zu dem Ehejoch zu entfliehen. Nein, ich weiß, unsere Männer wären lieber bei Ihnen, als sich bei langwierigen Sitzungen zu langweilen. Aber die Pflicht geht nun einmal vor. Bewahren Sie unserem Verein die Treue und helfen Sie auch weiterhin dabei, daß unser Club erfolgreich arbeiten kann. Ich danke Ihnen ganz herzlich.

Eröffnungsrede bei einem Ball

Es spricht der Vereinsvorsitzende/Organisator

Meine sehr verehrten Damen und Herren,

Im Namen des Vorstandes heiße ich Sie alle bei unserem ..... Ball unter dem Motto ..... herzlich willkommen. Wie Sie sehen, haben wir uns bei der Dekoration viel Mühe gegeben, außerdem ..... *(es folgen organisatorische Dinge, etwa was Kosten von Essen und Trinken angeht usw.)*.

Unser Fest soll Sie ein wenig vom Alltag ablenken, soll Ihnen Entspannung und Fröhlichkeit bringen, und es soll Sie zum ausgiebigen Tanzen verleiten, eine Tätigkeit, die ja nicht nur gymnastischen oder muskelstärkenden Zwecken dient oder gar dem Abmagern, sondern die auch zwischenmenschliche Beziehungen im besten Sinne herstellen kann. Unsere Kapelle ..... *(Name)* hat sich vorgenommen, Sie alle ordentlich in Schwung zu bringen.

Ehe es nun so richtig ausgelassen wird, noch ein ernstes Wort. Sie wissen ja, die leidige Alkoholfrage in Verbindung mit Autofahren. Machen Sie mit bei unserem Motto »Mit Alkohol nie ans Lenkrad«. Wer also auch nur wenig getrunken hat, läßt die Hände vom Auto, ja? Glücklich die, die eine alkoholfreie Ehefrau oder Freundin haben, die zu allem Überfluß noch einen Führerschein hat. Wer sich nicht willensstark genug fühlt, der soll lieber jetzt gleich bei unserem Freund ..... seinen Autoschlüssel abgeben. Er wird ihn treulich verwahren. Ein nächtlicher Spaziergang zu Fuß nach Hause hat ja auch seine Reize, und außerdem freuen sich die Taxifahrer über jeden Einsatz.

Ich erkläre nun den Ball für eröffnet und wünsche Ihnen viel Freude und Spaß.

Dankrede an einen Spender/Förderer bei einer Vereinsversammlung

Der Vereinsvorsitzende spricht

Liebe(r) Frau/Herr . . . . ., liebe Mitglieder,
meine verehrten Damen und Herren,

dieser heutige Anlaß bietet mir die gute Gelegenheit, ganz besonders Frau/Herrn . . . . . zu danken, die/der sich als spendenfreudiger Förderer unseres Vereins im höchsten Maße verdient gemacht hat. Ohne dieses Mäzenatentum im besten Sinne stünde unser Verein längst nicht so gut da.

Ich kann es ja aus erster Hand bezeugen. Wann immer wir vom Verein von Ihnen, Frau/Herr . . . . ., irgend etwas wollten, hatten Sie immer ein offenes Ohr und eine offene Hand für unser Anliegen.

Speziell anführen darf ich . . . . . *(es folgt die Aufzählung der guten Taten des Geehrten).*

Alle äußerlichen Ehren, die der Verein zu vergeben hat, sind Ihnen ja schon zuteil geworden. So bleibt uns heute nur der aufrichtige Dank und natürlich auch die Bitte, unserem Verein die Zuneigung zu bewahren und wieder helfend einzugreifen, wenn es notwendig werden sollte.

Vielleicht haben Sie, liebe(r) Frau/Herr . . . . ., auch einmal einen Wunsch an den Verein. Dann äußern sie ihn bitte freimütig. Wir würden uns sehr freuen, wenn wir auch mal etwas für Sie tun könnten, falls es in unseren bescheidenen Kräften steht.

Nochmals vielen Dank für Ihre Hilfe und Unterstützung, und ich darf unsere Mitglieder bitten, diesen Dank mit einem kräftigen Beifall zu unterstützen.

Zum »Geburtstag« eines Vereins, bzw. Stiftungsfest

Es spricht der Vorsitzende

Liebe Festversammlung,

unser Verein feiert heute seinen ..... Geburtstag, ein Tag, den wir wirklich feiern dürfen. Ich nenne diesen Tag Geburtstag, weil das gemütlich, ja fast menschlich klingt. Unser Verein ist uns allen ja wirklich ans Herz gewachsen.

Als er vor ..... Jahren sozusagen aus der Taufe gehoben wurde ..... *(es folgt eine Schilderung der damaligen Umstände)*.

Von den Gründungsmitgliedern darf ich heute besonders herzlich begrüßen ..... *(Namen)*. Unser Gruß gilt auch den Vertretern von ..... *(Behörden, Organisationen etc. und die Namen der Vertreter)*.

Unser Verein nahm dann einen raschen Aufstieg ..... *(Abriß der Vereinsgeschichte)*, und heute steht er sozusagen in voller Blüte da. *(Es folgen Zahlen und Beschreibungen, die den gegenwärtigen Stand des Vereins charakterisieren)*.

Bei aller Festtagsstimmung wollen wir aber auch nicht die Sorgen und Nöte, die Probleme vergessen, die auch einen gesunden Verein plagen können. Ich darf kurz referieren, was wir noch zu bewältigen haben und wo wir für die Zukunft investieren müssen ..... *(es folgt die entsprechende Darstellung)*.

Dieser Geburtstag bietet eine gute Gelegenheit, verdiente Mitglieder zu rühmen und zu ehren. Frau ....., Herr ..... usw. haben ..... *(es folgen Ehrungen mit Begründungen)*.

Ehe wir zum gemütlichen Teil übergehen, darf ich Ihnen allen für Ihre Mitarbeit danken und die Hoffnung aussprechen, daß es mit unserem Verein weiterhin so aufwärts geht. Vielen Dank für Ihr Erscheinen und ein herzliches Willkommen zu unserer Geburtstagsfeier.

Zum Stiftungsfest

Der Vorsitzende spricht

Liebe Gäste, liebe Mitglieder,

ein herzliches Willkommen zu unserem Stiftungsfest. Wir freuen uns, daß sich so viele Vertreter des öffentlichen Lebens und befreundeter Vereine eingefunden haben. Ich darf herzlich begrüßen..... *(es folgen die Namen und Vereine)*.

Schön, daß unser Freundeskreis so groß ist, fast hätte ja der Platz in diesem Saal nicht ausgereicht.

Vor ..... Jahren, als dieser Verein gegründet wurde, sah die Welt noch ein bißchen anders aus..... *(Schilderung der damaligen Umstände)*.

Aber unser Verein ist schnell den Kinderschuhen entschlüpft und hat sich zu einem strammen Erwachsenen entwickelt ..... *(Schilderung der Vereinsgeschichte)*.

Das vergangene Jahr war gut und erfolgreich. *(Es wird über die gegenwärtige Lage des Vereins referiert, die Erfolge etwa bei Wettbewerben werden aufgezählt, etc.)*

Natürlich besteht das Leben eines Vereins nicht nur aus Sonnenschein. Unsere größte Sorge ..... *(Schilderung)*. Wir müssen auch etwas für ..... tun *(Schilderung)*. In der näheren Zukunft planen wir ..... *(Schilderung)*.

Ein besonderer Dank gilt unseren Förderern ..... *(Aufzählung)*. Die Stadt hat uns bei ..... geholfen.

Ehren wollen wir unsere Mitglieder, die .....

Wir wollen aber auch unserer Toten gedenken. Verlassen haben uns im vergangenen Jahr .....

Liebe Freunde, dieses Stiftungsfest ist zugleich auch ein Dank an alle unsere Mitglieder, für Ihre Treue und Mitarbeit. Nochmals willkommen bei unserem Stiftungsfest und Ihnen allen viel Vergnügen.

Die humorige Rede zu einem Stiftungsfest – am Beispiel eines fiktiven Vereins

Liebe Vereinsmitglieder! Liebe Gäste!

Unser Verein der ehemaligen Postbeamten feiert heute sein 25jähriges Bestehen. Das starke Fundament unseres Vereines ist das ausgeprägte Zusammengehörigkeitsgefühl, das uns alte Postleute auszeichnet. Uns eint der gemeinsame weltoffene Blick, den unser Beruf uns geschenkt hat, denn die Post spannt ja ihre Fäden nach allen Teilen der Erde.

Im Dienst der Post sind wir alt und grau geworden, und dieser staatlichen Einrichtung ist etwas sehr Anziehendes zu eigen, das jeder anderen fehlt. Sie hat eine sehr romantische Seite. Die Blume Romantik blühte in ihr am lieblichsten im späten Mittelalter, als ihre Kutschen mit Hörnerklang durch die Lande zogen. Die Zeit der Postillione ist zwar vorüber, aber die Romantik der Post ist geblieben.

Romantisch wollen wir alles das nennen, was unser Leben schmückt und was unser Herz erwärmt. Denken wir doch nur an den sogenannten Postillon d'amour, den Beförderer zärtlicher Briefe. Ein Briefträger hat natürlich auch andere gute Briefe in seiner Tasche. Frohe Nachrichten für Sorgenbeladene. Die Menschen sehen in einem Briefträger vor allem einen Glücksbringer. Sein Kollege, der Geldbriefträger, kommt im allgemeinen weit seltener in die Häuser, hat aber noch ein größeres Ansehen, obwohl heute Geld ja fast nur noch überwiesen wird. Schade, denn der Geldbriefträger zahlte das Geld gleich in bar aus. Wenn das nicht romantisch ist.

Mit keiner anderen Behörde steht die Bevölkerung auch nur annähernd in so inniger Verbindung wie mit der Post. Jeder braucht sie täglich, und jedem dient sie täglich in irgendeiner Form. Darauf dürfen wir Postbeamte stolz sein. Die Post wirkt in jeder Stadt wie eine sorgende fleißige Mutter, und wir sind ihre fleißigen Kinder.

Viele werden es heute nicht mehr wissen, aber zur Zeit von Kaiser Wilhelm I. hießen wir in der gehobenen Sprache die Stephansjünger, nach dem unsterblichen Generalpostmeister Heinrich von Stephan, dem fortschrittlichsten Mann, der je Minister war. Sein Geist lebt noch heute unter uns, unter uns alten Posthasen an dieser festlichen Tafel und in der ganzen heutigen Postbeamtenschaft.

Nun leben wir als Ruheständler, kommen regelmäßig in unserem Vereinslokal zusammen und frischen alte herrliche Erinnerungen aus dem bunten und anregenden Postleben auf. Liebe Vereinsbrüder, stoßen Sie mit mir an auf ein glückliches Fortbestehen unserer Freundschaft, unserer Gemeinschaft und unseres Vereins. Die Post, sie lebe hoch und höher, und nun laßt uns unser Stiftungsfest in Hochstimmung feiern.

Seniorenfeiern, Altennachmittag

Zur Begrüßung (Stadtvertreter, Organisator, Funktionär u. a.)

Liebe ältere Mitbürger, verehrte Damen und Herren,

ich freue mich sehr, daß ich Sie hier im Namen ..... begrüßen darf. Ich wünsche Ihnen allen einen gemütlichen, vielleicht auch anregenden Nachmittag/Abend. Diese kleine Feier soll ..... *(Zweck der Veranstaltung)*.

Sie, verehrte ältere Mitbürger, haben ja in den letzten Jahren miterlebt, daß sich die Pole, hier übertriebene Beschäftigung nur mit der Jugend, dort Vernachlässigung der Schwierigkeiten älterer Menschen, abgeschliffen, ja angenähert haben. So zugespitzt argumentiert heute niemand mehr, Sie, die älteren Menschen, haben eigentlich mit Zähigkeit und Durchsetzungsvermögen einen Sieg für Ihre Sache errungen.

Natürlich müssen ältere Menschen – man kann darüber streiten, ob die Bezeichnung Senioren wirklich glücklich gewählt ist – hier und da immer noch um Rechte, um Anerkennung, ja um Beachtung kämpfen, aber die Situation ist doch schon viel besser geworden. Die sogenannten Senioren-Beiräte oder Ausschüsse sind eine Selbstverständlichkeit geworden, jetzt denkt die CDU sogar darüber nach, eine sogenannte Senioren-Union zu gründen, das heißt einen Zusammenschluß, eine Vertretung der älteren Menschen in der Partei.

Sie sehen, man beachtet und achtet Sie, man kümmert sich um Sie. Es war ja auch höchste Zeit.

Das Ziel einer richtig verstandenen Sozialpolitik muß es immer auch sein, die Belange älterer Menschen stets im Auge zu behalten und ihre Interessen und Rechte zu wahren. Gottlob wird der Lebensabend immer länger, darf man, so die Gesundheit mitspielt, die Rente oder Pension verdientermaßen genießen und auskosten.

Wir ..... *(von der Stadt, dem Kreis, der Organisation u. a.)* haben uns immer bemüht, Vorsorge für die älteren Menschen zu treffen. *(Hier kann man etwas zu den Themen Altersheime/Seniorenheime,*

Tagesstätten, Begegnungsstätten, Clubheime, Beratungsstellen etc. ausführen.)

Wir wollen auch weiterhin dafür kämpfen, daß die Familienbindungen zwischen Jung und Alt möglichst lange erhalten bleiben können, daß ältere Menschen zu Hause bei ihren Kindern oder Angehörigen gepflegt werden können (dafür wollen wir auch die finanziellen Bedingungen ändern, soweit dies durch gesetzliche Maßnahmen möglich ist), daß Alt und Jung überhaupt möglichst nie auseinandergerissen werden. Ich glaube, das ist nicht zuletzt eine vorzügliche Medizin für ältere Menschen, besser als alle Pillen und Tropfen.

Liebe ältere Mitbürger, diese(r) Seniorenfeier/Altennachmittag soll ..... *(Schilderung des Zwecks, Darlegung des Programms, organisatorische Einzelheiten u. a.)*.

Ich darf Ihnen nun ein paar gemütliche Stunden wünschen, und ich hoffe, daß Sie auch beim nächstenmal wieder gesund und munter dabei sind.

Festbankett

Begrüßung durch den Gastgeber

Meine sehr verehrten Damen und Herren,

im Namen ..... *(Firma oder Organisation, die das Festbankett gibt)* darf ich Sie herzlich willkommen heißen und meiner Freude darüber Ausdruck verleihen, daß Sie so zahlreich erschienen sind. Ein besonderer Gruß gilt ..... *(Nennung von »hochgestellten« oder besonders wichtigen Persönlichkeiten)*.

Ein solches Bankett soll in einem festlichen Rahmen und doch in zwangloser Weise persönliche Kontakte fördern und festigen und zugleich unseren Dank ausdrücken.

Es macht sicher einen großen Unterschied, ob man sich nur im Streß der täglichen Arbeit trifft oder in der gelockerten Atmosphäre eines Festmahls. Leider haben wir ja viel zuwenig Gelegenheit, uns außerhalb der ..... *(Firma etc.)* zu treffen, Erfahrungen auszutauschen und uns sozusagen von Mensch zu Mensch zu unterhalten. Dieses Festbankett soll uns allen auch ein wenig Abwechslung bieten, uns einmal aus dem täglichen Allerlei herausreißen.
(Falls das Festbankett als Abschluß einer Tagung oder einer Veranstaltung dient, kann hier dann auch noch auf den Ablauf, den Erfolg usw. dieses Anlasses eingegangen werden.)
Ich darf Ihnen nun für diesen Abend viel Vergnügen, einen guten Appetit und gute anregende Unterhaltungen wünschen.

Tischrede – Dankrede eines Gastes

Sehr geehrter Herr ..... (Gastgeber),
meine sehr verehrten Damen und Herren,

im Namen des ..... danke ich Ihnen für die freundliche Einladung zu diesem Festbankett. Nach den erfolgreichen Verhandlungen/Besprechungen (etc.) ist dieses Festbankett ein besonders erfreulicher Abschluß.

Mit Ihnen sind wir der Meinung, daß wir auch in der Zukunft ..... *(Zusammenarbeit intensivieren, Probleme aus der Welt schaffen etc.)*. Unsere gemeinsamen Bemühungen werden sicher .....

Ich danke Ihnen für diese Einladung und wünsche uns allen schöne Stunden und viele Gelegenheiten des besseren Kennenlernens.

Eine weitere Tischrede zum Dank

Sehr verehrter Herr ..... (Vorsitzender, Präsident etc.),
meine Damen und Herren,

nachdem unsere ..... *(Tagung, Sitzung, Besprechung .....)* ein voller Erfolg war, spreche ich unserem ..... *(Vorsitzenden etc.)* unsere Anerkennung aus, und ich bedanke mich zugleich, auch im Namen von ....., für die Einladung zu diesem Festbankett. Ich bin sicher, daß dieses Bankett ein ebenso großer Erfolg wie unsere Tagung ..... wird. Wir alle freuen uns schon auf die verlockenden leiblichen Genüsse. Ich erhebe mein Glas zum Wohl auf ..... *(Vorstand etc.)*, auf die Zukunft und auf Ihre Gesundheit, meine sehr verehrten Damen und Herren.

Klassentreffen

Zum Beispiel zum zehnten Jubiläum

Ein ehemaliger Schüler spricht als Organisator

Sehr verehrte Lehrer, liebe ehemalige Mitschüler,

das ist für uns sozusagen ein stolzer Tag. Schon zum zehntenmal seit dem Schulabschluß treffen wir uns nun zum Klassentreffen, und wir sind fast noch so vollzählig wie damals, als wir in den Bänken schwitzten. Um es mit Karl Valentin zu sagen, ich sehe kaum einen, der fehlt.

Da ich mir die Mühe gemacht habe, euch sozusagen zusammenzuhalten, eure Adressen herauszufinden oder verschollene Mitschüler mühsam aufzustöbern, bleibt mir auch die Ehre, euch hier willkommen zu heißen und besonders unsere, mit Verlaub gesagt, alten Lehrer zu begrüßen, die es sich nicht haben nehmen lassen, sich heute mit ihren ehemaligen Quälgeistern ganz privat zu treffen.

Damit wir uns nachher nicht wiederholen müssen, erzähle ich euch gleich, was aus denen geworden ist, die heute fehlen. *(Es folgen die entsprechenden Nachrichten)*.

Unsere Lehrer könnt ihr ja nachher selbst befragen. Frau ..... ist noch immer an ..... Herr ..... unterrichtet jetzt ..... und Herr ..... ist bereits im verdienten Ruhestand.

Bevor wir nun zum gemütlichen Teil übergehen, bitte ich euch, noch diese Adressenliste genau zu überprüfen, eventuell eure neue Anschrift hineinzuschreiben oder die von einem Mitschüler, den ihr aufgestöbert habt. Bitte auch die Telefon-Nummern. Wir müssen uns nachher noch unterhalten, wann und wo wir uns demnächst wieder treffen wollen. Diese Abstimmung wird ja immer schwieriger. So, das war's. Jetzt kann es ganz privat werden.

Geschäftseröffnung

Ein Vertreter der Stadt/Gemeinde spricht

Liebes Ehepaar . . . . . (Name der Geschäftsinhaber), verehrte Gäste,

ich freue mich, im Namen der . . . . ., Ihnen, liebes Ehepaar . . . . ., die besten Glückwünsche zur Geschäftseröffnung aussprechen zu dürfen. Ihr neues . . . . . Geschäft *(Bezeichnung des Geschäfts)* paßt sehr gut in unsere Stadt/Gemeinde, der Bedarf ist sicher vorhanden und die Lage ausgezeichnet. Sie haben es sich ja auch gut überlegt, wo Sie Ihr Geschäft einrichten. Ich darf Ihnen großen Zuspruch seitens der Kunden und viel Erfolg wünschen. Mögen sich Ihr Mut, Ihre Risikobereitschaft und Ihre Investitionen auszahlen. Wenn ich Sie so strahlend und optimistisch vor mir stehen sehe, ist mir eigentlich um den Erfolg nicht bange. Alles Gute für Sie und Ihr Geschäft.

Der Geschäftsinhaber (oder die Inhaberin) spricht

Liebe Premierengäste, sehr geehrter Herr . . . . . (von der Stadt/Gemeinde),

ich danke Ihnen allen für Ihre guten Wünsche. Hoffentlich gehen sie in Erfüllung. Wir haben einiges an Geld und Hoffnungen in dieses Geschäft investiert, und wir werden alles tun, damit die Kunden immer wieder bei uns einkaufen. Zufriedene Kunden, sie sind natürlich die beste Garantie für den geschäftlichen Erfolg. Was in unseren Kräften liegt, werden wir dazu tun. Jetzt darf ich Sie noch zu einem kleinen Umtrunk einladen, wir wollen auf gutes Gelingen anstoßen. Schließen möchte ich mit einem abgewandelten Wort unseres ehemaligen Bundespräsidenten Heuß: Nun kauft mal schön!

Bürgerinitiative

Zum Beispiel: Forderung nach Errichtung eines Einkaufszentrums oder eines Kinderspielplatzes
Beim Treffen der Interessierten spricht die Initiatorin

Sehr verehrte Damen und Herren, liebe Mitstreiter in spe,

mein Name ist . . . . . Ohne Umschweife komme ich gleich zur Sache. Als ich mit meiner Familie hierherzog, glaubten wir noch an die Versprechungen, daß in unserer Siedlung so bald wie möglich ein Einkaufszentrum/Spielplatz geschaffen würde. Nun sind . . . . . Jahre vergangen, und nichts ist geschehen. Sie wissen ja selbst am besten und spüren es am eigenen Leibe, wie unerträglich dieser Zustand ist. Ich brauche Ihnen wirklich keine Einzelheiten zu schildern.

Deshalb habe ich, sehr unterstützt von meinem Mann, die Initiative ergriffen und . . . . . *(Schilderung der ersten Maßnahmen, die ein gewisses Interesse am Anliegen weckten und die Interessenten auf die Beine brachten).*

Ich will mich keinesfalls in den Vordergrund drängen, ich bin nur, wie hoffentlich Sie auch, brennend daran interessiert, daß endlich etwas geschieht. Ich habe zwei Kinder . . . . . *(im Vorschulalter, oder ich bin berufstätig . . . . . usw.).*

Ich schlage nun vor, daß wir erst einmal ausführlich und besonders offen diskutieren, wo die ärgsten Mängel liegen und wie man schnell Abhilfe schaffen könnte. Wir sollten uns dann über organisatorische Dinge einigen, eine Art Vorstandschaft und einen Sprecher wählen. Aber das wird ja alles die Diskussion ergeben. Ich werde vorläufig die Versammlung leiten und bitte um Wortmeldungen . . . . .

Gründungsversammlung einer Bürgerinitiative

Es spricht ein Sprecher des Gründungs-Komitees

Sehr verehrte Damen und Herren, liebe Nachbarn,

das Gründungs-Komitee der Bürger-Initiative . . . . ., das sich am . . . . . gebildet hat, hat mich beauftragt, die heutige Gründungsversammlung bis zu den Wahlen zu leiten und zunächst einmal ein paar einleitende Worte zu sprechen, die auch organisatorische Fragen ansprechen.

Mein Name ist . . . . ., ich bin von Beruf . . . . ., ... Jahre alt, und mein Interesse an dieser Bürger-Initiative begründe ich so . . . . . *(es folgt eine entsprechende Darstellung der Probleme).*

Mehr braucht man darüber nicht zu sagen, denn ich glaube, Ihnen allen brennen die gleichen Probleme auf den Nägeln.

Wir sind uns alle klar, daß wir . . . . . *(Schilderung der Zustände)* nicht länger tatenlos hinnehmen wollen. Ihr zahlreiches Erscheinen, für das ich Dank sage, beweist ja, wie wichtig Ihnen unser gemeinsames Anliegen ist.

Das Gründungs-Komitee besteht aus . . . . .

Wir haben die notwendigen Unterlagen zusammengetragen und werden Ihnen später alle Einzelheiten mitteilen und Ihnen in dieser Diskussion Rede und Antwort stehen.

Es muß schnell gehandelt werden, sonst . . . . . *(Darstellung der Gründe, Darstellung der Möglichkeiten, was sonst passieren könnte).*

Vertreter der Stadt/Gemeinde sind anwesend (sind leider aus fadenscheinigen Gründen nicht anwesend) und werden Ihnen ebenfalls Auskünfte geben –, und Sie können daraus Ihre eigenen Schlüsse ziehen.

Wie gesagt, es muß schnell gehandelt werden. Deshalb schlage ich Ihnen folgende Vorgangsweise vor . . . . .

Vereinsgründung . . . . . *(oder was sonst juristisch nötig ist)* . . . . . Wahl eines Vorstandes etc., der das weitere Vorgehen koordiniert . . . . .

Diskussion über Maßnahmen, die schnell umgesetzt werden kön-

nen *(etwa Handzettelaktion, Anzeigen, Demonstrationen etc.)* .....
Diskussion über längerfristige Maßnahmen .....

Unterschriftenaktion ..... und ähnliches .....

Aber ich will Ihre Meinung nicht beeinflussen. Zunächst sollten wir in einer friedlichen, offenen Aussprache – bitte ohne jede Hektik, ohne Beleidigungen oder Anwürfe, in demokratischer Art – alle Fragen erörtern, um so schließlich zu einer mehrheitsfähigen Meinung zu kommen. Vorläufig werde ich die Versammlung leiten. Ich bitte nun um Wortmeldungen .....

Eine humorige Politikerrede

Zum Beispiel: Vorstellung eines Kandidaten für ein hohes parteipolitisches Amt, ein öffentliches Amt oder einen vorderen Listenplatz auf einer Wahlliste für Landtags- oder Bundestagswahlen.

Anrede nach jeweiligem Brauch (z. B. „Liebe Genossen"),

eigentlich müßte es ja genügen, wenn ich mich hierherstelle und sage: Sie wissen, wer ich bin, Sie wissen, was ich leisten kann, also wählen Sie mich bitte. Da dies aber ganz und gar ungewöhnlich, ja revolutionär wäre, möchte ich mich doch ehrwürdigen Bräuchen beugen und Ihnen meine Vorzüge etwas detaillierter darstellen.

Mein Name ist ....., ich bin glücklich verheiratet, habe ..... Kinder, einen Hund *(Katze, Vogel, Meerschweinchen, Pferd etc.),* bin von Beruf ....., habe folgende akademische Grade und kenne mich besonders auf ..... *(Gebieten)* aus. Schon von klein auf habe ich mich für ..... *(Schulpolitik, Jugendpolitik, Sportpolitik, Verkehrspolitik, Familienpolitik etc.)* interessiert. Sie sehen also, ich würde meinen Mann stehen, wo immer Sie mich hinstellen.

Da ich weder für das Amt des Landesvorsitzenden noch für das des Bundeskanzlers kandidiere, brauche ich mich nicht um die großen Linien und die großen Männer der Politik seit Perikles oder seit dem Höhenflug des Römischen Reiches zu kümmern; muß auch nicht Karl dem Großen, Friedrich dem Großen, Bismarck oder Adenauer nacheifern, sondern kann mich voll und ganz den wichtigen kleinen Problemen zuwenden, darf mich um Umweltschutz, Ökologie, Abrüstung, Straßenbau, Sozialabbau, Friedenspolitik, Rentensicherung, Anstand und Charakter in der Politik oder Demokratieausbau sorgen, also allen jenen unbedeutenden Aufgaben meine Aufmerksamkeit schenken, die in der großen Politik am Rande mitlaufen. Da ich von wirtschaftlichen Dingen, von Parteispenden oder Korruptionsfragen nichts verstehe, besteht keine Gefahr, daß ich mich je in den Vordergrund drängen könnte, weswegen ich also in unserer Partei der richtige Mann für den richtigen Posten sein müßte.

Ich muß ehrlich gestehen, daß ich bis jetzt glaube, daß jeder Politiker stellvertretend für die Bürger spricht und arbeitet und daß jede Partei dazu nur ein Mittel zum Zweck ist, doch bin ich auch in dieser Beziehung entwicklungs- und lernfähig. Infolgedessen dürfte meine Einstellung kein Hindernis für eine Parteikarriere sein, denn der Mensch lernt ja, solange er lebt.

Man sagt mir allgemein Fingerspitzengefühl im Umgang mit Menschen zu. Ich beherrsche die üblichen Höflichkeitsformeln, ich kann lange zuhören (was Ihnen meine Frau jederzeit bestätigen wird), aber ich kann auch meine Argumente geduldig, pointiert, überzeugend und kein Jota in der Sache nachgebend, vertreten (was Ihnen meine Frau ebenfalls jederzeit bestätigen wird). Nach von mir gewonnenen Debatten sagte sie oft, ich hätte das Zeug zu einem Politiker, und warum sollte sie nicht, wie so oft, auch darin recht haben?

Wie gesagt, ich bin also entschlossen, mein Bestes zu geben, dabei soll es mir auch nicht auf den einen oder anderen Samstag oder Sonntag ankommen, bei sehr schönem Wetter allerdings neige ich manchmal zum privaten Faulenzen.

Da ich mich immer der aufrichtigen Wahrheit verpflichtet fühle, bleibt mir zum Schluß nur die Aufforderung: Stimmen Sie für mich!

Zitate und Lebensweisheiten für viele Gelegenheiten

Eine Auswahl an Sinnsprüchen aus der Weltliteratur, die man mit viel Fingerspitzengefühl – und vor allem unverfälscht – an geeigneten Stellen in seine Reden einbauen kann. Beim Einsatz von Zitaten muß man aber sehr behutsam sein, weil auch hier der Weg vom Erhabenen zum Lächerlichen nur ein winzig kleiner Schritt ist. Falsches Pathos aber sollte man immer vermeiden.

Kindheit und Jugend

Mensch werden ist eine Kunst.

Novalis

Glücklicher Säugling! Dir ist ein unendlicher Raum noch die Wiege.
Werde Mann, und dir wird eng die unendliche Welt.

Schiller

Der größte Mensch bleibt stets ein Menschenkind.

Goethe

Es gibt heutzutage so viele Genies, daß man recht froh sein soll, wenn einem einmal der Himmel ein Kind beschert, das keines ist.

Gotthold Ephraim Lessing

Jedes Kind ist gewissermaßen ein Genie, und jedes Genie ist gewissermaßen ein Kind.

Arthur Schopenhauer

Verwöhnte Kinder sind die unglücklichsten; sie lernen schon in jungen Jahren die Leiden der Tyrannen kennen.

Marie von Ebner-Eschenbach

Die Jugend ist etwas Wundervolles. Es ist eine wahre Schande, daß man sie an Kinder vergeudet.

George Bernard Shaw

Sobald Jugendliche zu küssen beginnen, werden ihre Zähne auf natürliche Weise sauberer – bei Mädchen meist etwas früher als bei Jungen.

Robert Weill

Ich hör' es gern, wenn auch die Jugend plappert: Das Neue klingt, das Alte klappert.

Goethe

Die Jugend ist meist so allwissend, daß sie alles weiß, bis auf eines: daß auch einmal die Alten allwissend waren, bis sie wirklich etwas wußten.

Ernest Hemingway

Wie vieles ist leider nicht in unserer Erziehung und in unseren bürgerlichen Einrichtungen, wodurch wir unsere Kinder zur Tollheit vorbereiten!

Goethe

Mehr noch als nach dem Glück unserer Jugend sehnen wir uns im Alter nach den Wünschen unserer Jugend zurück.

Marie von Ebner-Eschenbach

Man könnt' erzogne Kinder gebären, wenn die Eltern erzogen wären!

Goethe

Die jüngere Generation ist der Pfeil, die ältere der Bogen.

Christopher Frey

Tadeln ist leicht, deshalb tun es so viele. Mit Verstand loben ist schwer.

Anselm von Feuerbach

Es bildet ein Talent sich in der Stille, sich ein Charakter in dem Strom der Welt.

Goethe

Es muß von Herzen gehen, was auf Herzen wirken soll.

Goethe

Sie und Er – Ehe und Familie

Vater werden ist nicht schwer, Vater sein dagegen sehr.

Wilhelm Busch

Bevor ich heiratete,
hatte ich sechs Theorien
über Kindererziehung.
Jetzt habe ich sechs Kinder
und keine Theorie.

John W. Rochester

Ein Jahrmarkt ohne Hiebe,
ein Jüngling ohne Liebe,
ein Ehestand, der wohlbestellt,
sind seltsame Dinge in dieser Welt.

Abraham a Sancta Clara

Begabte Männer lernen in der Ehe rascher, worauf es ankommt, unbegabte dagegen streiten sich weiterhin mit ihren Frauen.

Yves Montand

Die meisten Differenzen in der Ehe entstehen dadurch, daß die Frau zuviel redet und der Mann zuwenig zuhört.

Curt Goetz

Im Ehestand muß man sich manchmal streiten, denn dadurch erfährt man was voneinander.

Goethe

Welche Frau hat einen guten Mann, der sieht mans am Gesicht wohl an.

Goethe

Eine gute Ehe besteht aus einer besseren Hälfte und einer stärkeren Hälfte.

Victor de Kowa

In der Ehe pflegt gewöhnlich immer einer der Dumme zu sein. Nur wenn zwei Dumme heiraten – das kann mitunter gut gehn.

Kurt Tucholsky

Die Liebe,
welch lieblicher Dunst;
doch in der Ehe,
da steckt die Kunst.

Theodor Storm

Der Mann ist der Herr des Hauses;
im Hause aber soll nur die Frau herrschen.

Marie von Ebner-Eschenbach

Das Herz einer Frau sieht mehr als die Augen von zehn Männern.

Schwedisches Sprichwort

Die Muse ist immer eine Frau, aber nicht immer dieselbe.

Edmond de Goncourt

Gott hat das Weib nicht aus des Mannes Kopf geschaffen,
daß sie ihm befehle, noch aus seinen Füßen,
daß sie seine Sklavin sei, sondern aus seiner Seite,
daß sie seinem Herzen nahe sei.

Talmud

Es gibt kaum ein größeres Mißverständnis, als wenn ein Mann eine Frau vollkommen zu verstehen glaubt.

Alte Lebensweisheit

Die Frauen sind eitel von Hause aus; doch es kleidet sie, und sie gefallen uns desto mehr.

Goethe

Die meisten Frauen nehmen sich vor, ihren Mann zu ändern. Und wenn sie ihn geändert haben, gefällt er ihnen nicht mehr.

Marlene Dietrich

Die Seele der Frau ist für mich ein offenes Buch, nur leider in einer unverständlichen Sprache geschrieben.

Ephraim Kishon

Es gibt Männer, welche die Beredsamkeit weiblicher Zungen übertreffen, aber kein Mann besitzt die Beredsamkeit weiblicher Augen.

Demokrit

Sie liebt mich bis zur Raserei: Schafskopf hat sie gesagt! Das tät' einen andern abschrecken, denn das sagt man nur zu einem dummen Kerl, der einem z'wider is', aber der Ton, in dem sie den Schafskopf ausgesprochen hat, darin liegt die Liebe. Drum sag' ich: Auskennen muß man sich mit die Frauenzimmer!

Nestroy

Ich wünsche mir eine hübsche Frau,
die nicht alles nähme gar zu genau,
doch aber zugleich am besten verstände,
wie ich mich selbst am besten befände.

Goethe

Das Ewig-Weibliche zieht uns hinan!

Goethe

Die Liebe, wenn sie neu,
braust wie ein junger Wein:
Je mehr sie alt und klar,
je stiller wird sie sein.

Angelus Silesius

Was aus Liebe getan wird, geschieht immer jenseits von Gut und Böse.

Friedrich Nietzsche

Und ging auch alles um und um,
In dir, in mir, ich lieb' dich drum,
Ich lieb' dich drum, weil du mir bliebst,
Ich lieb' dich drum, weil du vergibst,
Ich lieb' dich, – ach warum »Warum«?
Und blieb' auch meine Lippe stumm,
Ich lieb' dich drum, weil du mich liebst.

Theodor Fontane

Es ist kein lieber Ding auf Erden
denn Frauenlieb', wem sie kann werden.

Martin Luther

Trau keinem Freunde sonder Mängel,
Und lieb ein Mädchen, keinen Engel.

Gotthold Ephraim Lessing

Welch Glück, geliebt zu werden, –
und lieben, Götter, welch ein Glück!

Goethe

Guter Rat

Überlaß es der Zeit

Erscheint dir etwas unerhört,
Bist du tiefsten Herzens empört,
Bäume nicht auf, versuch's nicht mit Streit,
Berühr es nicht, überlaß es der Zeit.
Am ersten Tag wirst du feige dich schelten,
Am zweiten läßt du dein Schweigen schon gelten,
Am dritten hast du's überwunden;
Alles ist wichtig nur auf Stunden,
Ärger ist Zehrer und Lebensvergifter,
Zeit ist Balsam und Friedensssstifter.

Theodor Fontane

Um klar zu sehen, genügt oft ein Wechsel der Blickrichtung.

Antoine de Saint-Exupéry

Tritt ein für deines Herzens Meinung
Und fürchte nicht der Feinde Spott,
Bekämpfe mutig die Verneinung,
So du den Glauben hast an Gott.

Theodor Fontane

Wende dein Gesicht der Sonne zu, dann fallen die Schatten hinter dich.

Afrikanisches Sprichwort

Mit der Lüge kommt man durch die ganze Welt, aber nicht mehr zurück.

Polnisches Sprichwort

Lüge nie, denn du kannst ja doch nicht behalten, was du alles gesagt hast.

Konrad Adenauer

Ruhig sein, nicht ärgern, nicht kränken,
Ist das allerbeste Schenken;
Aber mit diesem Pfefferkuchen
Will ich es noch mal versuchen.

Theodor Fontane

Wenn du besonders ärgerlich und wütend bist, erinnere dich, daß das menschliche Leben nur einen Augenblick währt .....

Marc Aurel

Um an die Quelle zu kommen, muß man gegen den Strom schwimmen.

Stanislaw Jerzy Lec

Vergiß, o Menschenseele, nicht, daß du Flügel hast!

Emanuel Geibel

Du wirst es nie zu Tücht'gem bringen
Bei deines Grames Träumerein,
Die Tränen lassen nichts gelingen:
Wer schaffen will, muß fröhlich sein.

Theodor Fontane

Kannst dem Schicksal widerstehen,
aber manchmal gibt es Schläge;
will's nicht aus dem Wege gehen,
ei, so geh du aus dem Wege!

Goethe

Willst du dich selber erkennen,
so sieh, wie die andern es treiben,
Willst du die andern verstehn,
blick in dein eigenes Herz.

Schiller

Vertage die Sorgen
Bis auf morgen,
Eh' du's gedacht,
Kommt Hilfe über Nacht.

Kluge Leute
Freu'n sich des Heute; –
Liebe wieder, was dich geliebt,
Und genieße dankbar, was Gott dir gibt.

Theodor Fontane

Fremde Fehler haben wir vor Augen, unsere liegen uns im Rücken.

Seneca

Wer sich kennt, kann sicher vor- und rückwärts gehen. *Goethe*

Wer a sagt, der muß nicht b sagen. Er kann auch erkennen, daß a falsch war.

Bertolt Brecht

Nichts scheut der moderne Mensch mehr als ein Rendezvous mit sich selbst. Davon lebt die Vergnügungsindustrie.

Fritz Muliar

Selbstkritik

Die Selbstkritik hat viel für sich.
Gesetzt den Fall, ich tadle mich,
so hab ich erstens den Gewinn,
daß ich so hübsch bescheiden bin;
zum zweiten denken sich die Leut',
der Mann ist lauter Redlichkeit;
auch schnapp ich drittens diesen Bissen
vorweg den andern Kritiküssen;
und viertens hoff ich außerdem
auf Widerspruch, der mir genehm.
So kommt es denn zuletzt heraus,
daß ich ein ganz famoses Haus.

Wilhelm Busch

Von Mensch zu Mensch

Ein bißchen Güte
von Mensch zu Mensch
ist besser, als alle Liebe
zur Menschheit.

Richard Dehmel

Man sieht nur mit dem Herzen gut.
Das Wesentliche ist für die Augen unsichtbar.

Antoine de Saint-Exupéry

Die Menschen sind, trotz allen ihren Mängeln, das Liebenswürdigste, was es gibt.

Goethe

Gaben, wer hätte sie nicht? Talente – Spielzeug für Kinder. Erst der Ernst macht den Mann, erst der Fleiß das Genie.

Theodor Fontane

Nichts ist so elend als ein Mann,
der alles will und der nichts kann.

Matthias Claudius

Jeder Mensch hat ein Brett vor dem Kopf – es kommt nur auf die Entfernung an.

Marie von Ebner-Eschenbach

Ein vornehmer Mensch tadelt sich selbst, ein gewöhnlicher die andern.

Konfuzius

Mit einem Herren steht es gut,
der, was er befohlen, selber tut.

Goethe

Es saust der Stock, es schwirrt die Rute,
Du sollst nicht scheinen, was du bist.
Wie schad', o Mensch, daß dir das Gute
Im Grunde so zuwider ist.

Wilhelm Busch

Es ist ein Brauch von alters her,
Wer Sorgen hat, hat auch Likör.
Doch wer zufrieden und vergnügt,
Sieht auch zu, daß er welchen kriegt.

Wilhelm Busch

Oft ist es uns deshalb unmöglich, uns einem einzigen Laster hinzugeben, weil wir mehrere haben.

La Rochefoucauld

Nehmen Sie die Menschen wie sie sind – andere gibt's nicht.

Konrad Adenauer

Man muß lange leben, um ein Mensch zu werden.

Antoine de Saint-Exupéry

Weißt du, worin der Spaß des Lebens liegt?
Sei lustig! – geht es nicht, so sei vergnügt!

Goethe

Die Dinge, auf die es im Leben wirklich ankommt, kann man nicht kaufen.

William Faulkner

Greift nur hinein ins volle Menschenleben, und wo ihr's packt, da ist es interessant.

Goethe

Das Lachen erhält uns vernünftiger als der Verdruß.

Gotthold Ephraim Lessing

Das Leben ist kurz, man muß sich einander einen Spaß zu machen suchen.

Goethe

Willst du immer weiter schweifen?
Sieh, das Gute liegt so nah.
Lerne nur das Glück ergreifen,
denn das Glück ist immer da.

Goethe

Einen Tropfen Glück möchte ich haben oder ein Faß Verstand.

Menander

Nicht Glückes bar sind deine Lenze,
Du forderst nur des Glücks zu viel;
Gib deinem Wunsche Maß und Grenze,
Und dir entgegen kommt das Ziel.

Theodor Fontane

Daß Glück ihm günstig sei,
Was hilft's dem Stöffel?
Denn regnet's Brei,
Fehlt ihm der Löffel.

Goethe

Das Glück, kein Reiter wird's erjagen,
Es ist nicht dort, es ist nicht hier;
Lern überwinden, lern entsagen,
Und ungeahnt erblüht es dir.

Theodor Fontane

Essen und Trinken

Küsse vergehen,
Kochkunst bleibt bestehen.

George Meredith

Ein Leben ohne Feste ist wie ein weiter Weg ohne Gasthäuser.

Werner Finck

Die Tafel ist der einzige Ort, wo man sich niemals während der ersten Stunde langweilt.

Brillat-Savarin

Das Essen, nicht das Trinken, bracht' uns ums Paradies.

Wilhelm Müller

Nach einer guten Mahlzeit kann man allen verzeihen, selbst seinen eigenen Verwandten.

Oscar Wilde

Ein Nachtisch ohne Käse gleicht einer Schönen, der ein Auge fehlt.

Brillat-Savarin

Essen ist besser als Trinken für jemand unter vierzig;
danach gilt die umgekehrte Regel.

Talmud

Die meisten jagen so sehr dem Genusse nach, daß sie an ihm vorbeilaufen.

Søren Kierkegaard

Der Wein erfreut des Menschen Herz.

Psalm 104,15

Wein ist der beste Gesellschafter.

Sprichwort

Die Hausfrau muß sich stets vergewissern, daß der Kaffee ausgezeichnet ist, und der Hausherr, daß die Spirituosen von bester Qualität sind.

Brillat-Savarin

Für Sorgen sorgt das liebe Leben,
und Sorgenbrecher sind die Reben.

Goethe

Wo Bacchus das Feuer schürt,
sitzt Frau Venus am Ofen.

Sprichwort

Ach, Herr, mach alles wieder recht,
Dämpf die Pfaffen und Kriegersknecht.
Gib Frieden, dazu viel edlen Wein,
Auf daß wir allesamt lustig sein.

Wilhelm Busch

Wer Wein trinkt, betet. Wer Wein säuft, sündigt.

Weinweisheit

Solange man nüchtern ist,
gefällt das Schlechte;
wie man getrunken hat,
weiß man das Rechte.

Goethe

Wasser macht weise,
fröhlich der Wein,
drum trinke sie beide,
um beides zu sein.

Weinweisheit

Rotwein ist für alte Knaben
eine von den besten Gaben.

Wilhelm Busch

Von Zeit und Ewigkeit

Alles Vergängliche
ist nur ein Gleichnis!

Goethe

Ja, ja, Geliebte, man wird alt,
Trotz Filz und Wolle hat man kalt
An Sohlen und an Füßen,
Und ißt am Schlusse des Soupers
Man gar noch etwas Schweizerkäs',
So muß man dafür büßen.

Die Nerven – ach du lieber Gott!
Die Leber wird zum Kinderspott,
Die Leber und der Magen;
Doch würd' auch alles weh und wund,
Eh bien, bleibt nur das Herz gesund,
So wollen wir's ertragen.

Theodor Fontane

Je älter man wird, je hastiger tritt sie einem auf die Hacken, die Zeit, die sogenannte.

Wilhelm Busch

Die Sorge geziemt dem Alter, damit die Jugend eine Zeitlang sorglos sein könne.

Goethe

Wem Ewigkeit wie Zeit
Und Zeit wie Ewigkeit,
Der ist befreit von allem Streit.

Jakob Böhme

Zwei Augen hat die Seel, eins schaut in die Zeit,
Das andre richtet sie hin in die Ewigkeit.

Jakob Böhme

Wer jeden Abend sagen kann; »ich habe gelebt«, dem bringt jeder Morgen einen neuen Gewinn.

Seneca

Herr, dir in die Hände
Sei Anfang und Ende,
Sei alles gelegt!

Eduard Mörike

Gebraucht der Zeit, sie geht so schnell von hinnen;
doch Ordnung lehrt euch Zeit gewinnen.

Goethe

Freue dich deines Lebens, es ist schon später als du denkst.

Östliche Weisheit

So ist nun mal die Zeit allhie:
Erst trägt sie dich, –
Dann trägst du sie;
Und wann's vorüber, weißt du nie.

Wilhelm Busch

Es ist nicht wenig Zeit, die wir zur Verfügung haben,
sondern es ist viel Zeit, die wir nicht nützen.

Seneca

Mein sind die Jahre nicht, die mir die Zeit genommen;
mein sind die Jahre nicht, die etwa möchten kommen;
der Augenblick ist mein, und nehm' ich den in acht,
so ist der mein, der Jahr und Ewigkeit gemacht.

Andreas Gryphius

Benutze redlich deine Zeit!
Willst was begreifen, suchs nicht weit!

Goethe

Es ist mit der Weltenuhr wie mit der des Zimmers. Am Tage sieht man sie wohl, aber hört sie fast gar nicht. Des Nachts aber hört man sie gehen wie ein großes Herz.

Christian Morgenstern

Scheint dir auch mal das Leben rauh,
Sei still und zage nicht;
Die Zeit, die alte Bügelfrau,
Macht alles wieder schlicht.

Wilhelm Busch

Ich stehe auf der Grenze von hier und dort, und fast kommt es mir vor, als ob beides dasselbe wäre.

Wilhelm Busch

Mit 20 hat jeder das Gesicht, das Gott ihm gegeben hat, mit 40 das Gesicht, das ihm das Leben gegeben hat, und mit 60 das Gesicht, das er verdient.

Albert Schweitzer

Der Mensch kann wohl die höchsten Gipfel erreichen,
aber verweilen kann er dort nicht lange.

George Bernard Shaw

Die Jahre

Die Jahre sind allerliebste Leut:
Sie brachten gestern, sie bringen heut,
Und so verbringen wir Jüngern eben
Das allerliebste Schlaraffen-Leben.
Und dann fällt's den Jahren auf einmal ein,
Nicht mehr, wie sonst, bequem zu sein;
Wollen nicht mehr schenken, wollen nicht mehr borgen,
sie nehmen heute, sie nehmen morgen.

Goethe

Harre, hoffe. Nicht vergebens
Zählest du der Stunden Schlag:
Wechsel ist das Los des Lebens,
Und – es kommt ein andrer Tag.

Theodor Fontane

Und solang' du dies nicht hast,
dieses Stirb und Werde, –
bist du nur ein trüber Gast
auf der dunklen Erde.

Goethe

Dreifach ist der Schritt der Zeit:
Zögernd kommt die Zukunft angezogen,
Pfeilschnell ist das Jetzt entflogen,
Ewig still steht die Vergangenheit.

Schiller

Die Zukunft kommt in Raten, das ist das Erträglichste an ihr.

Alfred Polgar

Ich bin Pessimist für die Gegenwart, aber Optimist für die Zukunft.

Wilhelm Busch

Laß doch die Zukunft noch schlafen, wie sie es verdient. Wenn man sie nämlich vorzeitig weckt, bekommt man dann eine verschlafene Gegenwart.

Franz Kafka

Die wichtigste Stunde ist immer die Gegenwart. Der bedeutendste Mensch ist immer der, der dir gerade gegenübersteht. Das notwendigste Werk ist stets die Liebe.

Meister Eckehart

Man sagt »in jungen Jahren« und »in alten Tagen«.
Weil die Jugend Jahre und das Alter nur noch Tage vor sich hat.

Marie von Ebner-Eschenbach

Am Abend wird man klug
für den vergangenen Tag,
doch niemals klug genug
für den, der kommen mag.

Friedrich Rückert

Wie töricht ist es, Pläne für das ganze Leben zu machen, da wir doch nicht einmal Herren des morgigen Tages sind.

Seneca

Gestern liebt' ich,
Heute leid' ich:
Morgen sterb' ich,
Dennoch denk ich
Heut' und morgen
Gern an gestern.

Gotthold Ephraim Lessing

Es sei gleich morgen oder heut,
Sterben müssen alle Leut.

Abraham a Sancta Clara

Geburt und Grab,
ein ewiges Meer,
ein wechselnd Weben,
ein glühend Leben!

Goethe

Was geschah, kann man nicht ungeschehen machen.

Terenz

Ich leb', ich weiß nicht wie lang,
ich sterb', ich weiß nicht wann,
ich fahr', ich weiß nicht wohin:
mich wundert, daß ich so fröhlich bin.

Volksweisheit

Das, was dem Leben Sinn verleiht, gibt auch dem Tod Sinn.

Antoine de Saint-Exupéry

Wie du beim Sterben gelebt zu haben wünschest, so solltest du schon jetzt leben.

Marc Aurel

Ein böses Wort läuft bis ans Ende der Welt.

Wilhelm Busch

Leben; wohl dem, dem es spendet
Freude, Kinder, täglich Brot,
Doch das Beste, was es sendet,
Ist das Wissen, das es sendet,
Ist der Ausgang, ist der Tod.

Theodor Fontane

Als mir die Zeit entgegenkam,
Erschien sie mir hübsch wundersam
Und angenehm und lecker.
Sie ging vorüber, und – o weh! –
Nun, da ich sie von hinten seh,
Bemerk' ich ihren Höcker.

Wilhelm Busch

So geht es nun mal auf der Reise hienieden. Einer nach dem andern steigt aus, und der Zug saust weiter, bis die Station kommt, wo man selber aussteigen muß.

Wilhelm Busch

Also geht alles zu Ende allhier:
Feder, Tinte, Tobak und auch wir,
Zum letzten Mal wird eingetunkt,
Dann kommt der große schwarze
●

Wilhelm Busch